Bausteine Kindergarten

Sammelband 3

Christine Vorholt

Bücher wachsen nicht auf Bäumen

Überall sind Farben

Ich mag Kartoffeln, ich mag Reis

Von Türen und Fenstern

Illustration Josef F. Seitz

BERGMOSER + HÖLLER
VERLAG GMBH

ISBN 3-88997-037-0

Texte, Erarbeitung und Redaktion: Christine Vorholt
Titelzeichnung und Illustrationen: Josef F. Seitz
Satz: graphodata, Aachen
Notensatz: Musikverlag Schruff, Aachen
Gestaltung: Image-Agentur, Aachen
Druck und Bindung: Bonifatius-Druckerei, Paderborn

Denk-Texte

Bücher wachsen nicht auf Bäumen

Überall sind Farben

Ich mag Kartoffeln, ich mag Reis

Von Türen und Fenstern

Im Märchen „Der süße Brei" (vgl. Seite 177f) wendet sich das Bild vom Kind *an uns Erwachsene. Nach C.G. Jung ist „das Kind" ein archetypisches Bild für das Selbst des Menschen, seine Personmitte, für das Ganzwerden und Einswerden mit sich, mit der Schöpfung, mit den Menschen und mit Gott. Das meint, in einer Haltung des Vertrauens den Mut finden, die eigene Freiheit zu wagen und das eigene Wesen zu entfalten – um wahrhaft erwachsen zu werden.*
„Das Kind" im Märchen handelt in der rechten Weise und geht mit dem Geschenkten selbstverständlich richtig um – es handelt erwachsen. So stehen die beiden Begriffe Kind *und* erwachsen *inhaltlich in einem tiefen inneren Zusammenhang.*

Kinder kommen in diese Welt beschenkt mit Phantasie, Würde und Zuversicht – Grund für den Anspruch, Aufnahme und Entgegenkommen zu finden. Kinder können nur dann wirklich erwachsen werden, wo ihre Phantasie in unterschiedlichen Weisen zugelassen und angeregt, ihre personale Würde geachtet und aufgerichtet und ihre Zuversicht gestärkt wird.
Neben dem Elternhaus ergibt sich im Kindergarten die Möglichkeit, lebenslustig, aufmerksam, freundlich und klug miteinander und mit den „Dingen" umzugehen – in hundert und noch mehr Weisen.

In diesem Sammelband Bausteine Kindergarten werden die vier Themenhefte des Jahres 1982 neu überarbeitet vorgelegt. Das bunte, viergeteilte Titelblatt zeigt den gewollt jahreszeitlich ausgerichteten Bezug der Themen.

Der erste Themenbereich will Kindern Zugang zur Welt der Bücher eröffnen. Bücher fordern ihre Phantasie und Kreativität heraus und sie helfen ihnen, sich mit Teilen ihrer Persönlichkeit auseinanderzusetzen. Was in den Kindern angesprochen wird, müssen sie aussprechen und mitteilen dürfen.

Über die Vielfalt und wunderbare Harmonie von Farben und Formen können die Kinder eine ganze Breite sensibler Erfahrungen durchleben und ihre eigene innere Erlebniswelt kreativ ausdrücken.

Beim Pflanzen, Pflegen und Ernten spüren die Kinder vielleicht ein wenig vom lebendigmachenden Zusammenhang der Kräfte der Natur, und sie lernen, mit Nahrungsmitteln von nah und fern behutsam und – auf Zukunft hin – verantwortungsvoll umzugehen.

Unter dem Bild „Von Türen und Fenstern" wird den Kindern ein Stück unserer ambivalenten Lebenserfahrung vom Angenommen- oder Abgelehntwerden bewußt, und sie brauchen, um diese Spannung auszuhalten, unser Hinhören und Vertrauen.

Christine Vorholt

EP	*Einzel- oder Partnertätigkeit*
G	*Gruppentätigkeit*
EPG	*Einzel-, Partner- oder Gruppentätigkeit*
gG	*gelenkte Gruppentätigkeit*
gGg	*gelenkte Gesamtgruppentätigkeit*

Hasenwettlauf

Bücher, die ich meine, sollen nicht beschwichtigen, sie sollen beunruhigen und wecken. Neugierig sollen sie machen auf Menschen und Dinge, auf das Unbekannte im Bekannten, sogar auf das Unmögliche. Bücher können zu neuen Gedanken herausfordern. Denk weiter, rede weiter, erzähl weiter. Trau deiner Phantasie, aber lasse sie die Wirklichkeit nicht vergessen: das sind Leitlinien, auf denen Sätze für Kinder geschrieben werden können. Und dies alles nicht ohne Witz, Liebe, Anschauung und Erfahrung, Genauigkeit, Leidenschaft, Vernunft. Und das in einer Sprache, die Empfindungen nicht verkleinert.

Peter Härtling: Über die Schwierigkeiten und das Vergnügen beim Schreiben für Kinder (Rede), 1977, in: Nußknacker, Beltz Verlag, Weinheim und Basel 1986, Programm Beltz & Gelberg, Weinheim

Erfahrungsfeld der Kinder

In der Kindergartengruppe treffen Kinder zusammen, die zu Hause kaum mit Büchern in Berührung gekommen sind und andere, bei denen Bücher zum täglichen Leben gehören.
In den meisten Familien nimmt das Fernsehen den zentralen Platz ein. So werden Kinder zwar mit vielen Bildern und mit Sprache konfrontiert, deren Eindrücke aber sind flüchtig und machen passiv. Das gilt oft auch für das Abhören von Tonbandkassetten.

Mit dem Erzählen von Geschichten und dem Betrachten von Bilderbüchern ist bei manchen Kindern schon sehr früh begonnen worden: Kleinkindern auf dem Schoß des Vaters oder der Mutter ist das Gefühl der Nähe und Geborgenheit und der geschenkten Zeit noch wichtiger als das Buch. Mehr und mehr wenden sie sich den Bildern zu und hören auf Geschichten hin. Sie sind glücklich, immer mehr Worte zu finden, um sich aussprechen zu können. Das allabendliche Zubettgehen mit Buch und Gespräch wird für diese Kinder über viele Jahre zu einer wunderbaren Erfahrung.
Viele Kinder erleben nie diese Zuwendung.

Kinder machen auch die Erfahrung, daß ihren besonderen Buchwünschen kein Verständnis entgegengebracht wird, daß andere entscheiden wollen, was für sie gut ist.
Viele sind benachteiligt, weil sie keine oder nur wenige Bücher zu eigen haben und ihnen das Angebot öffentlicher Büchereien vorenthalten wird.

Im Kindergarten haben alle Kinder die Möglichkeit, Geschichten und Märchen zu hören und Kinderbücher selbst in die Hand zu nehmen. Die einen können sich bereits sehr gut in Gespräche einbringen, andere sind ziemlich sprachlos und müssen erst lernen, die richtigen Worte zu finden.

Nach und nach machen alle Kinder die Erfahrung, wie glücklich der Umgang mit Büchern sie machen kann, weil sie in ihren Stimmungen und Sehnsüchten, ihren Wünschen und Träumen, ihren Ängsten und Fragen auf Antworten und Entsprechungen hoffen dürfen. Durch Bücher finden sie ein Stück zu sich selbst und auch zu anderen. Solche Erfahrungen wirken immer prägend für die Zukunft des Kindes.

Auf dem Hintergrund dieses Erfahrungsfeldes wächst bei den Kindern sicherlich auch das Interesse an der Frage, wie Bücher gemacht werden, und sie werden mit Freude selber Papier schöpfen und eigene „Bücher" gestalten.
Durch die teilweise sachkundlich ausgerichtete Thematisierung des Buches können die Kinder motiviert werden, ihre bereits gemachten guten Erfahrungen zu erweitern und zu vertiefen.

Dimension des Themas

In unseren Kindergärten ist in der Regel ein vielfältiges Angebot an Kinderbüchern vorhanden. Je mehr die Kinder durch Erzählen und Betrachten mit den Büchern vertraut gemacht werden, um so öfter und lieber werden sie Bücher in die Hand nehmen.

Bei den Bemühungen, die Kinder auf Bücher aufmerksam zu machen, soll in dieser Einheit das Buch selbst thematisiert werden.
Ein großer Stapel Bücher reizt die Kinder zum Reden und Vergleichen, welches Buch sie besonders mögen, welche sie schon kennen, welches sie gerne mal kennenlernen möchten – schon das Äußere eines Buches ist vielsagend.
Der Stoff, aus dem die Bücher gemacht werden, ist Papier. Die Kinder schauen sich die unterschiedlichen Buch-Papiere an, befühlen sie und vergleichen sie mit Papieren, die anderen Zwecken dienen.
Das Schöpfen von Papier kann für die Kinder zum Ereignis werden. Leeres Papier lädt ein zum Malen und Schreiben.
Ein Buchautor erzählt, wie er zu „seinem" Buch gekommen ist. Dieses Buch läßt die Kinder etwas von der wahrhaften Übertragung dessen ahnen, was der Autor selbst in sich trägt und wie er die kindlichen Leser auf ihrer wunderbaren Lebensstufe ernstnimmt. Außerdem ahnen sie, wie großartig der Illustrator die Geschichte in Bilder umgesetzt hat.
Durch das Anschauen vielleicht von alten oder kostbaren Büchern und an Hand von Bildern werden die Kinder, auch wenn sie in diesem Alter noch nicht geschichtlich denken können, sicherlich staunen, wie anders früher die Bücher aussahen.
Schließlich werden die Kinder, durch viele konkrete Anregungen unterstützt, der eigenen Phantasie Flügel geben wollen, um ihre geschöpften Blätter zu füllen und zu „ihrem" Buch zusammenzustellen.
Ein ungestörtes Sichzurückziehenkönnen in eine liebevoll eingerichtete Bücher- und Leseecke kann die Kinder mit Büchern glücklich machen.

Bücher sind unentbehrlich und durch nichts ersetzbar. Die Kinder brauchen aber die mithelfende Erschließung.
Beim Kleinkind ist beim gemeinsamen Betrachten eines Buches die vollständige Zuwendung wichtiger als das Buch. Kinder im Kindergartenalter brauchen Anregungen und Eingewöhnungen, bis sie an dem Geschauten und Gehörten Freude empfinden. Nicht das Bild an sich ist wichtig und auch nicht die Wortwörtlichkeit, sondern das, was sich mittels des Buches zwischen Kind und Erwachsenem ereignet. Was im Kind angesprochen wird, muß es aussprechen lernen und mitteilen dürfen. Nach und nach werden Kinder immer selbständiger und selbstverständlicher mit Büchern umgehen.

Kinder haben ihre Stimmungen, Wünsche, Träume, Ängste und Fragen. In Bildern und Geschichten spüren sie inneren und äußeren Wirklichkeiten nach.

Lesen bedeutet eine geistige Anstrengung; es erfordert Geduld, Konzentration und Phantasie. Bücher haben bestimmte Vorzüge, man kann sie nehmen und wieder weglegen, langsam oder schnell lesen, eine Stelle oder das ganze Buch immer wieder betrachten. Kinder können selbst entscheiden, wie weit sie sich mit Teilen ihrer Persönlichkeit auseinandersetzen wollen. Wenn das Angebot an Büchern groß genug ist, wird ein Kind auch selber herausfinden, welches Buch gerade jetzt für es wertvoll ist.

Die ganze emotionale und geistige Entwicklung eines Kinders wird durch das Betrachten von Bilderbüchern, durch Erzählen und Lesen von Geschichten und durch begleitende Gespräche gefördert und geprägt.

Modellziel

Fähigkeit entwickeln,

- die Vielfalt des Lebens mit allen Sinnen zu erleben, Bilder in sich aufzunehmen, Erlebtes zu verinnerlichen;
- hinzuhören, hinzuschauen, zu betrachten, zu verweilen;
- sich von Büchern ansprechen lassen und aus der Fülle der angebotenen Bücher für sich auszuwählen;
- ein wenig aufzunehmen, daß Bücher und Papier eine lange Entwicklungsgeschichte haben und wie ein Buch heute entsteht;
- sich eine Vorstellung davon zu machen, wie Autoren zu ihren Texten und Maler zu ihren Bildern kommen können;
- ein eigenes Buch zu „machen": mithelfen beim Schöpfen von Papier und die eigenen schöpferischen Kräfte entfalten und sich in kleinen Geschichten – in Bildern und Worten – ausdrücken;
- auf das Material und die Aufmachung von Büchern zu achten und sachgerecht und sorgsam mit ihnen umzugehen;
- gerne die Leseecke aufzusuchen und mit dem vielseitigen Angebot von Büchereien und Buchhandlungen vertraut und selbstverständlich umzugehen;
- beim Hören, Lesen oder Betrachten von Büchern den eigenen Wünschen und Träumen nachzuhängen, Bekanntem und Unbekanntem, Lustigem und Traurigem, Abenteuern und Geheimnissen nachzuspüren;
- sich mit bestimmten literarischen Gestalten zu identifizieren, die für einen selbst wegweisend sein können;
- nach Antworten auf eigene Fragen zu suchen und das eigene Wissen zu erweitern;
- individuelle Neigungen und Interessen zu entdecken und zu entwickeln;
- durch die Literatur den eigenen Sprachschatz zu erweitern: das Gelesene oder Gehörte anderen interessant mitteilen können und eigene Überlegungen verständlich äußern;
- den Umgang mit Büchern als eine gute Gewohnheit bewußt in das Leben einzubeziehen, Bücher immer wieder „zur Hand zu nehmen" und sie zu schätzen.

Elternbrief

Liebe Eltern!

In den nächsten Wochen wollen wir uns im Kindergarten unter dem Thema „Bücher wachsen nicht auf Bäumen" in besonderer Weise Büchern zuwenden:
- daß es viele Bücher gibt und daß sie uns viel bedeuten können
- wie ein Autor zu seinen Texten und ein Maler zu seinen Bilder kommt
- wie Papier hergestellt wird
- wie Bücher gemacht werden
- wie wir selbst ein eigenes kleines Buch gestalten können
- wie jeder in unserer Leseecke sicherlich findet, was er unbedingt „lesen" möchte

Wenn wir Erwachsene uns selbst einmal in Ruhe auf Kinderbücher einlassen, werden wir uns vielleicht wundern, wie sehr wir uns plötzlich selbst angesprochen fühlen; denn in den Kinderbüchern ist auch viel von den Erwachsenen die Rede ...

Mit Büchern können wir den Kindern ganze Welten öffnen. Sie freuen sich, wenn wir uns täglich für sie Zeit nehmen. Sie hören gespannt zu, unterbrechen, fragen nach und sprechen aus, was heraus will – in unser gegenseitiges Verständnis hinein. So öffnen uns Bücher und Gespräche füreinander und können uns glücklich machen.

Welches Buch dem einzelnen Kind angemessen ist, wird es aus seiner persönlichen Situation entscheiden, wenn wir ihm in der Leseecke, in einer Buchausstellung, in einer Buchhandlung und in Büchereien Bücher zur Auswahl anbieten; mal möchte es sich von Spannung einfangen lassen, mal traurig sein, mal seinen Träumen nachhängen, mal Wundern und Geheimnissen nachspüren, mal etwas ganz genau wissen, oder sich mal anregen lassen, eigene Ideen und Vorstellungen zu entwickeln.

Durch den Umgang mit Büchern wird die sprachliche Entwicklung und mit der Sprache die geistige und seelische Entwicklung der Kinder gefördert. Bücher sind verborgene Schätze, die gehoben werden wollen.

Anregungen zum Thema „Kinderbücher" finden Sie in unserer kleinen Ausstellung im Kindergarten.

Mit freundlichen Grüßen

Rätsel

Ich habe viele Blätter und bin doch kein Baum.
Im Wald oder Garten, da seht ihr mich kaum.
Ihr habt mich in den Händen fast jeden Tag,
weil ich euch viele Geheimnisse sag.

Bücher liegen
in Regalen, Schränken und Schubladen
auf Schreibtischen und Nachttischen
auf Kindertischen und Küchentischen
neben gemütlichen Sesseln
in Schultaschen und Aktenkoffern
in Reisetaschen und Rucksäcken
in U-Bahnen, Zügen und Autos
in Paketen – hübsch verpackt
in Kindergärten, Schulen und Kirchen
in Büchereien und Buchhandlungen
und – aufgeschlagen – in vielen Händen

Bücher regen uns an
zum Nachdenken
zum Genauhinschauen
zum Einfühlen
zum Hinterfragen
zum Forschen
zum Ausprobieren
zum Mitmachen
zum Nachahmen
zum Kreativwerden
zum Meditieren

Bücher sprechen uns an
in unseren eigenen
Gedanken
Fragen
Stimmungen
Sehnsüchten
Wünschen
Träumen
Ängsten

Bücher wecken in uns
Gefühle
Hoffnungen
Perspektiven
Lebensfreude
Ästhetik
Spontaneität
Neugier
Abenteuerlust
Erlebnisdrang

Bücher wollen uns
Freude machen
Mut machen
Empfindsamkeit wecken
die Augen öffnen
Wege aufzeigen

Helme Heine
© Middelhauve Verlag

Bücher kann man lesen

Kind: Bücher kann man lesen.
Bücher kann man angucken.
Bücher kann man mitnehmen
auf eine große, große Reise.

Buch: Oh, sehr schön!

Kind: Bücher kann man immer wieder lesen.
Bücher kann man gemütlich
durchblättern,
Bücher kann man einpacken
und überall mit hinnehmen.

Buch: Keine schlechte Idee!

Kind: Bücher kann man schön finden,
Bücher kann man schrecklich schön finden,
Bücher kann man eigentlich
richtig liebhaben.

Buch: Mmmmm!

Kind: Bücher kann man streicheln.
Bücher kann man anknabbern.

Buch: Hör bloß auf!

Kind: Bücher kann man im hohen Bogen in die Ecke schmeißen.

Buch: Ich glaub, du spinnst!

Kind: Verzeihung!

Christine Frick-Gerke
aus:
H.J.Gelberg (Hrsg.), Die Erde ist mein Haus
Achtes Jahrbuch der Kinderliteratur
Beltz Verlag, Weinheim und Basel 1988
Programm Beltz & Gelberg, Weinheim

Es gibt ...
dicke Bücher
dünne Bücher
große und kleine Bücher

Bücher mit Wörtern
oder ohne Wörter
Bücher zum Anschauen
Bücher zum Tasten

Bücher mit bunten Bildern
oder mit schwarz-weißen Bildern

Bücher mit weißen Seiten
oder mit farbig getönten Seiten
Bücher mit dünnen Seiten
oder mit sehr dicken Seiten

Bücher mit Gucklöchern
Bücher, in denen ein Puppenhaus steckt
oder ein Zirkus
Bücher mit einer Schallplatte

alte Bücher und neue Bücher
und ganz alte Bücher

Bücher in Glanzpapier eingebunden
oder in Leinen
oder in Leder
sogar mit Gold und Edelsteinen verziert

Bücher, die mit der Hand geschrieben
und gemalt sind
Bücher, die mit Maschinen gedruckt sind

Es gibt viele Bücher
von Mäusen und Katzen
von Bären und Löwen
vom Hasen und vom Igel
von Peter und dem Wolf
von Königen und Prinzessinnen
von guten und bösen Mächten
von Wundern und Geheimnissen
von kleinen und großen Abenteuern
von sinnvollen und unsinnigen Sachen
von verrückten und unmöglichen Dingen
von bekannten und unbekannten Wirklichkeiten
von Erde, Luft, Wasser und Feuer
von den vier Jahreszeiten
vom Leben fremder und einheimischer Tiere
von Dinosauriern und wie sie in der Urzeit lebten
von Muscheln und Steinen
von Blumen und Bäumen
von Autos, Schiffen und Flugzeugen
von Sport und Musik
vom Kranksein und Gesundwerden
vom Leben in anderen Ländern
vom Kindergarten und von der Schule
von Freunden, Kindern und Erwachsenen
von Weihnachten und Ostern
von Gott und Welt
für kleine und für große Leute

Anregungen für Gespräche

Vielerlei Bücher

Bücher unterschiedlicher Art zusammenstellen und mit den Kindern Unterschiedlichkeiten herausstellen: das dickste Buch, das kleinste Buch ... Vergleiche die voraufgehende Sammlung.

Buchtitel finden

Den Kindern einzelne Bücher zeigen. Die Kinder schauen sich die Titelbilder an, dürfen dazu erzählen, finden selbst einen Buchtitel. Oder sie nennen den Buchtitel, wenn sie ihn kennen und erzählen vom Inhalt.

Mein Lieblingsbuch

- Die Kinder von ihrem Lieblingsbuch erzählen lassen.
- Einmal das Lieblingsbuch mit in den Kindergarten bringen und den anderen Kindern vorstellen. Berücksichtigen, daß manche Kinder ihr Lieblingsbuch unter den Kindergartenbüchern gefunden haben. (Auch die Erzieherin könnte ihr Lieblingsbuch mitbringen.)
- Die Kinder anregen, die Eltern nach ihrem Lieblings(kinder)buch zu fragen, vielleicht auch die Großeltern.

„Die Geschichte vom Buch" von Elisabeth Borchers bietet der Erzieherin eine grundsätzliche Information unter den Stichworten: Autor, Verlag, Lektor, Hersteller, Druckerei, Buchbinderei, Lager, Buchhandlung, Käufer.
Für die Hand interessierter älterer Kinder eignet sich das Sachbuch „Wie kommt der Wald ins Buch", Verlag H. Ellermann (Deutscher Jugendliteraturpreis 1990). Irmgard Lucht erzählt auf 40 Seiten vom Bildermalen und Büchermachen, wobei sie sich auf ihr früheres Buch „Die Wald-Uhr" bezieht.

Die Geschichte vom Buch

Um ein Buch zu machen, braucht es viele Leute und viel Zeit.

Zuerst ist

der **Autor**
an der Reihe. Er ist es, der die Geschichte schreibt. Jeder, der eine Geschichte geschrieben hat, ist ein Autor. Auch Kinder können Geschichten schreiben, oder Gedichte. Wichtig ist, eine Idee zu haben, wenn man eine Geschichte schreiben will. Eine Idee haben heißt: Man weiß, was man erzählen will – eine Geschichte von einem Haus oder von einem Menschen oder vom Mond. Man denkt gut nach, über das, was man schreiben will. Man schreibt nicht das, was alle schon wissen. Aber man schreibt das, was alle wissen sollen. Das, was man schreiben möchte, und das, was alle wissen sollen, schreibt man auf seine Weise, das heißt auf eine besondere Weise. Wenn man schreiben möchte: Die Wolken sind grün, dann schreibt man: Die Wolken sind grün. Auch wenn jemand behauptet: Es gibt gar keine grünen Wolken. Oder wenn man schreiben möchte: Ich bin unzufrieden, dann schreibt man es. Die Geschichte könnte auch heißen: Die Geschichte vom Buch. Der Autor schickt Die Geschichte vom Buch an den

Verlag.
Der Verlag ist in einem Haus mit vielen Zimmern und vielen Leuten. Das Verlagshaus gehört dem Verleger, er ist der Besitzer des Verlages. Die vielen Leute sind da, um zu arbeiten, damit aus der Geschichte ein Buch entsteht. Sie lesen, schreiben, telefonieren, rechnen, packen, fahren und reden. In einem Zimmer sitzt der Verleger. Er bespricht alle Arbeiten mit denen, die die Arbeit machen. Er liest, er schreibt Briefe, er rechnet, er telefoniert. In einem anderen Zimmer sitzt der

Lektor.
Er liest, was der Autor geschrieben hat. Wenn er Die Geschichte vom Buch gut findet, dann bespricht er es mit dem Verleger und sagt: Diese Geschichte ist eine wichtige Geschichte, jeder soll sie lesen. Das wird ein gutes Buch. Oder er sagt: Diese Geschichte ist nicht wichtig, sie ist auch gar nicht besonders geschrieben. Wenn alle sich einig sind, schreibt der Lektor einen Brief an den Autor. Er schickt ihm die Geschichte zurück, oder er schreibt: Aus der Geschichte wollen wir ein Buch machen. Die Sekretärin schreibt den Brief mit der Maschine, sie weiß genau Bescheid. Sie schreibt täglich viele Briefe. Wenn aus der Geschichte ein Buch gemacht wird, wird sie in ein anderes Zimmer weitergegeben. Dort sitzt der

Hersteller.
Der Hersteller sucht das Papier aus, auf dem die Geschichte gedruckt wird. Er wählt zwischen dickem und dünnen Papier und zwischen den verschiedenen Farbtönen des Papiers. Der Hersteller sucht eine Schrift aus

eine große
oder kleine
eine dicke
oder dünne
`eine eckige`
oder runde

denn es gibt viele Größen und Formen. Dann rechnet der Hersteller aus, wieviel Seiten das Buch haben wird. Er sucht das Leinen oder den Karton für den Einband des Buches aus. Er bestellt das Papier. Er rechnet aus, wie teuer das Buch wird. Der Preis des Buches ist sehr wichtig, denn alle, die für das Buch arbeiten, müssen bezahlt werden: der Autor, der Lektor, der Hersteller, die Sekretärin, der Korrektor, die Telefonistin, der Buchhalter, der Lagerverwalter, der Packer, der Buchbinder, die Post. Das Buch darf nicht zu teuer sein, sonst können die Leute, die es lesen möchten, nicht bezahlen. Das Buch darf nicht zu billig sein, sonst können nicht alle bezahlt werden, die für das Buch arbeiten. Dann schickt der Hersteller die Geschichte in die

Druckerei.
In der Druckerei hat zuerst der Setzer Arbeit mit der Geschichte. Er setzt die Buchstaben aus Blei nebeneinander, Zeile um Zeile untereinander, von einer Seite zur anderen, bis die ganze Geschichte gesetzt ist. Dann werden die Buchstaben mit Druckfarbe geschwärzt, und auf weißen Papierbogen Seite um Seite abgedruckt. Nun kann man die Geschichte mit neuen Buchstaben lesen. Diese Bogen werden zurück an den Verlag geschickt, damit ein Korrektor sie lesen kann. Er liest sie aufmerksam und prüft, ob es Fehler gibt. Wenn er zum Beispiel liest: Die Geschichte vom Bach, dann weiß er, hier hat sich der Setzer geirrt. Der Korrektor korrigiert „Buch“. Die korrigierte Geschichte geht an die Druckerei zurück, damit der Setzer die falsch gesetzten Buchstaben auswechseln kann. Dann arbeitet der Drucker weiter. Er nimmt die Seiten und gibt sie in die Maschine. Wenn jede Seite tausendmal oder zweitausendmal oder zehntausendmal gedruckt ist, kommen alle Seiten in die

Buchbinderei.
Der Buchbinder verbindet die Seiten in der richtigen Reihenfolge, er leimt oder heftet die Seiten zusammen. Dann legt er den Einband aus Leinen oder Karton darum. Von jedem Buch gibt es so viel Exemplare als gedruckt worden sind: tausend, zweitausend oder zehntausend. Alle Exemplare werden an den Verlag zurückgeschickt. Im

Lager
werden die Bücher gestapelt. Von dort aus werden sie in die Packerei gegeben. Die Bücher werden verpackt. Die Pakete sind für die Buchhändler bestimmt. Sie werden in einen Wagen geladen, den der Fahrer zur Post fährt. Die Post schickt sie an die

Buchhandlungen.
Die Buchhandlungen sind Geschäfte, die Bücher verkaufen. Der Buchhändler sieht sich das Buch an. Er liest Die Geschichte vom Buch und denkt vielleicht: Diese Geschichte gefällt mir. Sie ist wichtig. Viele sollen sie lesen. Er stellt ein Exemplar ins Schaufenster und die anderen zu den anderen Büchern in die Regale. Dort warten die Bücher auf den

Käufer.
Der Käufer, der in die Buchhandlung kommt, möchte ein Buch haben. Manchmal geht er an die Regale und nimmt sich ein Buch heraus. Er schaut es sich an, stellt es wieder zurück und nimmt ein anderes. So oft nimmt er ein Buch aus dem Regal, bis er gefunden hat, was er haben möchte. Manchmal fragt der Buchhändler: Kann ich Ihnen helfen? Haben Sie einen besonderen Wunsch? Wenn der Käufer dann sagt: Haben Sie vielleicht ein Buch, das die Geschichte vom Buch erzählt? Dann sagt der Buchhändler: Eben haben wir Die Geschichte vom Buch bekommen. Sie ist sehr schön, ich möchte sie Ihnen empfehlen. Dann kauft der Käufer das Buch für sich oder für Dich.

Elisabeth Borchers
aus:
Das große Lalula
Verlag Ellermann, München 1971

Die heutige Herstellung eines Buches im Satzbereich sieht in der Regel anders aus: Heute werden die Manuskripte der Autoren am Computer geschrieben, gespeichert und ausgedruckt. Die „Fahnenabzüge“ werden wie üblich im Verlag und vom Autor korrigiert. Die Korrektur wird dann am Bildschirm des Computers ausgeführt. Der fertige Satz wird Seite für Seite auf Film belichtet und davon auf Film eine Druckplatte erstellt. Mit modernen Rotationsmaschinen können auch in kurzer Zeit hohe Auflagen gedruckt werden.

Bevor Druckverfahren erfunden wurden – bevor auch das Papier in größeren Mengen hergestellt werden konnte –, mußte jedes Schriftstück Schriftzeichen für Schriftzeichen auf Papyrus (aus dem Stengel der Papyrusstauden), später auf Pergament (Tierhaut) oder auf handgeschöpftes Papier geschrieben werden. Im Mittelalter schrieben Mönche mit Federn und feinen Pinseln auf Pergament oder auf handgeschöpftes Papier. Sie machten daraus eine Kunst, aus Buchstaben Kunstwerke und fertigten zusätzlich feine Randzeichnungen (Miniaturen) an zur Veranschaulichung der Texte, hauptsächlich in den Farben Rot, Blau und Gold. Für ein solches Buch brauchte ein Mönch oft mehrere Jahre. Die Bedeutsamkeit der kostbaren und wenigen Bücher wurde äußerlich durch wertvolle Einbände hervorgehoben.

Anregungen zum Erleben

- Vielleicht können die Kinder ein handgeschriebenes Buch einsehen in der Ortskirche, in einer Domschatzkammer, in einem alten Kloster oder in einem Museum.
- Vielleicht eine Faksimiliausgabe eines alten handgeschriebenen Buches mitbringen und den Kindern zeigen oder neuere kalligraphisch geschriebene Texte (Postkarten), auch Schreibgeräte und Tusche, mit denen so fein geschrieben und gezeichnet werden kann. Den Kindern Gelegenheit geben, mit Tusche und Feder feine Linien zu ziehen oder zu zeichnen.

Erst seit gut 500 Jahren werden Bücher gedruckt. Johann Gutenberg, der als Erfinder der Buchdruckerkunst gilt, reihte viele einzelne handgegossene Bleibuchstaben zu Worten, Zeilen und Textseiten zusammen, von denen er dann unter einer hölzernen Druckpresse Abzüge in höherer Auflage herstellte. Je mehr Bücher gedruckt wurden, desto mehr Menschen lernten lesen und schreiben.
Wie heute ein Buch entsteht, wird auf den beiden voraufgehenden Seiten ausgeführt.
Für die älteren Kinder im Hort bietet sich an dieser Stelle das Sach-Bilderbuch an „Das Buch erobert die Welt", Verlag Orell Füssli. In einem weiten historischen Bogen wird in Geschichten und spaßigen Bildern auf 32 Seiten die Entwicklungsgeschichte des Buches dargestellt.

Anregungen zum Gestalten:
Zeichnen mit Federn

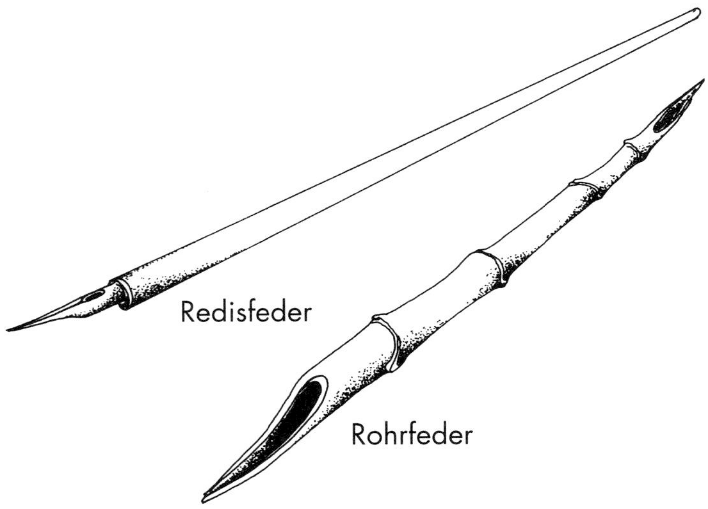

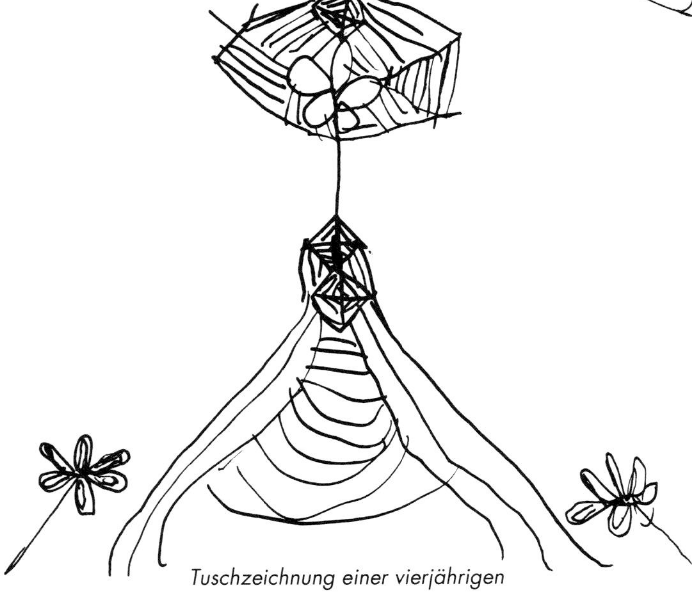

Tuschzeichnung einer vierjährigen

In den drei folgenden Einzelthemen wird der Versuch unternommen, die Entstehung von Büchern anschaulich und konkret zu vollziehen. Es wird ausgeführt, wie die Kinder selbst Papier herstellen können, wie ein Kinderbuchautor über die Begegnung mit Nachbarkindern zu „seinem" Buch kommt und wie die Kindergartenkinder „ihr" Buch machen können.

Papiere sind unterschiedlich

Material:
Materialkasten, gleiche Hartkartonkarten, je zwei mit der gleichen Papiersorte – am oberen Rand der Karten mit Tesa-Streifen befestigt.

Spielanregung:
Die unterschiedlichen Papiere anschauen, befühlen und zu Paaren zusammenlegen.
Die Paare beliebig nach selbstgewählten Merkmalen ordnen, z.B. nach der Tastqualität (glänzend – stumpf oder rauh – glatt), je nach der Stärke (dick – dünn oder durchsichtig – undurchsichtig), nach dem eigenen Schönheitsempfinden (die mir besonders gut gefallen, die mir weniger gefallen), nach den Farbschattierungen ...

Schulheftpapier
Saugpost
Löschpapier
Büttenpapier
Luftpostpapier
Schreibmaschinenpapier
Kohlepapier
Computerpapier
Wellpappe
Graupappe
Packpapier
Zeichenkarton
Fotokarton
Tonzeichenpapier
Aquarellpapier
Ingrespapier

Scherenschnittpapier
Linoldruckpapier
Buntpapier
Glanzpapier
Metallpapier
Ölpapier
Wachspapier
Kreppapier
Cellophan
Seidenpapier
Transparentpapier
Pergamentpapier
Tissue-Hygienepapier
Japanpapier
Recyclingpapier
Handgeschöpftes Papier

Papier im Haushalt

Die Kinder bringen Einzelstücke von Papier mit, die sie zuhause vorfinden. Beim Zusammentragen und Sortieren des Papiers ergeben sich viele Gesprächsimpulse über die Art und die Verwendung der Papiere.

Schreibpapier
Briefpapier und Postkarten
Mal- und Bastelpapier
Geschenkpapier
Etiketten
Packpapier
Butterbrotpapier
Backpapier
Tortenspitzen
Küchenkrepp
Filterpapier
Servietten

Papiertaschentücher
Windeln
Toilettenpapier
Kartonagen für Verpackungen aller Art
Tapete
Bilder
Fotos
Zeitungen und Zeitschriften
Bücher
Gesellschaftsspiele
Briefmarken
Geldscheine

Weitere Gesprächsimpulse:
- Wenn es kein Papier gäbe
- Wie sparsam oder verschwenderisch wir mit Papier umgehen
- Bevor das Papier erfunden wurde, kamen die Menschen ohne Papier aus
- Woher wohl das Papier kommt

Seit Menschen leben, versuchen sie sich miteinander zu verständigen durch Gesten, durch Laute, durch Worte, durch Bilder, durch Bildzeichen, durch Schriftzeichen und schließlich durch Buchstaben. Sie malten auf Höhlenwände, ritzten Baumrinden, Knochen, Muscheln und Elfenbein ein, meißelten Stein, schrieben auf Pergament, auf Papyrus, auf Wachstafeln, auf Schiefertafeln, auf Papier.

Schon vor 4000 Jahren schälten die Ägypter die Stengel der Papyrusstaude, schnitten sie in Streifen, legten die Streifen kreuzweise übereinander, klopften sie glatt und klebten einzelne Blätter zu Buchrollen zusammen. Das war ihr „Papier".

Vor etwa 2000 Jahren verwendeten die Chinesen einen Brei aus den Fasern vom Maulbeerbaum und vom Bambus. Aus dem mit viel Wasser verdünnten Faserbrei schöpften sie mit Siebformen einzelne Blätter. Auf diese Art der Papierherstellung, die erst im Mittelalter in Mitteleuropa angewendet wurde, geht unsere heutige Massenpapierherstellung aus dem Rohstoff Holz zurück. So entsteht unser „Papier".

Die allerersten Papierhersteller sind wohl die Wespen. Zum Bau ihrer Nester bereiten sie Papier, indem sie kleine Holzfasern abreißen, mit ihrem Speichel aufweichen und damit ihr zartes Papier-Nest formen.

Mit den Kindern ein kleines Blatt Papier durchreißen und mit der Lupe die Fasern der Rißlinien anschauen.

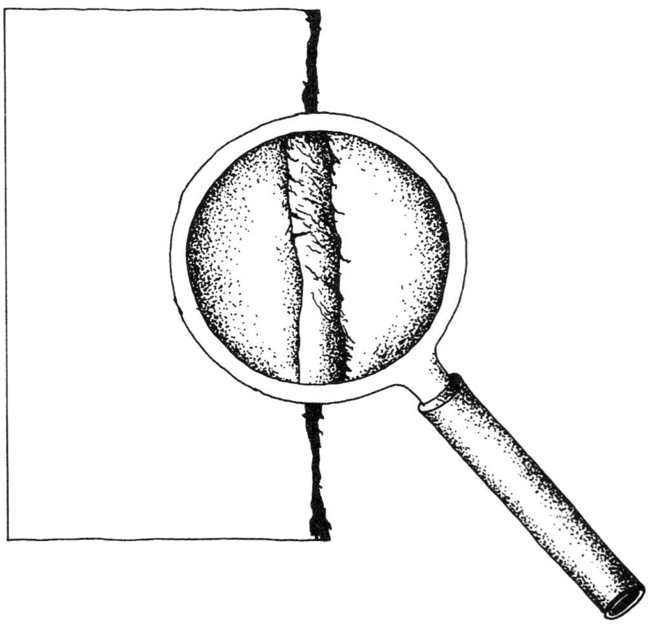

Das Herstellen von Papier ist mehr als bloß eine Tätigkeit, es wird für Kinder und Erwachsene zum Ereignis. Der Vorbereitung dienen die Gespräche und Sinnesübungen, zu denen auf der voraufgehenden Seite angeregt wird.

Papierschöpfen

Schöpf- und Formrahmen anfertigen

– Acht Holzleisten abmessen und zuschneiden, etwa im DIN-A4- oder DIN-A5-Format. Die Leisten mit einem dünnen Bohrer vorbohren und mit rostfreien Nägeln zu zwei gleich großen Rahmen zusammenfügen.
  Fliegendraht – besser ist feiner Messingdraht – über einen der Rahmen spannen und seitlich mit Heftzwecken befestigen.
  (Sicherlich sind Eltern bereit, Schöpf- und Formrahmen für den Kindergarten anzufertigen.)

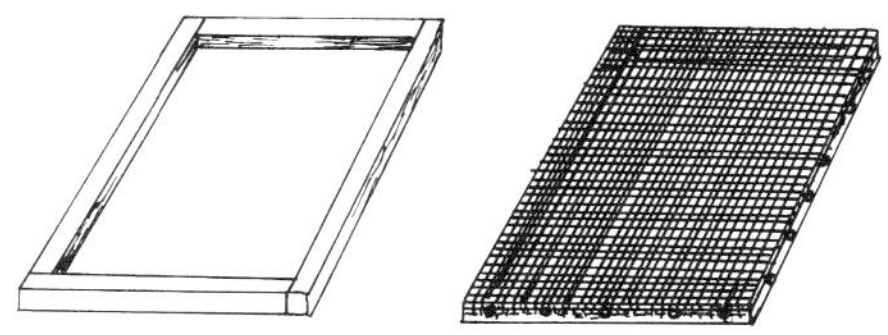

Altpapierfaserbrei herstellen

– Altpapier aus dem Papierkorb sammeln (Malpapier, Zeitungspapier, Reste von eher rauhem Papier), in kleine Schnitzel reißen. Die Schnitzel mit warmem Wasser übergießen und über Nacht einweichen lassen.

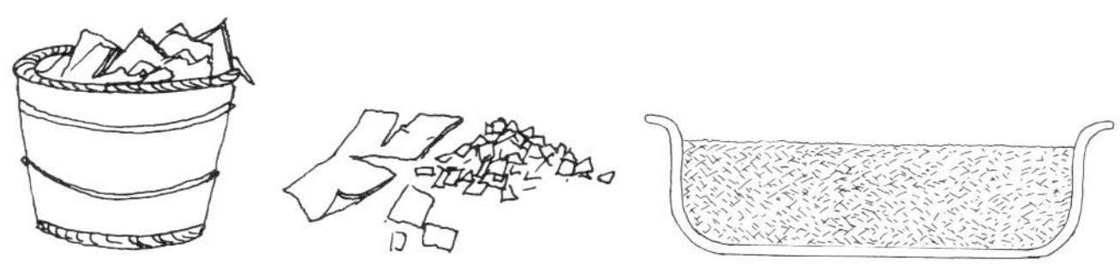

– Den Papierbrei mit einem Mixer gut durchrühren und in eine Wanne geben. Den Brei mit Wasser reichlich verdünnen, etwa 2 Teile Faserbrei und 98 Teile Wasser.
  (Jetzt können auch kleine getrocknete Blütenblätter zugegeben werden, z.B. von Gänseblümchen.)

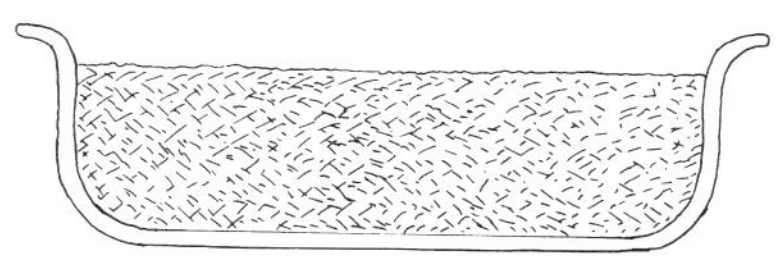

Schöpfen

– Filztücher etwa im DIN-A4-Format zuschneiden. Die Tücher und einen Schwamm zurechtlegen, ein Brett zum Pressen, vielleicht auch getrocknete Gräser, Wasserfarbe, Pinsel.
– Mit den Händen die Faserlösung aufrühren. Schöpfrahmen und Formrahmen aufeinanderlegen, am Rand mit beiden Händen halten, tief eintauchen und langsam waagerecht herausheben
– „Papier schöpfen" – und dabei ein wenig schütteln, damit sich die Fasern gleichmäßig verteilen, während das Wasser durch das Sieb abtropft.

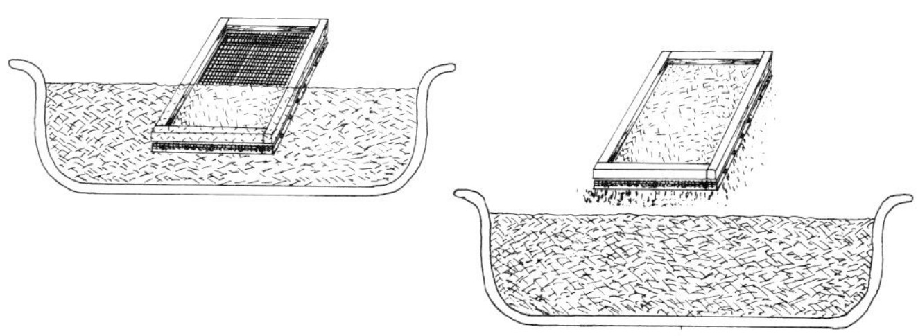

– Den Formrahmen abnehmen. Den Schöpfrahmen mit dem geschöpften Bogen umgekehrt auf ein Filztuch legen. Mit dem Schwamm das Wasser vom Sieb gut abtupfen. Das Sieb vom geschöpften Bogen abheben.
  (Soll das Papier ein „Wasserzeichen" erhalten, vorher auf das Filztuch z.B. eine getrocknete Grasrispe legen. Vielleicht die Grasrispe vorher mit einer Wasserfarbe einfärben.)

– Auf diese Weise jeweils etwa fünf Papierbögen schöpfen und zwischen Filztüchern im Stapel ablegen. Den Stapel jeweils mit einem Brett kräftig pressen, d.h. entwässern.

- Die noch feuchten Papierbögen von den Filztüchern abheben und zum Trocknen auslegen. Vielleicht noch leicht glattbügeln.

So können wir Altpapier in Recycling-Papier verwandeln. Die Kinder erfahren dabei: Papier läßt sich in Wasser auflösen und neu formen. Viel mühsamer ist es, wenn wir Papier aus dem Rohstoff Holz herstellen wollen.

Holzfaserbrei herstellen

- Ein Holzstück (Fichte oder Pappel) etwa zwei Tage ganz in Wasser eintauchen.
  Das Holzstück mit einer groben Raspel auf der ganzen Holzlänge abfasern. Dabei das Holzstück immer wieder in der Wasserschüssel abspülen und die Raspel kurz abbürsten – eine Stunde Anstrengung ergibt eine ausreichende Menge Holzfaserbrei für einige Papierbögen.

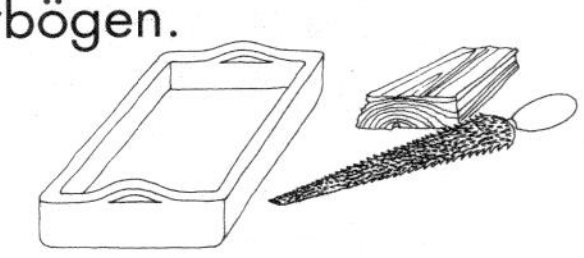

- Ein Stück Baumwoll- oder Leinengewebe in dünne Streifen schneiden und dem Holzfaserbrei zugeben.
- Den Faserbrei aufkochen lassen, ca. 2 Eßlöffel Glaubersalz zugeben und dabei gut umrühren. Ein bis zwei Tage stehen lassen.
- Den Faserbrei stark mit Wasser verdünnen und – wie vorher beschrieben
- Papier schöpfen.

Auf die neuen Papierbögen läßt sich zeichnen, malen, schreiben, drucken, ... Daraus läßt sich ein Buch machen.

Glaubersalz (Natriumsulfat) ist in Apotheken und Drogerien preiswert erhältlich. Glaubersalz bewirkt hier eine Aufschließung oder Aufreibung der Fasern.

Hans Baumann sagte einmal: „Kinder beobachten genau. Unsereiner kann vermutlich keine besseren Lehrer finden als die, für die er schreibt. Eins ist sicher: Zu lachen haben unsere Kinder zuwenig. Also Bücher, die ihnen Spaß machen! Und solche, die auch noch Väter zu gelegentlichen Ausflügen in zweckentfremdete Gebiete verlocken können. Denn: Ein erfülltes Leben hängt stets, ohne Rücksicht auf kurzatmige oder dauerhafte Systeme, von der Fähigkeit zu träumen ab."

Auf die Anfrage, wie er zu einem Kinderbuch komme, antwortete Hans Baumann 1982 für Bausteine Kindergarten, wie er auf die Geschichte mit dem „Hasenwettlauf, aber ehrlich!" kam.

Wie ein Kinderbuch entstehen kann

Ganz einfach: man geht aus dem Garten ins Haus, setzt sich an den Arbeitstisch und schreibt auf leere Blätter eine Geschichte, die man im Kopf hat. Zum Beispiel die Geschichte „Hasenwettlauf, aber ehrlich!" Fertig.

Aber wie ist die Geschichte vom ehrlichen Hasenwettlauf in den Kopf gekommen? Wieder ganz einfach: Im Garten habe ich Nachbarkindern das Märchen vom Hasenwettlauf mit dem Igel[1)] erzählt.

Ihr alle wißt, wie der Wettlauf endet. Wo liegt zuletzt der Hase? Auf der Nase! Für immer! – „Die waren aber grausam, die Igel", hat Sabine gesagt, eins von den Mädchen, die zugehört haben.
Der kleine Lutz hat gesagt: „Zwei gegen einen – das ist gemein."
Und Bettina: „Die Igel können eben nicht so schnell laufen wie der Hase, und da haben sie ihn reingelegt, die Schlauköpfe."
Sabine aber hat gemeint: „Schade um den Hasen!"
Da ist mir ein Märchen eingefallen, das ich von Kindern in Rußland gehört habe:

Der Wettlauf zwischen dem Fuchs und dem Krebs

Der Fuchs fängt einen Krebs und sagt zu ihm: „Du kommst mir grade recht zum Frühstück."

In seiner Angst schlägt der Krebs dem Fuchs einen Wettlauf vom Bach bis zum Waldrand vor.
Und als der Fuchs ihn auslacht, sagt der Krebs: „Wenn ich vor dir am Ziele bin – darf ich dann wieder in den Bach zurück und weiterleben?"
„Abgemacht", sagt der Fuchs, „auf die Plätze, fertig, los!"
Am Waldrand dreht der Fuchs sich um und wartet auf den Krebs. Der Krebs aber sagt hinter ihm: „Was wartest du? Ich bin schon lange da." –
„Aber wie hast du Krabbeltier das denn geschafft?"
„Wirst du mich zum Bach zurücktragen, wenn ich dir das verrate?" fragte der Krebs.
„Aha", sagt der schlaue Fuchs, „mit den Scheren hast du gewonnen!" –
„Klar", sagt der schlaue Fuchs, „du hast doch einen wunderbar buschigen Schwanz. An dem habe ich mich einfach festgeklammert."

Die Fuchs-Krebs-Wettlaufgeschichte hat den Nachbarkindern so gut gefallen, daß sie alle gerufen haben: „Noch eine Wettlaufgeschichte!" – „Weiß keine mehr", habe ich gesagt, aber das war geschwindelt. Nämlich: beim Erzählen der zweiten Geschichte ist mir eine dritte eingefallen, der Wettlauf zwischen dem Hasen und dem Maulwurf. Aber diese Geschichte wollte ich erst

1) *Märchen: Der Wettlauf zwischen dem Hasen und dem Igel in: Ludwig Bechstein, Sämtliche Märchen, Nr.60*

für mich so aufschreiben, daß sie möglichst lustig wird. Und darum bin ich aus dem Garten ins Haus gegangen und habe zu schreiben begonnen:

HASENWETTLAUF, ABER EHRLICH!

Der Maler Antoni Boratynski hat später Bilder dazu gemalt, und der Thienemann-Verlag in Stuttgart hat ein Bilderbuch daraus gemacht, das Kinder in aller Welt lieben.

Hans Baumann
(Das Bilderbuch ist zur Zeit vergriffen)

Bilderbuchgeschichte: Hasenwettlauf, aber ehrlich!

Auf einer Wiese trafen sich der Fuchs, der Dachs, der Rabe, der Hase und der Maulwurf. Dem Maulwurf fiel der Igelwettlauf ein, und da sagte er zum Hasen: „Wetten, daß ich gegen dich gewinne? Aber ehrlich! Du läufst, ich grabe – nur zehn Meter, einverstanden?“ „Ist mir recht“, sagte der Hase.

Der Maulwurf fing sofort zu graben an. Der Hase aber dachte: Bis der zehn Meter gräbt! Da kann ich erst noch frühstücken. Er lief zu einem Kohlfeld und machte aus einem Kohlkopf einen Hohlkopf.
„Ein Meter!“ riefen der Fuchs, der Dachs, der Rabe.
„Komm, Hase, komm!“

Der Hase aber kam nicht. Noch neun Meter, dachte er,
das reicht noch für ein Nickerchen ... und schlief auch schon mit offenen Augen.
„Zwei Meter!“ riefen der Fuchs, der Dachs, der Rabe.
„Komm, Hase, komm!“

Der Hase aber kam nicht. Noch acht Meter, dachte er,
da fahr ich erst spazieren. Er sprang auf einen Traktor und fuhr mit in den Ort.
„Drei Meter!“ riefen der Fuchs, der Dachs, der Rabe.
„Komm, Hase, komm!“

Der Hase aber kam nicht. Noch sieben Meter, dachte er,
ich geh noch zum Friseur. Er deutet auf den Hasen, den er im Spiegel sah und sagte: „Dem, da den Schnurrbart stutzen, bitte!“
„Vier Meter!“ riefen der Fuchs, der Dachs, der Rabe.
„Komm, Hase, komm!“

Der Hase aber kam nicht. Noch sechs Meter, dachte er,
ich lauf erst noch zum Rummelplatz. Dort sprang er auf das Karussell und fuhr auf einem Löwen.
„Fünf Meter!“ riefen der Fuchs, der Dachs, der Rabe.
„Komm, Hase, komm!“

Der Hase aber kam nicht. Noch fünf Meter, dachte er,
da kann ich erst noch naschen. Er lief auf den Gemüsemarkt und mauste eine Rübe.
„Sechs Meter!“ riefen der Fuchs, der Dachs, der Rabe.
„Komm, Hase, komm!“

Der Hase aber kam nicht. Noch vier Meter, dachte er,
da hüpf ich erst noch Seil. Er lief zum Kinderspielplatz und hüpfte einszweidreivierfünfsechssiebenmal.
„Sieben Meter!“ riefen der Fuchs, der Dachs, der Rabe.
„Komm, Hase, komm!“

Der Hase aber kam nicht. Noch drei Meter, dachte er,
da kann ich erst noch ... aber: Da kam ein riesengroßer Hund, der Hase mußte flitzen. Er kam an einen Bach, schlug einen Haken – platsch, der große Hund im Wasser ...
„Acht Meter!“ riefen der Fuchs, der Dachs, der Rabe.
„Komm, Hase, komm!“

Der Hase aber kam nicht. Noch zwei Meter, dachte er,
da kann ich erst noch ... aber! Der Hund sprang aus dem Bach, das Hasenherz blieb stehn. Die Hasenohren aber fingen so toll zu wirbeln an, daß sich der Hase in die Luft erhob.
„Neun Meter!“ riefen der Fuchs, der Dachs, der Rabe.
„Komm, Hase, komm!“

Und nun konnte es der Hase sehen: nur ein Meter noch!
Ein Maulwurfhaufen war am anderen – knapp bis vor das Ziel.
Da flog der Hase an den Start und sprang und sprang und sprang ...
„Zehn Meter!“ schrien der Fuchs, der Dachs, der Rabe.
„Hase, Hase, der Maulwurf hat gewonnen!“

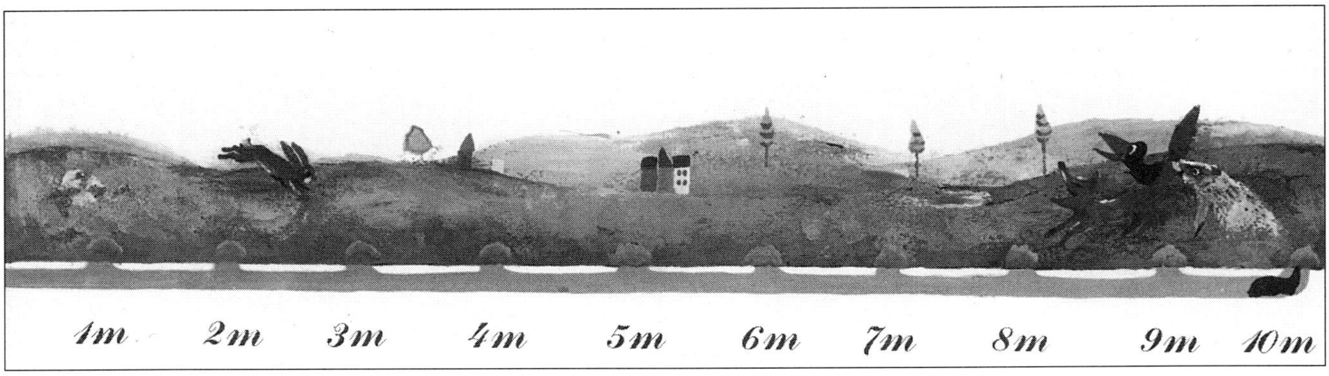

Der Hase aber hatte noch einen Sprung zu machen.
„Na, siehst du!“ sagte der Maulwurf, warf sich in die Brust, legte den Kopf zurück und stand da wie ein Denkmal ohne Sockel. Als das der Fuchs, der Dachs, der Rabe und der Hase sahen, bogen sie sich vor Lachen. Gekränkt fragte der Maulwurf: „Ich bin doch erster – oder – ?“
Der Hase sah ihn aus den Augenwinkeln an und sagte:

„Natürlich, erster bist du schon,
nur sag: Was hast du nun davon?
Du hast gestrampelt und gestrebt –
und ich hab was erlebt.“

Hans Baumann mit Bildern von Antoni Boratynski
Hasenwettlauf, aber ehrlich!
Verlag Thienemann, Stuttgart 1975 (c) Elisabeth Baumann
Aufgenommen in: „Selection des Treize“, Paris, Europ. Jugendbuchpreis (Ehrenliste)

Der Bleistift

Er wird immer kleiner –
ist er denn noch einer?

Zu Ende geschrieben –
ist gar nichts geblieben?

Mitnichten nichts, mitnichten –
nein, allerhand schöne Geschichten!

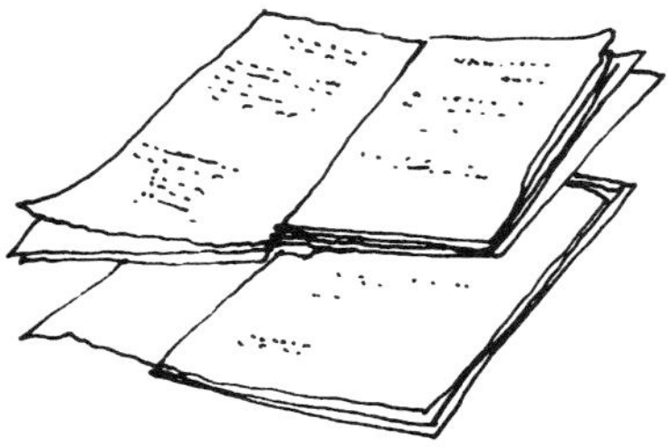

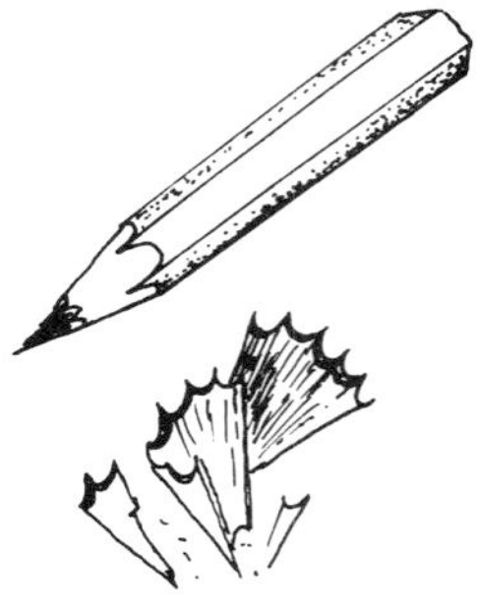

Hans Baumann
aus:
H.-J.Gelberg (Hrsg.), Die Stadt der Kinder
Verlag G.Bitter, Recklinghausen

Bilderbuchgeschichte: Hasenwettlauf, aber ehrlich!

Die von Hans Baumann angeführten Wettlaufgeschichten sind Fabeln. Im engeren Sinne sind Fabeln Lehrdichtungen, in denen Tiere sprechend auftreten, und die eine Lebensweisheit, eine Einsicht oder einen moralischen Satz vermitteln wollen. Sie sind zeitlos und sprechen Menschen aller Altersstufen an.

So schauen wir bei der Geschichte vom Wettlauf zwischen dem Hasen und dem Maulwurf gleichsam in einen Spiegel und entdecken in den Handlungsweisen der Tiere unsere Eigenschaften und Verhaltensweisen. Fuchs, Dachs und Rabe sind Tiere, die für Weisheit und Klugheit stehen, der Maulwurf für Beharrlichkeit und der Hase für Lebendigkeit.

Der Maulwurf trifft mit dem Fuchs, dem Dachs, dem Raben und dem Hasen zusammen. Er, der „blinde" Erdwühler, fühlt sich von den anderen nicht richtig angenommen. Mit einer großartigen Leistung will er sich unter Beweis stellen. Er ist überzeugt, den sehr ungleichen Wettlauf gegen den Hasen gewinnen zu können. Beharrlich strebt er seinem Ziel entgegen – und wird Sieger.

Der Hase zeigt in der Geschichte seine eigene Denkweise: Warum soll er nicht wetten? Warum nur auf das Ziel hinschauen? Er hat doch viel Zeit, und er will sie nutzen – das Leben ist schön! Und seine Umwege sind ereignisreich. Aber, hat er wirklich „ehrlich" gewettet, hat er nicht leichtfertig mit all seinen „Umwegen" sein Wettziel verspielt? – Oder gewinnt er, was dem Maulwurf entgeht? Er entfaltet sich in all den Möglichkeiten, die sich ihm bieten – und das mit Vergnügen. So gibt er sich als Gewinner: „Natürlich, Erster bist du schon, nur sag: Was hast du nun davon? Du hast gestrampelt und gestrebt – und ich hab was erlebt."

Der Maulwurf gibt sein Bestes. Dafür möchte er aber auch bitte bewundert werden. Er verfehlt, was er erstrebt. Fuchs, Dachs und Rabe durchschauen ihn und können über den stolzen „Sieger" nur lachen. Im Schicksal des Maulwurfs liegt eine gewisse Tragik. Das Titelbild als Schlußbild läßt eine Wende zum Guten offen: Hase und Maulwurf sind im Gespräch miteinander, und der Maulwurf kann lernen, daß es nicht nur das einzig Notwendige, die Leistung, im Leben gibt. Die Kinder in ihrer Lebendigkeit werden sicherlich dem Hasen ihre Solidarität zuwenden.

Hans Baumann trifft mit seiner Geschichte ganz den Nerv der Kinder. Lustige Wortspielereien im Text und das Element der Wiederholung machen ihnen Freude. Spannung wird erreicht durch ein gestalterisches Mittel: Seite für Seite wird erzählt und gegenübergestellt, wie der Maulwurf Meter um Meter seinem Ziel näher kommt, der Hase aber jede Gelegenheit wahrnimmt, schöne Dinge zu erleben. Die Kinder werden zu Mitakteuren, wenn sie mit dem Dachs, dem Raben und dem Fuchs zählen und laut rufen. Bis zum Schluß werden sie in Spannung gehalten, wie der Wettlauf endet. Zum Text der letzten Seite gehört als Illustration unbedingt die Titelseite – der Hase relativiert den Sieg des Maulwurfs.

Antoni Boratynski hat mit viel Einfühlungsvermögen und Witz die Bilder dazu gemalt in leuchtenden frischen Farben. Sie geben den Kindern die Möglichkeit – nach einer guten Darbietung – auch allein mit eigenen Worten zu „lesen".

Schön, daß am Schluß des Buches den Kindern vorgestellt wird, wer dieses Buch geschaffen hat. Hans Baumann ist mit Kindern abgebildet. Sind sie es, von denen er vorher erzählt hat?

Das Bilderbuch paßt besonders ins Frühjahr, wenn die Kinder auf den Wiesen Maulwurfshügel entdecken können und sie von dem „Osterhasen" träumen.

G

- Im Kindergartengelände oder bei einem Spaziergang Maulwurfshügel entdecken, neugierig werden.
- In Sachbüchern nach Abbildungen vom Maulwurf und von seinem „Bau" suchen und anschauen.

gGg

- Anknüpfen an Hans Baumanns Erzählung, wie er auf die Idee zu seinem Kinderbuch vom Hasenwettlauf gekommen ist.
- Die Bilderbuchgeschichte vortragen und gleichzeitig die Bilder zeigen. Die Kinder rufen laut mit, wenn Dachs, Fuchs und Rabe rufen.

gGg

- Wenn die Kinder die Ausdeutung des Ausgangs der Geschichte noch nicht herausfordern, den Maulwurf den Hasen fragen lassen: Was hast du denn erlebt? Den Kindern noch einmal die Bildseiten zeigen und erzählen lassen: Auf dem Kohlfeld machte der Hase aus dem Kohlkopf einen Hohlkopf ...
- Die Kinder sich zur Geschichte äußern lassen. Mit den Kindern auf den „Wettlauf" eingehen:
  - Der Maulwurf schlägt dem Hasen einen Wettlauf vor und wettet, daß er ihn gewinnt. Wie kann er so etwas sagen?
  - Der Hase denkt immer: noch neun Meter, noch acht Meter ... da habe ich noch viel Zeit ...
  - Wie geht der Wettlauf aus? Fuchs, Dachs und Rabe schreien es laut dem Hasen entgegen.
  - Während der Maulwurf sich aber als stolzer Sieger gibt, schauen die anderen ihn einen Augenblick bewundernd an, aber dann ... biegen sie sich vor Lachen. Der Maulwurf versteht das nicht, er fühlt sich gekränkt.
  - Die Verhaltensweisen des Hasen auf dem letzten Bild und auf dem Titelbild vergleichen.
  - Der Hase fragt den Maulwurf (Titelbild): Was hast du nun davon ...
  - Der Maulwurf siegt ... Der Hase gewinnt ...

EPG

- Das Bilderbuch im Freispiel zu zweit „lesen".

Anregung: Besucher berichten von Büchern

Vielleicht einen Maler, eine Autorin, einen Buchhändler oder eine Bibliothekarin in den Kindergarten einladen.
Den Kindern den Besuch vorher ankündigen und sie darauf vorbereiten: Was wir den Besucher fragen wollen.
Der Maler bringt seine Malutensilien mit, zeigt sie den Kindern, die Kinder fragen, und er erzählt, wie er zu seinen Bildideen kommt, was er am liebsten malt, welche Maltechniken er besonders gerne verwendet, wie lange er für ein Bild braucht. Vielleicht wird er vor den Kindern malen oder zeichnen ... (Wie schön, wenn ein Maler einmal für zwei Stunden statt in seinem Atelier in einer Kindergartengruppe sitzt, und die Kinder ihm immer wieder über die Schultern schauen dürfen, wenn sie erleben, wie ein Bild immer mehr Gestalt annimmt.)
Die Autorin wird von sich erzählen und einen für die Kinder geeigneten Text vortragen.
Der Buchhändler oder die Bibliothekarin berichten über ihre tägliche Arbeit und werden sicherlich eine Auswahl interessanter Bücher, vielleicht auch ein besonders kostbares Buch, mitbringen.

Bilder: Dichter und Maler

Der Künstler Josef F. Seitz hat in seinen Zeichnungen „Der Dichter" und „Der Maler" Wesentliches zum Thema „Dichter und Maler berichten" ausgesagt. Durch die beiden Bildern gemeinsame Handschrift werden besonders die Zusammenhänge deutlich, die Dichter und Maler bei der Entstehung eines Werkes verbinden: Texte regen zum Malen oder Zeichnen an, Bilder regen zum Schreiben an. Manche Künstler gestalten zu ihren Texten auch die Bilder.
Die Kinder werden in den Bildern leicht die „Werkzeuge" vom Dichter und vom Maler ausmachen können. Der Platz des Dichters ist am Fenster – nach außen geöffnet – Blumen-Bäume ragen vor ihm auf. (Der begonnene Prosatext ist von Elisabeth Borchers: Und oben schwimmt die Sonne davon, Ellermann Verlag.)
Der Maler arbeitet konzentriert – im abgegrenzten Raum – bildnerisch äußert er seine verinnerlichten Erfahrungen.

Es kommt eine Zeit
da wachsen die Bäume
in den Himmel
die Blumen
welken

Bei den voraufgehenden Einzelthemen haben die Kinder erfahren, wie ein Kinderbuchautor zu seiner Bildergeschichte gekommen ist, sie haben von der Geschichte und der Herstellung von Büchern gehört, und sie haben selber Papier geschöpft. Was liegt näher, als daß die Kinder nun der eigenen Phantasie Flügel geben, ihre geschöpften Blätter füllen und zu einem kleinen Buch zusammenstellen.
Die Kinder können einzeln ihr eigenes kleines Bilderbuch erstellen. Anregungen dazu auf den Seiten 33, 38f, 42f. Der nachfolgende Bericht „Bilderbücher aus eigener Werkstatt" gibt eher Anregungen zum gemeinsamen Erstellen eigener Bücher im Kindergarten. Zu den Techniken bei der Gestaltung in Gemeinschaftsarbeit kommt sicherlich ein starkes planerisches Element. Ob die Kinder nun in Gemeinschaftsarbeit oder in Einzelarbeit „ihr" Bilderbuch gestalten wollen, in beiden Fällen gibt der Bericht viele konkrete Hilfen und löst eigene Ideen aus.

Bericht:
Bilderbücher aus eigener Werkstatt

„Auf dem Buchmarkt findet man ein vielfältiges Angebot von Bilderbüchern. Trotzdem gibt es für verschiedene Themen, die Kinder im Vorschulalter interessieren, Lücken. Aus diesem Grund habe ich begonnen, für meine Enkelkinder, ihren jeweiligen Wünschen entsprechend, Bilderbücher selbst zu machen." So schildert Frau Elfriede Stieber aus Feldkirchen an der Donau, mehrfache Mutter und Großmutter, wie sie auf die Idee kam, Bilderbücher selbst herzustellen.
Waren es ursprünglich Bilderbücher, die den Interessen ihrer eineinhalb und dreijährigen Enkelkinder entsprachen, so hat sich im Laufe der Zeit der Aktionsradius wesentlich erweitert. Es sind nicht nur die Enkelkinder älter und zahlreicher geworden, auch der Kindergarten in Feldkirchen an der Donau hat die Fähigkeiten von Frau Stieber entdeckt und genützt. So stellte sie für den Kindergarten Bilderbücher, Kalender und Spiele (zum Beispiel ein sehr hübsches Advent-Memory) her. Darüber hinaus hat sie auch gemeinsam mit Kindergarten- und Schulkindern gearbeitet.
Neben der schöpferischen Freude für den Hersteller (Erwachsene und Kinder) während des Arbeitsprozesses und bei der Betrachtung des vollendeten Werkes, gibt es eine Reihe von anderen Gründen, die die Anfertigung solcher Bilderbücher sinnvoll macht:

- Inhaltlich kann auf individuelle Wünsche einzelner Kinder oder einer Kindergruppe eingegangen werden: es kann ein besonderes Erlebnis oder ein bestimmtes Problem gestaltet werden.
- Das Bilderbuch kann korrigiert, ergänzt und fortgesetzt werden.
- Ein Arbeitsprozeß muß gut geplant und schrittweise verwirklicht werden.
- Das Sammeln der notwendigen Papiere wird zu einer spannenden, gemeinsamen Familien- oder Gruppenaktivität.
- Bei der Auswahl eines passenden Papiers für ein bestimmtes Motiv wird der Blick für Farbe und Form geschärft. Es werden von Papiermustern Assoziationen ausgelöst, die die Übertragung auf ein bestimmtes Motiv steuern.
- Der Entstehungsprozeß eines Bildes bietet reiche Möglichkeiten für partnerschaftliche Zusammenarbeit. Es werden Gespräche geführt, es müssen Sachinformationen, die den Inhalt und die Darstellung betreffen, eingeholt werden u.ä.m. Dies alles sind Erlebnisse, die das entstandene Bilderbuch für das Kind besonders wertvoll machen.
- Da viele Illustriertenpapiere oder gebrauchte Geschenkpapiere zur Gestaltung verwendet werden, erhält das Kind auf sinnvolle Weise demonstriert, wie „Abfallmaterial" wieder verwertet werden kann.

Material für die Anfertigung der Bilderbücher
Frau Stieber verwendet:
Zeichenblätter oder dünnen Karton für die Bilderbuchseiten;
Geschenkpapiere, Werbekataloge, Kalenderblätter, Illustrierte u.ä. für die Motive, die ausgeschnitten werden;
Klarsichthüllen, in die die fertigen Blätter eingelegt werden;
Schnüre und Bänder zum Zusammenbinden der Seiten eines Bilderbuches;
verschiedene Scheren, hauptsächlich gebraucht wird eine mittelgroße Schere;
Uhu-Stick zum Kleben.

Methodische Hinweise zum Arbeitsvorgang
Nachdem der Inhalt des Bilderbuches bzw. der einzelnen Seiten besprochen ist, werden Möglichkeiten der bildhaften Darstellung mit den vorhandenen Mitteln diskutiert und der Arbeitsvorgang wird festgelegt. Soll zum Beispiel auf einer Bildseite ein Haus mit Garten dargestellt werden, wird der Arbeitsvorgang des Hausbaus, wie er in der Realität vor sich geht, mit den Kindern überlegt: erst kommt der Maurer, dann der Dachdecker, dann der Gärtner. In dieser Reihenfolge wird auch gearbeitet.
Aus dem Vorrat an Papieren werden passende Muster ausgewählt (hier muß der Erwachsene den Kindern beratend zur Seite stehen). Nicht benötigte Papiere werden wieder weggeräumt, damit die Kinder von der Fülle des Angebotes nicht erdrückt und abgelenkt werden.
Auf das ausgewählte Papier werden die jeweiligen Motive aufgezeichnet und dann ausgeschnitten. Wird ein Motiv (zum Beispiel ein bestimmtes Tier) öfter gebraucht, ist es günstig, sich eine Schablone anzufertigen. Wenn alle Motive für eine Bilderbuchseite fertig ausgeschnitten sind, werden diese vor dem Aufkleben angeordnet. Erst wenn der Gesamteindruck der Anordnung zufriedenstellend ist, wird aufgeklebt und ausgeschmückt. Falls gewünscht, können die Zeichenblätter vor dem Aufkleben der Motive mit Deckfarben überstrichen werden. Dadurch entsteht ein attraktiver Hintergrund.

Zu manchen Bilderbüchern hat Frau Stieber einen Begleittext verfaßt und diesen auf Kassette gesprochen.

Elisabeth Michelic
aus:
UNSERE KINDER, Fachzeitschrift für Kindergarten- und Kleinkindpädagogik, Heft 5/85
Redaktion „Unsere Kinder", Kapuzinerstr.84, A-4020 Linz

Themenbeispiele für Bilderbücher

Vorgegebene literarische Texte, z.B.
„Der Ausflug" J. Guggenmos
„Die drei Kätzchen" nach W. Sutejew
„Es gingen drei Kinder durch den Wald" J. Guggenmos

Vorgegebene Bilderbücher
von Kindern nachempfunden

Beobachtungen in der Natur, z.B.
Eine Blume wächst
Vom Regen und vom Sonnenschein
Mein Jahreszeitenbuch
Wunderbare Sachen

Erlebnisse – Ausflüge, z.B.
Im Zoo
Meine Ferien

Beobachtungen zwischen Menschen, z.B.
Wenn ich zum Kindergarten gehe
Besuch bei Oma und Opa

Feste, z.B.
Mein Osterhasenbüchlein
Wir gehen mit der Laterne
Mein Weihnachtsbuch

Sammlungen, z.B.
Mein Farbenbuch
Bunte Blumen
Bildnerische Techniken

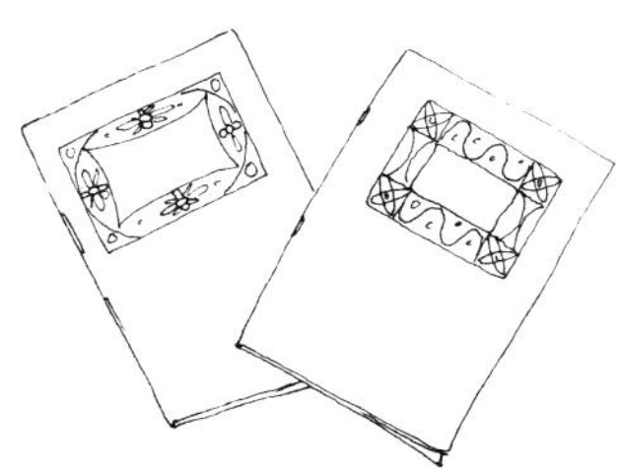

Versgeschichte: Der Ausflug

Kinder mögen Geschichten, in denen Tiere Lebenssituationen und kleine Abenteuer auf „ihre Weise" bewältigen. Mit „lieben" Bären und Katzen und Mäusen identifizieren sie sich besonders gern.
Die kleine Versgeschichte von Josef Guggenmos ist einfach, überschaubar und läßt sich leicht gliedern. Sie überfordert auch die Kleinsten nicht und läßt bei der Verarbeitung alle Formen der Gestaltung zu: darstellendes Spiel, Bewegung und Musik und bildnerisches Gestalten. Die Kinder werden Freude haben an den zärtlich klingenden Versen, die einladen zum Mitsprechen.

gGg

- Die Erzieherin zeigt den Kindern aus Zeichenkarton ausgeschnittene Figuren: Bär und Katze. Erzieherin: Kennt ihr Geschichten von Bären? ... von Katzen? ... Die Kinder erzählen.
  Erzieherin: Meine Geschichte von Bären und Katzen wird euch sicher Spaß machen: Ihr könnt sie spielen und könnt von Bären und Katzen singen. Ihr dürft auch ein kleines Buch zur Geschichte gestalten.
- Die Erzieherin trägt die Versgeschichte vor.
- Die Kinder äußern sich zur Geschichte und wiederholen Einzelheiten.
- Die Geschichte nacherzählen und dabei vielleicht schon in vier szenische Bilder aufgliedern.
- Die Geschichte als Rollenspiel vorbereiten. Viele Kinder können mitspielen: Sieben „starke" Bären und sieben Katzen melden sich, die „kleinste Katze" wird ermittelt.
  In der Geschichte ist der Bach wichtig, wie können wir ihn darstellen? Die Kinder finden Möglichkeiten, z.B. zwei Seile oder Holzbaustein-Reihen in einem bestimmten Abstand quer durch den Raum legen.
  Den Raum vorbereiten: Die Stühle verteilt als Bäume aufstellen, den Bach markieren.
- Die Geschichte mit verteilten Rollen spielen. Die Erzieherin übernimmt die Rolle des Erzählers, die Kinder spielen dazu:
  - Sieben kleine Bären gehen trippeltrappel durch den Wald ...
  - Da stehen sieben kleine Katzen bei einer Pappel am Bach und sagen (die Katzen gemeinsam): Ach! Wären wird drüben, miau!
  - Da nehmen die sieben starken Bären die sieben kleinen Katzen auf den Rücken (huckepack) und sagen
    (die Bären gemeinsam): Wir sind stark, es wird uns schon glücken.
  - Die Katzen machen die Augen zu vor Ängsten.
    Und der kleinsten ist es ...
- Die Geschichte mit neu verteilten Rollen spielen. Vielleicht möchten alle Kinder einmal Bär und einmal Katze sein.

G

- Anderentags könnten die Kinder ihre Stofftiere (Teddybären und Katzen) mitbringen und mit ihnen die Geschichte spielen. Sie werden ihre Freude haben, wenn die Katzen miauen, wenn die Bären sie auf den Schultern tragen, wenn sie danke sagen und wenn die Bären stolz sagen: Ja, wenn wir nicht wären!

Der Ausflug

Sieben kleine Bären
gingen trippeltrappel
durch den Wald
und hielten sich brav bei den Vordertatzen.

Da standen
sieben kleine Katzen
bei einer Pappel
am Bach.

Und sagten: „Ach!
Wären wir drüben,
miau!"

Da nahmen die sieben kleinen Bären
die sieben kleinen Katzen
auf ihren Rücken
und sagten: „Wir sind stark,
es wird uns schon glücken."

Die Katzen machten die Augen zu
vor Ängsten.
Und der kleinsten
war es am bängsten.

Als sie am anderen Ufer waren
sagten die sieben Kätzlein
artig das Sätzlein:
„Wir danken schön!"

„Es ist gern geschehen!"
erklärten die Bären
und meinten auch:
„Ja, wenn wir nicht wären!"

Josef Guggenmos
aus:
Geschichten und Gedichte für Kinder
Verlag G.Bitter, Recklinghausen 1971

Versgeschichte „Der Ausflug" – bewegungsmäßig dargestellt

Das Gedicht von den sieben kleinen Bären und den sieben kleinen Katzen spricht ganz besonders die Kleinsten im Kindergarten an. Sie sollen es zunächst bewegungsmäßig darstellen. Dabei müssen Überlegungen angestellt werden, wie sich Bären und Katzen bewegen. Sicherlich sind einige Kinder schon einmal im Zoo gewesen und haben den Bären bei ihrem Spiel zugesehen, haben die typischen tapsigen Bewegungen der Tiere beobachtet und können sie vielleicht nachmachen. Breitbeinig schwankend bewegen sich die Bären auf ihren Hinterpfoten, während sie die Vorderpfoten hoch halten, um so das Gleichgewicht auszubalancieren.

Alle Kinder sollen einmal versuchen, diesen Gang zu imitieren. Sodann kann die Bewegung zu einem Sprechvers vom Teddybär ausgeführt werden. Dazu übernehmen einzelne Kinder ein dunkel klingendes Instrument (eine Pauke, einen Großbaßstab oder auch eine Waschmitteltonne), das den Rhythmus des Sprechverses wiedergibt.
Der Bewegungsablauf für diesen Sprechvers ergibt sich aus dem Inhalt der vier Textzeilen.

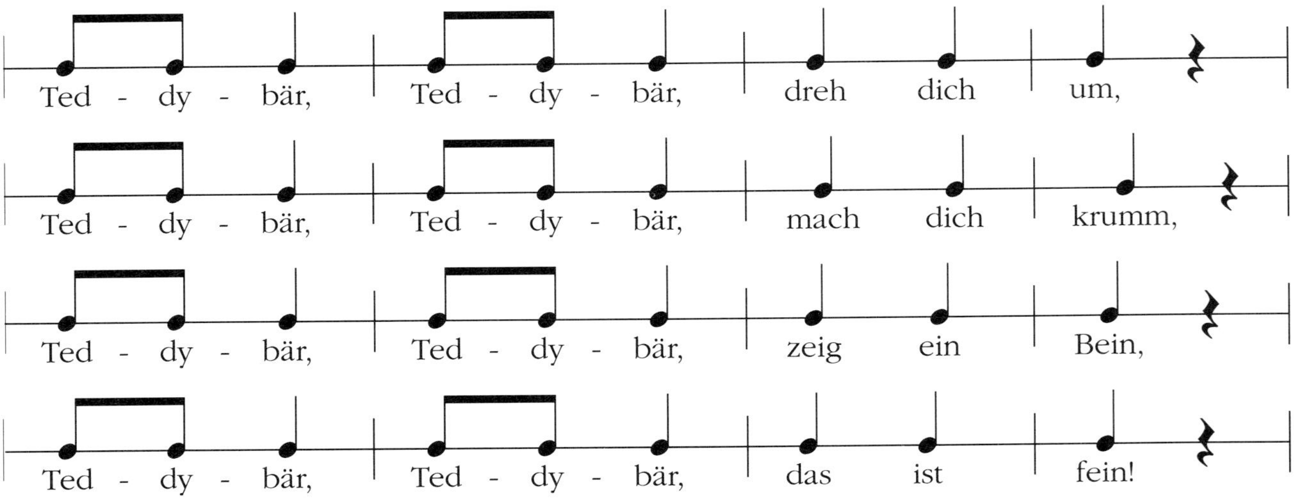

Wie bewegen sich nun kleine Katzen?

Sie sind verspielt, hüpfen und springen geschmeidig umher und zeigen elegante Bewegungen. Da ist nichts Schwerfälliges zu sehen, alles ist locker und leicht.

Die Kinder versuchen nun auch, die kleinen Katzen zu imitieren, wobei sie sich in ihrem Verhalten deutlich von den tapsigen Bären unterscheiden müssen.

Das Lied „Meine kleine Katze" könnte auch hier wieder die Phantasie der Kinder anregen, sich dem Textinhalt entsprechend zu bewegen.

Text und Melodie: Lene Hawelka

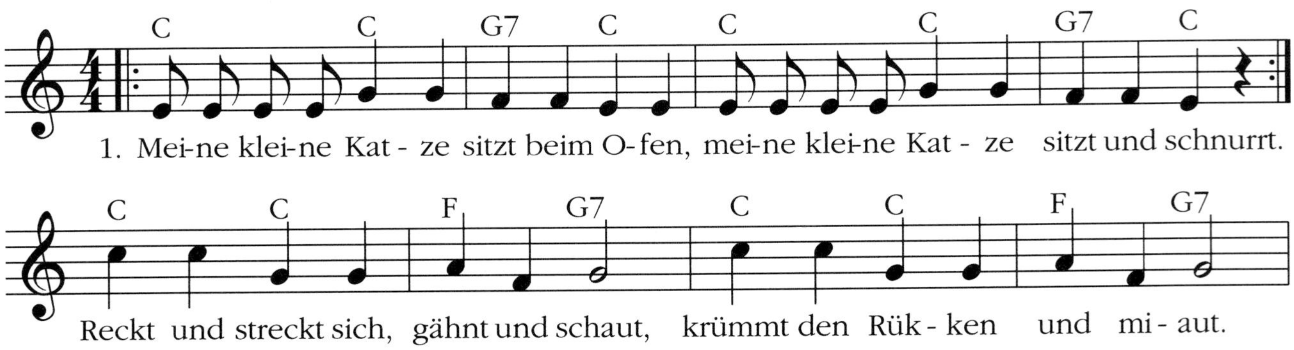

2. Meine kleine Katze geht spazieren!
Meine kleine Katze geht ins Feld.
Fängt am Wege eine Maus,
trägt im Schnäuzchen sie nach Haus.
Meine kleine Katze geht spazieren!
Meine kleine Katze geht ins Feld.

aus:
M. Ose/G. Schimon (Hrsg.), Das kleine Liederbuch für Kindergarten und Haus
Verlag Buchners, Bamberg 1967

Vorschläge zur bewegungsmäßigen Darstellung der Versgeschichte „Der Ausflug":

zu 1: Sieben Kinder erheben ihre Hände, fassen sich an und trippeln mit kleinen Schritten tapsig durch den „Wald". Die Bäume des Waldes werden dargestellt von einzelnen Kindern, die sich mit hoch erhobenen Armen hin und her wiegen.

zu 2: Bei einer einzelnen „Pappel" am „Bach" versuchen sieben kleine Kinder, die „Katzen", den „Bach" zu überqueren. Sie hüpfen geschmeidig hin und her und schrecken immer wieder vor dem „Wasser" zurück. (Der Bach sollte durch ein langes graues Tuch oder graublaues Kreppapier gekennzeichnet sein). Sie miauen ängstlich und schauen sich nach Hilfe um.

zu 3: Da erscheinen die sieben „Bären" auf ihrem Weg durch den „Wald". Sie nehmen die sieben „Katzen" auf ihren Rücken", d.h. die „Katzen" legen ihre „Tatzen" den „Bären" auf die Schulter und passen sich den schwerfällig trabenden „Bären" im Schritt an, oder sie werden von den „Bären" huckepack getragen. Dabei schauen sie sich ängstlich um. Die starken „Bären" tragen sie langsam und sicher durch den „Bach" ans andere Ufer.

zu 4: Die „Katzen" knicksen und verabschieden sich mit „miau, miau."

zu 5: Die „Bären" verneigen sich tief und klopfen sich anschließend auf die Brust

Jenny Neuhäuser

Das eigene Bilderbuch zur Versgeschichte „Der Ausflug"

Die Bilderbuchseiten auf der Seite 38 hat ein Mädchen im Kindergartenalter fast selbständig angefertigt: Sie zeichnete einen Bären und eine Katze auf Zeichenkarton vor und schnitt sie als Schablonen aus. Auf Zeichenpapier skizzierte sie mit Wachsmalstiften die vier Landschaftsbilder. Den Bach malte sie, indem sie mit einem breiten blauen Wachsmalblock quer übers Blatt eine blaue Spur zog. Mit Hilfe der beiden Schablonen setzt sie in Durchreibetechnik mit braunen und schwarzen Wachsmalblöcken die Bären und die Katzen ins Bild. Durch Plazierung, Überschneidungen und Wenden der Schablonen erreichte sie viel Lebendigkeit. Jeder Bär und jede Katze bekam durch Einzeichnen von Augen, Nase und Mund ein individuelles Gesicht. Zum Schluß malte sie noch die Landschaftsbilder aus. Für die Umschlagseite ihres Buches „schrieb" sie den Titel.

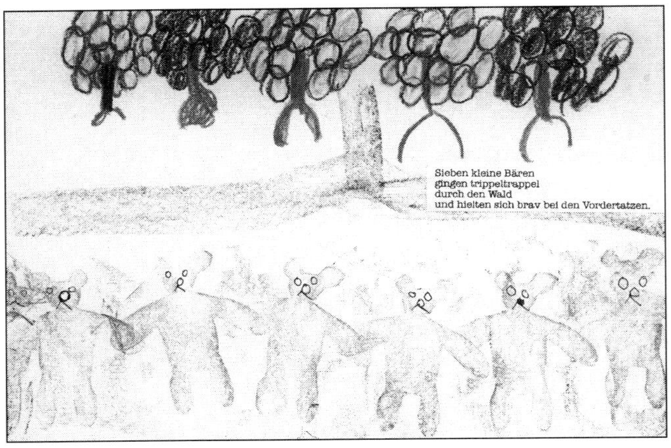
Sieben kleine Bären
gingen trippeltrappel
durch den Wald
und hielten sich brav bei den Vordertatzen.

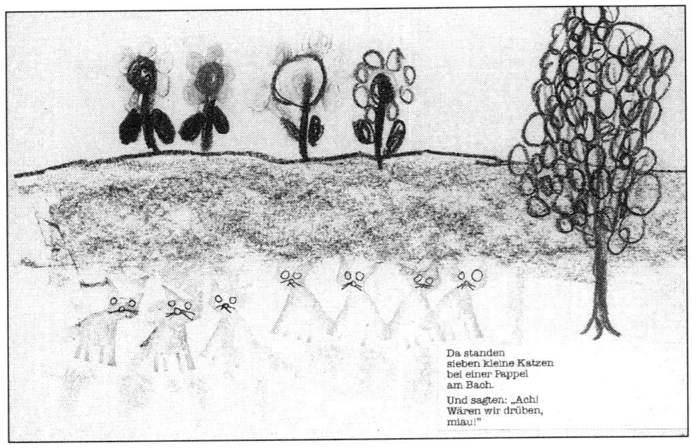
Da standen
sieben kleine Katzen
bei einer Pappel
am Bach.
Und sagten: „Ach!
Wären wir drüben,
miau!"

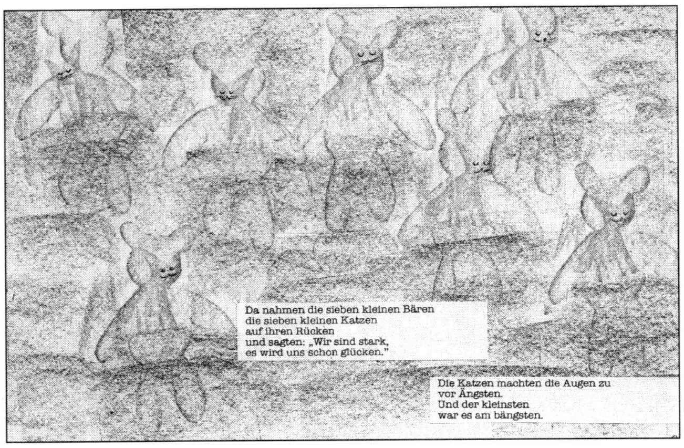
Da nahmen die sieben kleinen Bären
die sieben kleinen Katzen
auf ihren Rücken
und sagten: „Wir sind stark,
es wird uns schon glücken."
Die Katzen machten die Augen zu
vor Ängsten.
Und der kleinsten
war es am bängsten.

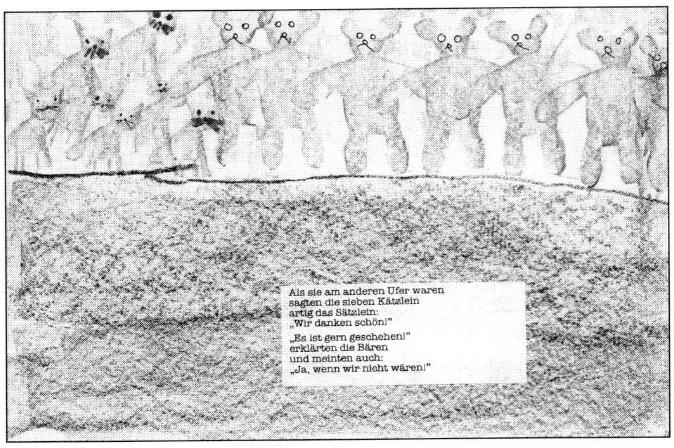
Als sie am anderen Ufer waren
sagten die sieben Kätzlein
artig das Sätzlein:
„Wir danken schön!"
„Es ist gern geschehen!"
erklärten die Bären
und meinten auch:
„Ja, wenn wir nicht wären!"

DER AUSFLUG
JOSEF GUGGENMOS
HANNA

Auch die folgende Kätzchen-Geschichte eignet sich gut für die Erstellung eines kleinen Bilderbuchs. Für die Illustrierung bietet sich besonders die Technik der Papiercollage an: für die Kätzchen schwarzes, weißes und graues Papier, für die Maus graues, für die Mehlkiste braunes, für den Frosch grünes, für das Ofenrohr schwarzes, für den Teich blaues, für den kleinen Fisch orangerotes und für die Sonne goldgelbes Papier. Die Kätzchen könnten ausgeschnitten werden, indem zuvor eine Katzenschablone aus dickerem Zeichenpapier ausgeschnitten und zum Umfahren verwendet wird.

Die drei Kätzchen

Es waren einmal drei Kätzchen: ein schwarzes, ein weißes und ein graues. Sie entdeckten in der Küche ein Mäuslein. Das Mäuslein schlüpfte in seiner Angst in die Mehlkiste. Die Kätzchen sprangen hinterher. Das Mäuslein entwischte. Aus der Mehlkiste aber kamen drei weiße Kätzchen.

Drei weiße Kätzchen sahen im Hof einen Frosch sitzen. Gleich wollten sie ihn fangen. Der Frosch hüpfte in ein Ofenrohr. Die Kätzchen sausten hinterdrein. Der Frosch entkam. Aus dem Ofenrohr aber krochen drei schwarze Kätzchen.

Drei schwarze Kätzchen bemerkten im Teich ein Fischlein. Sie wollten es herausfischen. Dabei purzelten sie ins Wasser. Das Fischlein schwamm davon. Aus dem Teich aber kamen drei nasse Kätzchen.

Drei nasse Kätzchen trotteten heimwärts. Da kam die Sonne und trocknete sie. Und nun wurden sie wieder, was sie vorher gewesen waren: ein schwarzes, ein weißes und ein graues Kätzchen.

W. Sutejew
aus:
I. Lustig/R. Ruzicka (Hrsg.), Der Kinderbaum
Annette Betz Verlag im Verlag Carl Ueberreuter, Wien

Es gingen drei Kinder durch den Wald

Es gingen drei Kinder durch den Wald.
Die Kinder waren jung, der Wald war alt.

Da haben die drei unter Fichten versteckt
ein steinernes uraltes Haus entdeckt.

Sie klopften an. Kein Mensch rief herein.
Da faßten sie Mut und traten doch ein.

Sie blickten sich in der Stube um.
Da sahen sie stehen, verstaubt und stumm:

Eine uralte Uhr, eine uralte Bank,
einen uralten Tisch, einen uralten Schrank.

Der Schrank war wie der Himmel blau
und hatte Schubladen, zwölf genau.

In der ersten lagen ein gläserner Ball,
in der zweiten ein Posthorn aus gelbem Metall.

In der dritten ein Männlein aus Elfenbein,
in der vierten ein Ring mit grünem Stein.

In der fünften lag ein vertrockneter Strauß,
aus der sechsten sprang eine silbrige Maus.

In der siebten lag ein zerbrochener Krug,
in der achten ein Bild: Brauner Adler im Flug.

In der neunten lag ein Gewicht aus Blei,
die zehnte war voll von allerlei.

In der elften lag ein Seidentuch,
in der zwöften ruhte ein uraltes Buch.

Auf dem Buch stand geschrieben: Nimm und lies!
Sie schlugen das Buch auf, da lasen sie dies:

Es gingen drei Kinder durch den Wald.
Die Kinder waren jung, der Wald war alt.

Da haben die drei ...
...

Josef Guggenmos
aus:
Sonne, Mond und Luftballon – Gedichte für Kinder
Beltz Verlag, Weinheim und Basel 1984 – Programm Beltz & Gelberg, Weinheim

Versgeschichte:
Es gingen drei Kinder durch den Wald

Welches Kind möchte nicht gerne mit anderen Kindern durch den Wald streifen, ein altes verlassenes Haus entdecken und es durchstöbern.
Die Endlosgeschichte „Es gingen drei Kinder durch den Wald" von Josef Guggenmos bietet sich an für eine größere Gemeinschaftsarbeit. Viele Kinder könnten an diesem Überraschungsbuch für die ganze Gruppe mitarbeiten. Das Buch wird gemeinsam geplant, die Techniken werden festgelegt und die einzelnen Seiten unter die Kinder aufgeteilt. Der uralte himmelblaue Schrank, mit seinen zwölf Schubladen, der auf dreizehn Seiten etwa gleich groß erscheinen soll, könnte von einem Kind in seinen Umrissen vorgegeben werden. Bei den geöffneten Schubladen lassen sich die „Fundsachen" auch als Materialcollagen einfügen: das Posthorn aus goldener Metallfolie, das Seidentuch mit einem Stückchen Seide ... Der Text wird von Hand auf den entsprechenden Seiten zugefügt.
So könnte ein dickes Überraschungsbuch für die ganze Gruppe entstehen. Bestimmt werden die Kinder aufmerksam auf die geheimnisvollen Sachen in den Schubladen, hinter jeder ahnen sie eine eigene Geschichte und erzählen ...

Umschlag: Ein Wald, darin versteckt ein altes Haus und der Buchtitel

1. Seite: Titel, Autor, Illustration und Erscheinungsort

2. Seite: Drei Kinder im hohen Wald

3. Seite: Unter hohen Fichten ein altes Steinhaus

4. Seite: Die drei Kinder stehen vor der Tür des Hauses und klopfen an

5. Seite: Ein verstaubter Raum mit Spinnengeweben, mit einer alten Uhr, einer alten Bank, einem alten Tisch und mit einem alten, himmelblauen Schrank, der zwölf Schubladen hat

6. Seite: Der Schrank, alle Schubladen sind gdschlossen

7. Seite: Der Schrank, in der ersten geöffneten Schublade liegt ein gläserner Ball

8. Seite: ... in der zweiten Schublade liegt ein gelbmetallenes Posthorn

9. Seite: ... in der dritten Schublade liegt ein Elfenbein-Männchen

10. Seite: ... in der vierten Schublade liegt ein Rinf mit grünem Stein

11. Seite: ... in der fünften Schublade liegt ein Strauß Trockenblumen

12. Seite: ... aus der sechsten Schublade „springt" eine silbrige Maus

13. Seite: ... in der siebten Schublade liegt ein zerbrochener Krug

14. Seite: ... in der achten Schublade liegt ein Bild: „Brauner Adler im Flug"

15. Seite: ... in der neunten Schublade liegt ein Bleigewicht

16. Seite: ... in der zehnten Schublade liegt allerlei ...

17. Seite: ... in der elften Schublade liegt ein Seidentuch

18. Seite: ... in der zwöften Schublade liegt ein altes Buch

19. Seite: Das Buch ist aufgeschlagen und es ist der Text zu lesen: Es gingen drei Kinder durch den Wald ...

Sammlung: Kinderdichtungen

Manchmal möchten Kinder unbedingt eine kleine Geschichte oder Begebenheit „loswerden". Die Erzieherin könnte solche kindlichen Dichtungen aufschreiben, sammeln und gelegentlich zu einem Buch zusammenfassen. Die Kinder dürfen die Texte selbst illustrieren.
Umgekehrt könnten die Kinder aber auch zu ihren gemalten Geschichten erzählen. Die Erzieherin schreibt das Erzählte möglichst wortgetreu auf und fügt es den Bildern zu.

Es war einmal ein kleines Kätzchen.
Die Mutter von dem Kätzchen ist gestorben.
Das arme kleine Kätzchen war ganz traurig.
Aber der Vater sorgte gut für das Kätzchen.

Es war einmal ein Schmetterling.
Der Schmetterling hatte keinen Freund.
Eines Tages kam ein anderer Schmetterling,
der hatte auch keinen Freund.
Der eine Schmetterling sagte:
„Willst du nicht mein Freund sein?"

Es war einmal ein Hase,
der hatte einen Korb mit Eiern.
Er will zum Park und dort Eier verstecken.
Dann will er zum Garten und auch Eier verstecken.

Besonders freuten sich die Kinder über die Eier.

Eine Osterhasen-geschichte

Es war einmal ein Hase,
der wollte einer armen Familie
eine Freude machen.

Der Hase fragte die Oberhenne:
„Könnt ihr alle ein Ei legen?"
„Ja", antwortete die Oberhenne.
Das Häschen bedankte sich
und verschwand.

Eine Eselgeschichte

Es war einmal ein Bauer, der hatte einen Esel. Der Esel war schon alt und der Bauer trieb den Esel sehr.
Eines Tages sagte sich der Bauer, ich verkaufe den Esel auf dem Markt. Gleich am nächsten Morgen stand der Bauer schon um sechs Uhr auf, und der Esel dachte: Wieso steht der Bauer schon so früh auf? Der Bauer trieb den Esel zum Markt.
Der Bauer brauchte nicht lange zu warten, da kam schon ein Mann und kaufte den Esel.
Der Mann, der den Esel gekauft hatte, war sehr gut zu dem Esel, und der Esel war sehr erfreut. Der Mann trieb den Esel nie. Nämlich, statt ihn zu treiben, ging er ganz langsam mit ihm spazieren und gab ihm dabei auch etwas zu fressen.

Leporello: Eine Osterhasengeschichte

Bei geeigneten Bildergeschichten kann ein Buch auch einmal in Form eines Leporellos angelegt werden. Hier sind die Einzelbilder harmonikaartig zusammengefügt.
Die Osterhasengeschichte wurde von einem siebenjährigen Mädchen „erfunden", gezeichnet und aufgeschrieben.

s ging zu einem Mädchen und fragte,
b es Wasserfarben haben könnte.
Ja", antwortete das Mädchen.
as Häschen bedankte sich
nd verschwand.

Es malte die Eier von den Hühnern bunt mit den Wasserfarben an.

Es versteckte sie im Garten von der armen Familie.
An dem Tag war gerade Ostern.

Wenn die Kinder im Laufe der Zeit in verschiedenen bildnerischen Techniken arbeiten, könnte daraus für jedes Kind eine Sammlung angelegt werden, die am Ende der Kindergartenzeit in schön gebundener Form als Erinnerung überreicht wird. Ein solches „Buch" kann viel über die eigene bildnerische, aber auch über die gesamtpersönliche Entwicklung aussagen. Vielleicht werden die Kinder auch nie mehr Zeit finden, so eigenschöpferisch zu arbeiten.

Bildnerische Techniken

grafische und malerische Mittel getrennt oder gemeinsam

Wasserfarben	Malerei Verlauftechnik Naß-in-Naß-Malerei
Temperafarben	Malerei Klapptechnik Spritztechnik Schablonenspritzen Kleistergravur Drucktechnik mit Karton Holz Schwamm Papierbatik
Wachsmalstifte	Zeichnung/Malerei Übermaltechnik Abreibetechnik Monotypie Wachsradierung (Kratztechnik)
Buntstifte	Lineares Zeichnen Kritzeltechnik
Filzstifte	Ornamentik
Tusche	Federzeichnung Pappradierung
Ölfarben	Marmoriertechnik
Papier	Transparentbild Mosaik Faltschnitt Falten Metallgravur

Geschichte: Der Dichterverein

An einem verregneten Sonntagmorgen wird eine Familie zum Dichterverein. Diese heitere Erzählung kann anregen, bei einer geeigneten Gelegenheit auch in der Kindergartengruppe Verse zu schmieden: Die Kinder werden lustige Einfälle haben, reimen, lachen und einander beklatschen.

Der Dichterverein

An einem Sonntagmorgen hängen die Wolken tief und grau über der Stadt. Der Regen prasselt auf die Dächer.
Karli, Poldi und Sabine stehen am Fenster und schauen hinaus.
„Richtig fad", sagt Poldi, „da können wir nicht draußen spielen."
„Und was machen wir dann?" fragt Sabine.
Karli zuckt mit den Schultern. Was soll man schon machen, wenn's regnet und wenn noch dazu Sonntag ist. Da darf man nicht im Haus toben, weil die andern Leute ihre Ruhe haben wollen.
„Lies uns was vor, Mami!" bettelt Sabine, aber die Mutter wehrt ab. „Nicht schon am frühen Morgen vorlesen. Ich will an Oma schreiben. Ihr könnt euch auch mal allein beschäftigen." Und im Hinausgehen schlägt sie vor: „Spielt Quartett oder 'Fang den Hut'."
Dazu haben die Geschwister aber keine Lust. Sie trödeln herum und wissen nicht, was sie anfangen sollen. Sabine bindet ihrem Teddy eine Schürze vor den Bauch und wirft ihn in den Puppenwagen zurück. Karli spitzt so lange an einem Bleistift herum, bis nur noch ein Stummel davon übrig ist. Dann schubsen sie sich gegenseitig und sind ohne Grund böse aufeinander.
Sie langweilen sich. Oh, sie langweilen sich so sehr, daß es ansteckend wirkt.
„Das kann man ja nicht mit ansehen!" ruft der Vater. „Es wird einem selbst ganz öd dabei. – Meint ihr nicht, daß auch ein Regentag lustig werden kann?"
„Nur wenn man im Haus toben darf", sagt Karli verdrossen.
„Auch ohne Toben", behauptet der Vater. „Paßt auf, ich weiß etwas: Wir gründen einen Dichterverein. – Hier hat jeder ein Blatt Papier, und hier lege ich als Preis 50 Pfennige hin. Jeder muß jetzt ein paar Verse machen. Der beste Vers bekommt den Preis."
Die Kinder sind sofort aus ihrer Langeweile gerissen. Ein blanker Fünfziger und glattes weißes Papier sind schon ein guter Anfang.
„Dichten kann ich wie geschmiert", verkündet Karli.
Sabine hat zuerst Bedenken, weil sie noch nicht so gut schreiben kann, aber der Vater beruhigt sie: „In diesem Fall kommt es vor allem auf das Dichten an. Wenn mal ein Wort falsch ist, macht es nicht soviel aus." Er greift nach einer Zeitung, und die Geschwister fangen an zu dichten. Natürlich nicht jeder leise für sich; sie müssen ihre Reime immer gleich den andern vortragen.
„Ich hab' schon was", schreit Karli:

„Die Kuh frißt Gras,
das macht ihr Spaß."

Bewundernd und bißchen neidvoll hat Poldi den Reim angehört. Jetzt muß er sofort etwas mindestens ebenso Gutes machen. Er dichtet:

„An einem klaren Bach,
da steht ein Haus mit Dach."

Aber leider zieht Karli einen Mundwinkel herab: „Haus mit Dach ist doof", meint er. „Ein Haus hat immer ein Dach. Ohne Dach ist es noch nicht fertig oder schon wieder kaputt." Dann reimt er selbst weiter:

„Ich gehe in den Wald,
und damdadamda bald."

„Wieso damdadam?" will Sabine wissen.
„Da kommt noch was dazwischen, du Schaf. Da muß ich erst die passenden Worte finden. Echte Dichter machen das auch so. – Damdadamda bald ..."
Sabine staunt. Woher weiß Karli, wie echte Dichter das machen? Kennt er denn einen?
Inzwischen bemüht Poldi sich heftig. Er murmelt: „Heben, geben, schweben, leben ... Fisch, Gemisch, Tisch ...", und dann ruft er triumphierend:

„Im Bach schwimmt ein Fisch,
den fang' ich zu Tisch.

Diesmal wird der Vers anerkannt.
Sabine lutscht an ihrem Bleistift und weiß noch nichts. Schließlich sagt sie zögernd:

„Der Papa stopft die Pfeife
mit ... mit ... Tabak."

„Das ist kein Gedicht", sagt Karli. „Auf Pfeife kannst du nicht Tabak reimen."
„Aber der Papa stopft sie doch mit Tabak", beharrt Sabine.
„Ja schon, aber es ist trotzdem kein Gedicht. – Ich weiß was Besseres:

Der Papa stopft die Pfeife
mit To-i-lettenseife."

Sabine ist empört: „Nein, nie! Das hat der Papa noch nie gemacht."
„Ob er das in Wirklichkeit macht oder nicht, ist ganz egal", belehrt Karli die kleine Schwester.

„Seife reimt sich prima auf Pfeife. Wenn du Tabak nimmst, geht's nicht. Beim Dichten kommt es nicht darauf an, daß es wahr ist, sondern daß es sich reimt."
Sabine ist nicht überzeugt. „Stimmt das, Papa? Braucht es nicht wahr zu sein?"
Der Vater hat sich hinter seiner Zeitung verkrochen und brummt Unverständliches. Wenn die Erwachsenen hinter ihrer Zeitung sitzen, weiß man nie genau, ob sie wirklich nicht zuhören oder ob sie nur so tun.
„Macht das nichts aus mit Seife und Pfeife?" drängt Sabine.
Der Vater läßt das Zeitungsblatt sinken. „Ein Gedicht braucht nicht immer ganz nach der Wirklichkeit zu sein, aber Seife und Pfeife ist natürlich Unsinn", gibt er zur Antwort, und damit verrät er, daß er doch zugehört hat.
„Wenn sie unbedingt was mit Pfeife dichten will ..." sagt Karli. „Es gibt nicht viele Wörte auf 'eife'". Dann buchstabiert er durchs Alphabet: „beife, deife, keife, kneife, meife, Reife, Schleife, schweife, teife, zeife – – das ist doch alles nichts. Seife geht am besten."
„Nur nicht zu früh aufgeben", ermuntert der Vater. „Hört mal her, wie wär's denn damit:

Wenn ich vergnügt bin, greife
ich nach der Tabakspfeife."

Das hört sich nicht schlecht an. Karli findet besonders schick, daß das Reimwort „greife" noch in der ersten Zeile steht, obwohl es eigentlich in die zweite gehört. Das gab dem Ganzen so etwas Flottes. Aber kein Wunder, das war ja auch der Papa!
„Nun macht mal weiter. Hier liegt der Fünfziger und wartet auf den Gewinner." Damit nimmt der Vater die Zeitung wieder hoch.
Die Kinder probieren eine Menge Wörter durch. Auf manche reimt sich besonders viel, dann helfen sie alle zusammen.
„Mit 'agen' kann man viel machen", sagt Poldi. „Kragen, Magen, schlagen, sagen, nagen, klagen ..."
„Wagen, jagen, tragen", ergänzt Karli.
„Fragen", ruft Sabine stolz.
„Gut, Sabine", lobt der Vater hinter seiner Zeitung und verrät schon wieder, daß er zuhört. Das haben die Kinder heute sogar sehr gern; sie finden es schöner, wenn der Papa mitmacht.
„Wir wollen mal was über meine Stofftiere reimen", schlägt Sabine vor. „Vom Lämmchen, vom Langbein und so."
Nach einigem Nachdenken sagt Poldi:

„Sehr wollig ist das Lamm,
es braucht auch keinen Kamm."

Und Karli dichtet:

„Das Langbein ist ein Hase,
er hockt im grünen Grase."

Sabine ist sehr zufrieden. „Jetzt noch was über Cläre-Lotte", bittet sie. Cläre-Lotte ist keine richtige Puppe, sondern ein Schweinchen, dem Sabine Kleider anzieht.
„Eine Schweinspuppe ist das", sagen die Brüder, wenn sie ihre Schwester ärgern wollen. Jetzt aber sind sie viel zu eifrig mit Dichten beschäftigt, jetzt wollen sie niemanden ärgern, und Karli reimt sofort:

„Cläre-Lotte heißt das Schwienchen,
es ist die Puppe von dem Bienchen."

„Das heißt doch nicht Schwienchen", verbessert Sabine. „Du mußt Schweinchen sagen."
Karli grinst. „Kannst du auch haben. Hier bitte:

Cläre-Lotte heißt das Schweinchen,
es ist die Puppe von dem Beinchen."

Hier fängt Vaters Zeitungspapier erheblich an zu knistern, und während Sabine wütend „Schweinchen" und „Bienchen" schreit, bricht er in schallendes Gelächter aus.
„Komm, Bienchen, komm, lach mit, das ist doch zu lustig." Er lacht, bis auch Sabine findet, daß es lustig ist, und bis alle drei Geschwister gemeinsam „Schwienchen, Schwienchen" und „Beinchen, Beinchen" johlen.
Es geht so geräuschvoll zu, daß die Mutter aus dem Nebenzimmer herbeieilt.
„Wir haben Dichter-Kinder", ruft der Vater, „hochbegabte Dichter-Kinder. Du kommst gerade recht. Jetzt muß entschieden werden, wer den Preis bekommen soll. Wir beide sind die Preisrichter. – Lest noch mal die Verse über Bienchens Tiere vor. Poldi, fang an!"
Poldi deklamiert:

„Sehr wollig ist das Lamm,
es braucht auch keinen Kamm."

„Jetzt Karli!"

„Das Langbein ist ein Hase,
er hockt im grünen Grase."

„Und Bienchen? Hast du denn auch etwas fertiggebracht?"
„Ja", sagt Sabine, was Wunder-wunderschönes, was von meinem kleinen dicken Hund."
„Da sind wir aber gespannt. Laß mal hören."
Und Sabine trägt ihren Vers vor:

„Was läuft denn da so kugelrund?
Bell bell, das ist mein kleiner Hund.“
„Donnerwetter!“ ruft der Vater und klatscht stürmisch Beifall, und selbst die Zwillinge müssen zugeben, daß Sabine einen schönen Vers gemacht hat.
Nach kurzer Beratung kommen die beiden Preisrichter zu dem Ergebnis, daß alle Gedichte gleich gut sind und daß jeder einen Preis bekommen muß.

Glückstrahlend nehmen die Geschwister ihre silbernen Fünfziger entgegen, und Karli meint: „Wenn man mit dem Dichten so leicht sein Geld verdient, werde ich Dichter.“

Tilde Michels
aus:
Ich wünsch mir einen Zauberhut
Verlag Herder, Freiburg 1984

Reimen

Die Kinder sitzen bei der Erzieherin. Sie beginnt einen lustigen Vers, die Kinder reimen. Auch die Kinder finden Verse ...

Beispiele:

Romi rumi reime / ich setz' mich hin und (reime)
Erst singe ich euch vor / dann singen wir im (Chor)
Nina malt auf das Papier / ein wunderschönes (Tier)
Die Kuh, die frißt das Gras / der Regen macht es (naß)
Komm zu mir, ich zeig dir was / dann hast du einen (Riesenspaß)
In unserm kleinen Häuschen / da huscht ein kleines (Mäuschen)
Ich stieg einmal aufs Dach / da ging es plötzlich (krach!)
Es weiß doch schließlich jeder / die Schuhe sind aus (Leder)
Du suchst den Schlüssel? Der liegt doch in der (Schüssel!)
Wir wolln nicht lange warten / wir gehen in den (Garten)
In unserm Garten auf dem Baume / da wächst die dicke (Eierpflaume)
Der kleine Hase / sitzt im (grünen Grase)
Ringe, range, rose / im Garten blüht die (Rose)
Im Laden von Frau Maier / kauft man frische (Eier)
Wir backen einen Kuchen / den wollen wir (versuchen)
Komm ich dich besuchen / gibt es (Tee und Kuchen)
Der Pudding soll gut schmecken / wir wollen ihn auch (schlecken)
Der Koch steckt seinen Kopf / in einen (Suppentopf)
Wir stellen auf den Tisch / einen frischgebackenen (Fisch)
Jetzt ißt meine Puppe / einen Teller (Suppe)
Trinkst du sehr viel Möhrensaft / hast du später ganz schön (Kraft)
Du kannst ein bißchen singen / von vielen kleinen (Dingen)
Eins, zwei, drei, vier, fünf, sechs, sieben / eine alte Frau kocht (Rüben)
Morgens früh um sechs / kommt die kleine (Hex')
Deng, ding, dein / ich trinke sehr gerne (Wein)
Di, da, dicht / im Zimmer brennt das (Licht)
Hei, hei, husch / jetzt gehn wir in den (Busch)
Ri, ra, ro / ich bin ein kleiner (Floh)
Ri, ra, rutsch / wir fahren mit der (Kutsch)
Wi, di, wasche / du bist 'ne alte (Flasche)
Wi, wi, wasche / ich hab 'ne neue (Tasche)
Da muß man richtig lachen / über so verrückte (Sachen)
Bücher, Bücher, die braucht jedermann / weil man daraus sehr viel (lernen kann)

Was fällt euch ein, wenn ich „Frühling" sage

Material: –

gG **Spielanregung:**
Die Gruppe sitzt zusammen. Die Erzieherin beginnt: Was fällt euch ein, wenn ich „Frühling" sage? oder „Regen", „Ostern", „Sonntag", „bunte Wiese", „Katze", „Geburtstag" ... Die Kinder äußern zu den Stichwörtern spontan ihre Assoziationen.

Postkartenpuzzle

Material:
Größere Auswahl Kunstpostkarten, in sechs bis acht Teile zerschnitten, entsprechend Briefumschläge

gG **Spielanregung:**
Jedes Kind wählt einen Umschlag, nimmt die Puzzleteile heraus und legt sie zum Bild zusammen. Dann dürfen die Kinder zu ihren Bildern erzählen. (Beim Erzählen Zeit lassen.)

Phantasiegestalten

Material:
Geeignete Seiten aus Bücherkatalogen, Zeitschriften etc., Scheren, Papier, Klebstoff

EPG **Spielanregung:**
Bilder von Pflanzen, Tieren und Menschen ausschneiden, teilen und zu lustigen Gestalten zusammensetzen. Den Gestalten phantasievolle Namen geben.

Ich sehe etwas, siehst du es auch?

Material:
Bilderbücher

G **Spielanregung:**
Zwei Kinder schauen sich gemeinsam eine Bilderbuchseite an mit Bildern, auf denen viele Details zu erkennen sind. Abwechselnd sagt dann eins der Kinder: Ich sehe einen (eine, ein) ... siehst du ihn (sie, es) auch?

Foto: Phelps © Rapho, Paris

Ein Kind,
allein mit seinem Buch,
schafft sich irgendwo,
tief in den geheimen Kammern
der Seele eigene Bilder,
die alles andere übertreffen.

Astrid Lindgren

Pierre-Auguste Renoir 1841 – 1919
Der Nachmittag der Kinder in Wargemont
entstanden 1884
Öl auf Leinwand, 127cm mal 173 cm
Nationalgalerie, Staatliche Museen Preußischer Kulturbesitz Berlin

Auf dem Bild dargestellt sind die drei Schwestern Marthe, geboren 1870, Marguerite, geboren 1874, und Lucie Bérard, geboren 1880, die drei Kinder von Paul Bérard (1833-1905), dem Freund und Förderer Renoirs.

Renoir sagte einmal: Die Menschen sollen lächeln. „Wenn du nicht streitest, entwaffnest du sie. Dann werden sie freundlich. – Aber du mußt ihnen die Möglichkeit dazu geben." Und: „Jeder Mensch sollte jeden Tag irgend etwas mit seinen Händen tun oder vollbringen."
Seine Darstellung von Landschaften, Blumen, Frauen und Kindern gehören zu den fröhlichsten Bildern in der Geschichte der Kunst. Am liebsten malte er Frauen und Kinder. Er war 44 Jahre alt, als er das Bild „Der Nachmittag der Kinder in Wargemont" schuf, kurz bevor sein erster Sohn geboren wurde. Dieses Bild ist, wie alle seine Werke, von Zärtlichkeit und Romantik erfüllt. Beim Betrachten des Bildes spürt man, wie ruhig und friedlich es in dem Raum ist. Renoir konnte gut Gesichter malen; hier strahlen sie innere und äußere Ruhe aus. Alle drei Geschwister halten etwas in den Händen: ein Buch, eine Puppe, eine Näharbeit.

Das viele Blau der linken Bildhälfte läßt das lesende Mädchen wie auf eine Insel entrückt erscheinen. Im Kontrast dazu steht die bunte Farbigkeit der rechten Bildseite. Sie erweckt Wärme und Heimeligkeit. Das älteste Mädchen ist mit einer Handarbeit beschäftigt – im Hintergrund ein „Fleißiges Lieschen" in voller Blüte. Und sie ist für ihre Schwestern da. Die kleine Schwester lehnt sich ganz selbstverständlich an die große Schwester an. Seelenruhig schaut sie den Betrachter an. Durch das Fenster sieht man ein Stückchen Garten.
Vorhänge und Tischdecke hat Renoir mit ausgeprägten Mustern versehen. (Als junger Mann hat er in einer Werkstatt gelernt, wie man Porzellan bemalt. Die Vorliebe für ornamentale Muster findet man auf vielen seiner Bilder wieder.) Im ganzen Bild wetteifern die Farben Blau und Gold und Weiß miteinander.

Renoirs Augen, Hände und Pinsel haben einen Augenblick für immer festgehalten, eine friedliche Idylle, die uns anspricht und einlädt, die beispielhaft Raum gibt für lesende Kinder.

vgl. Ernst Raboff, Kunst für Kinder: Pierre-Auguste Renoir, Bradley Smith Verlag

Impulse für ein Gespräch

- An der Wand hängt eine Postkarte*, die ihr euch schon öfter angeschaut habt. Gefällt sie euch?
- Die Postkarte ist klein, in Wirklichkeit ist das Bild viel größer. Es ist breiter, als ihr eure Arme spannen könnt. Es hängt in einem Museum in der Stadt Berlin.
- Ist es ein Bild von heute oder eher von früher?
  Ein Maler, er heißt August Renoir, hat es vor 100 Jahren gemalt, in Frankreich.
- Renoir hat gerne Kinder gemalt. Er war Vater und hat ja auch selbst Kinder gehabt, aber nicht drei Mädchen wie hier, sondern drei Jungen.
- Die kleinen Schwester lehnt sich an die große Schwester. Sie hält etwas fest.
- Und die große Schwester: Was arbeitet sie denn wohl? Vielleicht für die Puppe ein Kleid? Warum ist das jüngste Mädchen wohl bei der großen Schwester?
- Schaut euch noch einmal das Kleid des jüngsten Mädchens an, gefällt es euch? Und wie es die Haare hat!
- Die große Schwester hat ein helles Kleid an.
- Auf dem Tisch liegt eine schöne bunt gemusterte Tischdecke.
- Die Farbe Rot wiederholt sich: bei der Haarschleife, dem Gürtel und den Strümpfen der großen Schwester, bei der Puppe, bei der Tischdecke, bei den Gardinen und bei den Blumen auf der Fensterbank.
- Wir können auch durch das Fenster nach draußen schauen.
- Auf der einen Seite des Bildes leuchten viele Farben. Auf der andern Seite erkennen wir fast nur eine Farbe. Alles ist in Blau getaucht: Pullover, Rock, Strümpfe und Schuhe des Mädchens, das Buch, in dem es liest, das Sofa, auf dem es sitzt, die Wandvertäfelung im Hintergrund.
- Ob uns der Maler Renoir mit der vielen blauen Farbe etwas sagen wollte? Das Mädchen auf dem blauen Sofa sitzt da, als wäre es ganz woanders. Es ist ganz in sein Buch vertieft.
- Das Buch, das es in den Händen hält, hat etwas Besonderes. Bänder zum Zubinden.
- Möchtet ihr auch in dem schönen stillen Zimmer sein?
- Wie ich euch kenne, seid ihr mal ruhig, mal lustig, mal zappelig, manchmal frohe, manchmal traurige Kinder. Und die Kinder auf dem Bild?
- Ob wir dem Bild einen Namen geben sollen?

Anregung für ein Gespräch

Die Kinder sich äußern lassen, wo sie denn besonders gerne ein Bilderbuch anschauen möchten:
Vielleicht auch in einem gemütlichen Sofa, die Füße hoch ...
oder in einem kuscheligen Sessel ...
oder auf einem weichen Teppich ...
oder im warmen Bett ...
wo keiner dich stört und du doch nicht allein bist.

**Als Kunstkarte über den Buchhandel zu beziehen: Karte Nr. 230, Druck Brüder Hartmann, Berlin*

Foto:
Lesende Hände

Mit den vielen schönen Kinderbüchern im Kindergarten und zu Hause können blinde Kinder nichts anfangen. Sicherlich freuen sie sich über jede schöne Geschichte, die ihnen erzählt oder vorgelesen wird.
Im ersten Schuljahr erlernen sehende Kinder mit den 26 Buchstaben unseres Alphabetes Texte zu lesen und zu schreiben.
Blinde Kinder schreiben mit der Punktschriftmaschine, die für die Buchstaben nur sechs Tasten benötigt. Die Punkte werden von der Rückseite ins Papier geprägt und können während des Schreibens laufend überprüft werden. Sie sind erhaben und so gefügt, daß sie genau unter die Fingerkuppe passen. So können die Finger die Schrift leicht ertasten und lesen. Die Anordnung der sechs Punkte ermöglicht 63 Kombinationsmöglichkeiten.
Die Punktschrift ist die große „genial einfache" Erfindung des mit vier Jahren erblindeten Louis Braille vor etwa 170 Jahren.
Punktschriftbücher sind natürlich viel umfangreicher. Die ganze Bibel in Punktschrift beispielsweise füllt einen ganzen Bücherschrank.
Blinde Kinder erlernen bald nach der Vollschrift die sogenannte Blinden-Kurzschrift, die den Schriftumfang etwa um ein Drittel reduziert. Sie läßt sich auch schneller schreiben und lesen.
So können auch blinde Kinder heute Bücher lesen: Schulbücher, spannende Kinder- und Jugendbücher, und später auch große Romane oder Fachbücher.

Kinderbücher als Tastbilderbücher serienmäßig in Kunststoffolie herzustellen und zu gebrauchen, ist nicht ganz unproblematisch. Sinnvoller sind hier gewiß originale Einzelexemplare, die mit charakteristischen Materialarten ausgestattet sind.

- Den Kindern zu vermitteln versuchen, wie Menschen, die nicht sehen können, Umgang mit Literatur haben. Blinde Kinder schreiben und lesen Punktschrift. Den Kindern das Foto vom lesenden Kind und die im Schwarzdruck wiedergegebene Punktschriftprobe zeigen. Auf die Fragen der Kinder eingehen.
- Kinder, die schon ihren Namen in Schwarzschrift schreiben können, versuchen ihn in Punktschrift zu schreiben, z.B.

Bettina 

Daniel 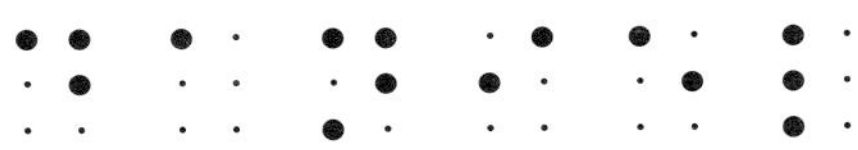

Thomas 

- Auch beim Spielen ertasten blinde Kinder vieles mit den Händen und hören genau hin. Dazu Sinnesübungen:

  Mit geschlossenen Augen Streichhölzer in die Schachtel zurücklegen,
  einen Turm aus Holzbausteinen bauen,
  die Pflanzen auf der Fensterbank gießen,
  eine Puppe ankleiden,
  Holzplättchen nach geometrischen Formen ordnen,
  verschiedene Stoffproben zu Paaren sortieren,
  einen Ball auf eine Geräuschquelle zurollen ...

- Vielleicht einen blinden Erwachsenen in den Kindergarten einladen. Er erzählt aus seinem Leben, von seinem Beruf, von seinen Interessen. Er zeigt den Kindern eine Punktschriftmaschine oder liest aus einem Punktschriftbuch vor.

Foto: Gregor Kierblewsky, Köln

Lesende Hände

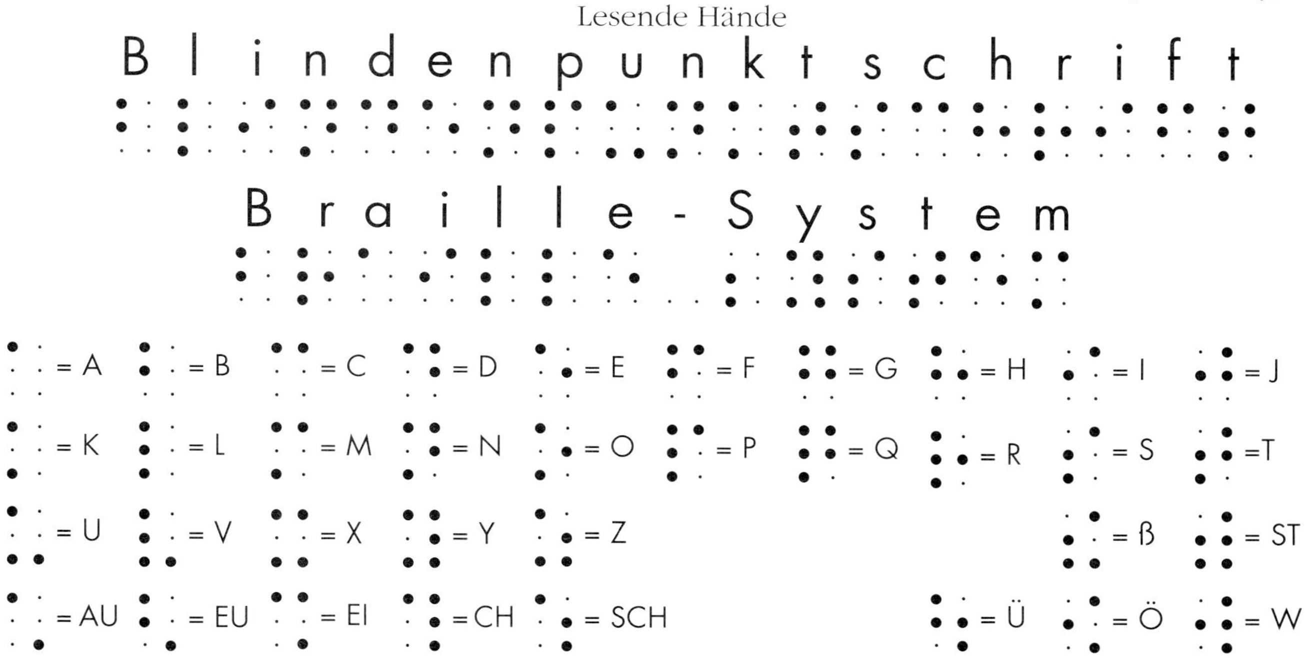

Gute Bücher geben den Kindern Gelegenheit, über sich selbst und die Welt nachzudenken. Beim verweilenden „Lesen" werden eigene Gefühle, Gedanken und Erfahrungen angesprochen und eine tiefere Auseinandersetzung mit sich selbst angeregt. In diesem Sinne haben gute Bücher einen unentbehrlichen und unersetzlichen Wert.
Wenn Erwachsene zuerst selbst Bücher lieben lernen, werden sie auch Liebe stiften zwischen den Kindern und den Büchern. Und wenn die Bücher dann bereit liegen, werden die Kinder immer wieder nach ihnen greifen, – und bestimmt auch später noch.

Einrichtung einer Bücher- und Leseecke

Sicherlich läßt sich eine ruhige Ecke des Gruppenraums durch ein Bücherregal vom übrigen Raum abgrenzen. An der Wand hängen ausgewählte Bilderbuchillustrationen in Wechselrahmen. Ein Tisch mit Stühlen, ein Korbsessel, ein Sofa oder ein Liegesessel und Kissen laden zum Verweilen ein. Stehlampen oder Leselampen mit einem gerichteten Licht bestärken die Zuwendung zum Buch.
Regale mit vielen schmalen Fächern ermöglichen einen leichteren und schonenderen Zugriff. Wenn die Bücher nicht zu gedrängt stehen, können die Kinder beim Suchen immer auch das Titelbild sehen.
In Regalfächern mit schräger Ablage werden Bücher, die neu sind oder die gerade besprochen wurden, offen ausgelegt, damit die Kinder zum Hinschauen und Zugreifen verlockt werden.

Auswahl von Kinderbüchern

Bei der Menge der heute angebotenen Kinderbücher bietet die Gruppenbücherei immer nur einer begrenzten Auswahl Platz. Kriterien für die Auswahl können nur angedeutet werden:
Die gute künstlerische Qualität der Bild- und Textgestaltung;
Inhalte, die nicht belanglos trivial, sondern gehaltvoll und wahrhaftig sind;
eine gute Streuung, die auf den Entwicklungsstand und die unterschiedlichen Interessen der Kinder abgestimmt ist.
Wo Kinder regen Gebrauch von den angebotenen Büchern machen, wird deutlich, welche Bücher heraus- und welche hereingenommen werden sollten. So wird eine gewisse Lebendigkeit und Weiterentwicklung gewahrt.
Auch die Durchordnung könnte von den Kindern mitbestimmt werden: Bücher, eher für jüngere Kinder, phantastische Bilderbücher, Märchenbilderbücher, gleichnishafte Geschichten und Fabeln, Sachbilderbücher mit Themen aus der Natur, aus der Welt der Technik, der Arbeit der Menschen, dem Leben in fernen Ländern, religiöse Bilderbücher, Vorlesebücher, Sammlungen von Kunstkarten und Postern, selbsthergestellte Bilderbücher und Bildmappen.

Einrichtung einer Kinderbibliothek

Über die liebevoll eingerichtete Bücher- und Leseecke hinaus könnte im Kindergarten, sofern ein geeigneter Raum zur Verfügung steht, für alle Gruppen eine Kinderbibliothek eingerichtet werden: Hier können Bücher Platz finden, für die im Gruppenraum der Platz zu eng wird; Bücher, die erst wieder in einem anderen Jahres- und Festkreis benötigt werden, Bücher zu speziellen Themen, Nachschlagewerke, oder aber, um bei einer reichhaltigen Buchausstattung die Bücher öfter auswechseln zu können. Es könnte hier zusätzlich auch ein Ausleihsystem mit Karteikarten eingerichtet werden.

Welche Beziehung die Kinder zu Büchern entwickeln, wird wesentlich davon abhängen, wie sehr die Erzieherin sich als Vermittlerin einbringt. Wenn sie die vorhandenen Bücher immer wieder in den Alltag einbezieht, springt sicher etwas auf die Kinder über. Auch in der Leseecke möchten Kinder andere Kinder, aber auch die Erzieherin immer wieder als Ansprechpartner haben. Umgekehrt kann die Erzieherin über das Buch zu einzelnen Kindern ein Verhältnis des Verstehens und des Vertrauens aufbauen. Es geht dann nicht vordergründig um das Buch, sondern um das Ansprechen dessen, was das Buch im Kind freisetzt, seine Erwartungen und Freuden, seine Sorgen und Ängste. So sind Bücher für die Persönlichkeitsentwicklung eine wichtige Lebenshilfe.
Kinder werden sich auch allein oder zu zweit immer wieder in die Leseecke zurückziehen und sich wohlfühlen, wenn sie sich dort ungestört wissen.

Foto: Reinhardt Scholz, Düren

Handhabung von Büchern

Mit dem zunehmenden Interesse der Kinder an Büchern wächst sicherlich auch der pflegliche Umgang: Daß Hände und Tisch sauber sein sollen. Wie man ein Buch aus dem Regal nimmt, es trägt, es auf den Tisch legt, es aufschlägt, darin blättert, es an den richtigen Platz zurückbringt. Wie beschädigte Bücher repariert und unsaubere Bücher gereinigt werden.

Wir „spielen" Bücherei

Die Bücher- und Leseecke kann auch einmal zur „Leihbücherei" werden. So können zwei Kinder „Bibliothekare" sein, und andere kommen, äußern ihre Wünsche und lassen sich beraten.
Nach einer Exkursion in eine Bücherei werden die Kinder das Rollenspiel noch „echter" spielen.

Wenn Bücher für die Persönlichkeitsentwicklung der Kinder eine so wichtige Rolle spielen, werden vom Kindergarten immer wieder auch Anregungen ins Elternhaus gehen müssen. Viele Eltern nehmen sich für ihre Kinder nicht die nötige Zeit, haben selber keinen Bezug zu Büchern, fühlen sich vom Überangebot überfordert oder unterschätzen den Wert von Büchern für Kinder.
Elternabende, Buchausstellungen und häufige persönliche Gespräche könnten Eltern ermutigen, für die eigenen Kinder zum richtigen Buch zu greifen.

Kinder brauchen Bücher

Am Elternabend könnte Grundsätzliches den Eltern gesagt werden: Wie Kinder die Gemütlichkeit, Geborgenheit und Sicherheit genießen, wenn Vater oder Mutter ihnen vorlesen und erzählen, wenn sie miteinander über fremde und eigene Schicksale reden, daß es Gutes und Böses, Recht und Unrecht, Wahrheit und Lüge gibt. Den Eltern können aber auch einzelne Bücher vorgestellt werden. Einige ausgewählte längere gut vorgetragene Leseproben werden die Eltern begeistern.
Gelegentliche Buchausstellungen mit den im Kindergarten vorhandenen Büchern und Büchern von Buchhändlern geben den Eltern Gelegenheit, einzelne Bücher selbst in die Hand zu nehmen und für die eigene Anschaffung vorzumerken.
Bei Buchausstellungen, aber auch bei anderen Gelegenheiten können Erzieherinnen Eltern individuell beraten, welche Bücher sich jeweils gerade besonders eignen. Vielleicht dürfen Kinder ihre Lieblingsbücher im Kindergarten auch einmal mit nach Hause nehmen und mit den Eltern „bereden".
Bilderbuchposter im Kindergarten können die Eltern immer wieder auf Bücher aufmerksam machen.
Info-Poster können die Eltern informieren über die Öffnungszeiten von Pfarr- und Stadtbüchereien, die meistens auch ein sehr gutes Kinderbuchsortiment führen. Auf Sonderveranstaltungen, z.B. Vorlesestunden, aufmerksam machen.
Einen Elternabend zum Thema „Warum Kinder Bücher brauchen" durchführen.
Eine Vorlesestunde für Kinder einrichten, die von Eltern/Senioren aus der Gemeinde veranstaltet wird.
Eine Elternführung durch die örtliche Bücherei organisieren, um Eltern zu zeigen, daß Kinderbücher nicht „teuer" sein müssen, daß es sie auch zum Ausleihen gibt.
Den örtlichen Buchhändler auffordern, z.B. in der Weihnachtszeit einmal unter dem Motto „Was soll ich schenken" neue, für Kinder interessante, Bücher vorzustellen.

> **„Ich bin Schriftsteller,** kein Soziologe, kein Therapeut. Und ich weiß, daß Bücher die Wärme nicht ersetzen können, die Haut, den Atem, auch nicht das Gespräch. Bücher sind einseitige Gespächspartner, geben nur dann Antworten auf Fragen, wenn man sie richtig wählt, das Richtige zu finden weiß. Dennoch können Bücher das Schweigen in Köpfen brechen; sie können allerdings ebenso Köpfe verführen und verkleistern. Sie können fatale Fluchthelfer sein..."
>
> *Peter Härtling: Helft den Büchern, helft den Kindern! Über Kinder und Literatur, Hanser Verlag, München 1985*

Vorlesen und Erzählen Zehn Tips für Eltern

1. Suchen Sie regelmäßig Gelegenheiten zum Vorlesen und Erzählen, z.B. vor dem Schlafengehen, an regnerischen Nachmittagen usw.
2. Versuchen Sie nicht, das Fernsehen und Bücher gegeneinander auszuspielen. Bücher zu beliebten Fernsehsendungen können ein guter Einstieg zum Vorlesen und Erzählen sein.
3. Sprechen Sie mit Ihren Kindern über das gemeinsam Erlebte, über Bücher und Fernsehsendungen.
4. Lassen Sie sich beim Vorlesen und Erzählen auf die Phantasie und Fragen Ihrer Kinder ein.
5. Nehmen Sie bei der Auswahl der Bücher auf die Neigungen Ihrer Kinder Rücksicht. Wählen Sie Bücher, die sich mit der Erlebniswelt Ihrer Kinder beschäftigen.
6. Achten Sie bei der Auswahl der Bücher auf gute Illustrationen und auf klare Schriftbilder.
7. Richten Sie sich bei der Auswahl der Bücher nach dem Alter Ihrer Kinder: großflächige Bilderbücher für die Kleinsten – längere Geschichten, auch in Fortsetzungen über mehrere Tage zu lesen, für die Größeren.
8. Bringen Sie Abwechslung beim Vorlesen und Erzählen: wählen sie mal phantastische Geschichten, mal lustige Sprachspiele, mal Sachbücher, mal Märchen ...
9. Verwechseln Sie Vorlesen und Erzählen nicht mit einer Vorbereitung auf die Schule.
10. Seien Sie ein Vorbild. Je mehr Sie sich mit Büchern beschäftigen, desto leichter werden Ihre Kinder Freude an Büchern finden.

Selbst-Hilfe „Checkliste" für Eltern

1. Ich lese meinem Kind jeden Tag vor.
2. Wenn mein Kind mich darum bittet, lese ich ihm das gleiche Buch mehrmals vor.
3. Wenn ich vorlese, sitzt mein Kind auf meinem Schoß oder sehr nah bei mir, so daß es die Handlung im Buch mitverfolgen kann.
4. Mein Kind sieht mich regelmäßig lesen.
5. Mein Kind sieht öfter andere Leute beim Lesen.
6. Wir haben Bücher, Zeitschriften und Zeitungen zu Hause.
7. Mein Kind hat Bücher, die ihm gehören und einen eigenen Platz, wo es sie aufbewahren kann.
8. Bücher und Zeitschriften machen einen Großteil meiner Geschenke an Kinder aus.
9. Unsere Gespräche gehen über tägliche Verrichtungen wie Essen, Anziehen und Baden hinaus. Wir reden zum Beispiel darüber, was in unserer Familie und Nachbarschaft passiert und warum bestimmte Dinge so sind, wie sie sind.
10. Ich biete meinem Kind Möglichkeiten, sich selbst durch Malen, Zeichnen, Spiele und Erzählen auszudrücken.
11. Ich höre meinem Kind interessiert und bereitwillig zu und zeige ihm, daß mir seine Gefühle wichtig sind.
12. Mein Kind weiß, daß ich das Lesen genauso schätze wie das Fernsehen.
13. Ich kontrolliere die Zeit, die mein Kind vor dem Fernseher verbringt, und welche Programme es sich ansieht.
14. Ich ermögliche meinem Kind viele interessante und verschiedenartige Erlebnisse, wie zum Beispiel den Besuch von Jahrmärkten, Restaurants, anderen Städten, Konzerten und Kirchen sowie Ausflüge zum Strand, in die Berge, zu Seen, Flüssen und Spaziergänge.
15. Ich stelle meinem Kind viel Papier, Wachsmalstifte und Buntstifte oder auch eine Schiefertafel für verschiedene Spiele zur Verfügung.
16. Wir machen Spiele, die meinem Kind helfen die Unterschiede und Gemeinsamkeiten von Dingen/Gegenständen in unserer Wohnung zu erkennen.
17. Mein Kind hat einen Bibliotheks-/Büchereiausweis und die Möglichkeit, ihn regelmäßig zu benutzen.
18. Ich vermittle eine positive Einstellung gegenüber Schule und Lehrern.
19. Die Hör- und Sehfähigkeit meines Kindes wird regelmäßig überprüft.

DEUTSCHE LESEGESELLSCHAFT e.V. (August 1987)

Eine Ausstellung des Börsenvereins des Deutschen Buchhandels e.V. siehe unter Bezugsquellen, Seite 248
Illustration: Rotraut Susanne Berner

Bücher wachsen nicht auf Bäumen –
Aber in uns wachsen die Inhalte von Büchern
zu einem großen bunten Baum.

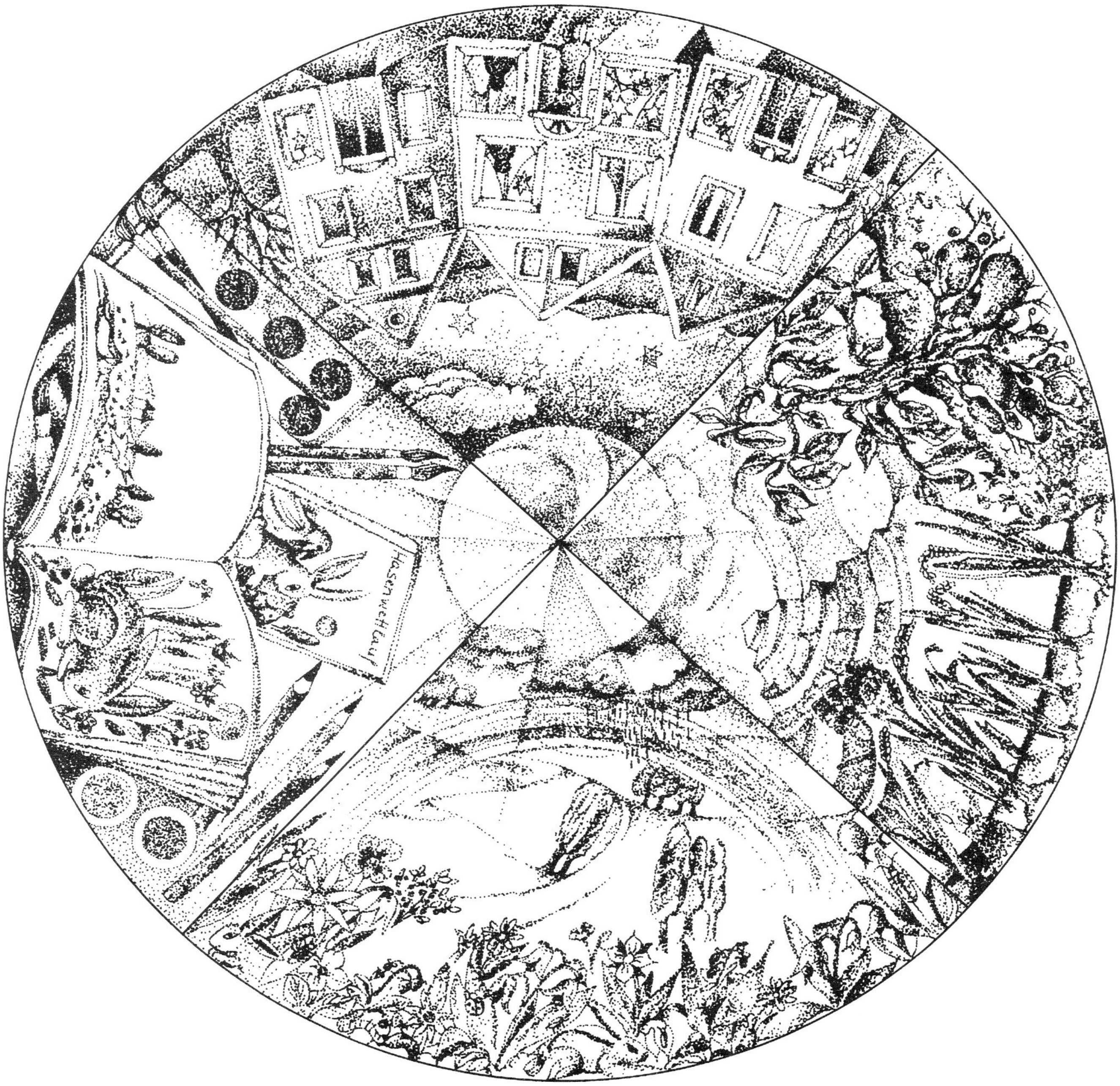

Und als sie Frederick so dasitzen sahen,
wie er auf die Wiese starrte, sagten sie:
„Und nun, Frederick, was machst du jetzt?"
„Ich sammle Farben", sagte er nur,
„denn der Winter ist grau."

• • •

„Und was ist mit den Farben, Frederick?"
fragten sie aufgeregt.
„Macht wieder eure Augen zu",
sagte Frederick. Und als er von blauen
Kornblumen und roten Mohnblumen
im gelben Kornfeld und von
grünen Blättern am Beerenbusch erzählte,
da sahen sie die Farben so klar und deutlich
vor sich, als wären sie aufgemalt
in ihren kleinen Mäuseköpfen.

Leo Lionni
aus:
Frederick
Verlag G. Middelhauve, Köln und Zürich 1967

Erfahrungsfeld der Kinder

Die Kinder erleben die Welt in einer Fülle bunter Farben. Das Farbempfinden verbindet sich ganzheitlich mit den Eindrücken der übrigen Sinne. Mit Leib und Seele erleben sie das Ganze der Erscheinung durch die füllenden Farben. Zum Beispiel kann der Anblick einer Orange im Kind auslösen: wie Vater eine Orange schält ... Orangen liegen immer auf einer bestimmten Schale im Eßzimmer, wenn Winter ist ... der Saft spritzt und läuft herunter ... klebrige Finger ... der Duft ... die besondere Struktur der Orangenhaut ...

Beim Essen spielen die Farben eine wichtige Rolle, weil die Augen „mitessen" oder „mittrinken".
Im Bereich der Natur erleben die Kinder den Farbenwechsel im natürlichen Rhythmus des Jahres und des Tages. Sie freuen sich und können staunen über die Farbenpracht im Frühling und im Herbst, über einen Sonnenaufgang und einen Sonnenuntergang.

Die Kinder bevorzugen meist kräftige Farben, wobei sich schon früh die Vorliebe für eine bestimmte Farbrichtung zeigt, die im Laufe der Zeit aber wechseln kann, zum Beispiel von Gelb zu Blau oder von Rot zu Grün. Ihre Lieblingsfarbe zeigt sich in ihren gemalten Bildern, bei der Beachtung der eigenen Kleidung und beim Kauf des ersten Schulranzens.

Oft sind Kinder unnötigerweise grellen Farben ausgesetzt, u.a. bei ihren Spielzeugen oder beim Raumschmuck.
Die Kinder reagieren auf die Farben, von denen sie umgeben sind, mit ihrem Gesamtbefinden: auf „laute Farben" eher erregt und laut, auf „leise Farben" eher ruhig und angeregt. Leuchtstoffröhrenlicht läßt alle Farben kalt erscheinen – im Gegensatz zum Glühlampenlicht – und erzeugt auch bei Kindern eine kalte Atmosphäre.

Das Gedächtnis läßt die Kinder Farbassoziationen haben an bestimmte Ereignisse oder Beobachtungen. Beispiel: So blau war der Pullover, den ich zu Ostern anhatte!
Sie sind erfinderisch, wenn es gilt, ihre Farbempfindungen zu beschreiben. So entwickeln Kinder eine eigene Farben- und Formensprache, die völlig von den eigenen Erfahrungen und Vorstellungen bestimmt ist und hier oder dort anders aussieht.

Das Malen mit Farben ist ein natürliches Äußerungsbedürfnis, ist schöpferisches Spiel und nonverbale Äußerungsform. Der Umgang mit Farben macht jedem Kind Spaß und bereitet ihm Vergnügen. Mit Farben läßt das Kind die Welt – seine eigene – entstehen. Die Spontaneität des Kindes kann aber auch durch Reinlichkeitsgebote und Fehlsteuerungen gehemmt werden; durch Bewertungen, Erwartungen und Kritik wird seine Kreativität erstickt.
Die Kinder dieser Altersstufe geben in ihren Bildern den Dingen nicht „naturgetreue" Farben – wohl ist der Himmel meist blau und die Wiese grün –, sie setzen ihre Farben affektbetont ein und kommen dabei zu erstaunlichen Farbkombinationen.

Den Kindern steht heute ein umfangreiches Angebot an Gestaltungsmaterial zur Verfügung, aber viele Kinder erhalten nur im Kindergarten die Möglichkeit, mit Pinsel und Wasserfarben zu malen.

Bei den Tischspielen nehmen Farbenspiele einen großen Raum ein. Es sind Spiele zum Gruppieren, Erkennen, Benennen, Vergleichen und Wetteifern. Spielerisch prägen sie sich die Namen der Farben ein.

Es kommt relativ selten vor, daß in der Gruppe ein Kind durch totale oder partielle Farbenblindheit auffällt.

Dimension des Themas

Das Licht der Sonne ermöglicht mit seiner Energie alles Leben auf der Erde. Das Sonnenlicht läßt uns die Natur in bunter Farbenpracht erscheinen. Farben sind gegenstandslos, sie sind immer nur mit den Augen wahrzunehmen. Mehr als uns meist bewußt ist, wirken die Farben auf uns. In der von uns geschaffenen Umwelt bestimmen wir die Farben.

Das Thema „Überall sind Farben" meint ganzheitlich, daß Kinder das, was sie mit den Augen farbig sehen, zugleich mit allen Sinnen bewußter in sich aufnehmen. Gerade in der Frühsommerzeit lockt die Natur mit einer ungeheuren Farbenpracht bei Blumen und Früchten.

Der Einstieg in das Thema kann mit dem Bilderbuch vom „Farbendieb" erfolgen: unsere Welt ist voll Farben, ohne Farben erscheint sie grau und leblos.

Spiele lassen die Kinder auf Farben unmittelbar in ihrer Umgebung aufmerksam werden.

Beim Sammeln und Ordnen auf dem Projekttisch werden sie Farbtöne und feine Farbschattierungen vergleichen und bestaunen und nebenbei ganz selbstverständlich lernen, Farben genauer zu bezeichnen.

Mehr oder weniger bewußt, aber sicherlich wohltuend erleben die Kinder beim Suchen von Sommerblumen das Zusammenwirken von Sonnenschein und Himmel, von Formen und Farben, von Wind und Düften, von fliegenden und summenden Insekten ... Ebenso ganzheitlich durchleben Kinder die ganze Breite sensibler Erfahrungen, wenn sie sich reife Früchte „zu Gemüte führen". Solches Erleben löst Staunen, Freude und Nachdenken aus und noch vieles mehr.

Genauere Beobachtungen in der Natur lassen die Kinder auch überlegen, warum viele Tiere ihrer natürlichen Umgebung angepaßte Farben haben und warum in der Nacht alle Farben verborgen sind.

Die Farben des Regenbogens sind längst durch die Gesetze der Lichtbrechung erklärt, das Wunderbare und Zeichenhafte des Regenbogens aber erschließt sich den Schauenden. Der Regenbogen in der Natur und auch die Regenbögen, die die Kinder mit Wasser selber „zaubern", vermögen sie anzuregen, in den Regenbogenfarben in eigener Weise Farben einzusetzen.

Das Mischen von Farben bedeutet Ausprobieren, Sich-überraschen-Lassen und mit Farben gestalten.
Durch die Anregungen zum bildnerischen Gestalten und Malen lernen die Kinder individuell zu arbeiten. Sie gewinnen Sicherheit und Selbstvertrauen, das sie mehr und mehr befähigen kann, im kreativen Umgang mit Farben ihre innere Erlebniswelt – sich selbst – auszudrücken.

So schließt sich der Kreis vom ganzheitlichen Erleben über differenzierte Wahrnehmungen zu einem bewußten Mit-allen-Sinnen-Genießen. Die Natur schenkt uns eine wunderbare Harmonie von Farben und Formen, die für unser Wohlbefinden unendlich wichtig ist.

Modellziel

Fähigkeit entwickeln,

- mit allen Sinnen zu empfinden und wahrzunehmen, daß wir in einer farbigen Welt leben; über die vielen Farben zu staunen;
- beim Zuordnen von farbigen Gegenstände die unendlich vielen feinen Farbabstufungen innerhalb bestimmter Farben zu entdecken und für Farberscheinungen durch Farbanalogien Namen zu finden;
- sich an der Vielfalt und der Harmonie von Farben und Formen in der Natur zu erfreuen;
- sich anlocken zu lassen durch die Farben von Blumen und Früchten und diese mit den Sinnen zu genießen;
- mit Farben spielerisch umzugehen;
- die Regenbogenfarben nicht nur beim Regenbogen, sondern auch bei anderen Gelegenheiten wahrzunehmen;
- im Regenbogen ein Sinnzeichen zu sehen;
- die eigenen Stimmungen und das innere Erleben in eigenen Formen und Farben zum Ausdruck zu bringen;
- mit Farben Geschichten zu erzählen;
- im Ausprobieren mit den Grundfarben viele andere Farbtöne zu ermischen;
- sich selbst zu entfalten im Umgang mit unterschiedlichen Malmitteln und Gestaltungstechniken;
- die zeichenhafte oder symbolische Bedeutung von Farben zu erahnen.

Elternbrief

Liebe Eltern!

In den nächsten Wochen wird es im Kindergarten recht „bunt" zugehen unter dem Thema „Überall sind Farben".

Die Kinder sollen Augen für unsere farbige Welt bekommen. Das bietet sich ja auch in der Frühsommerzeit sehr schön an, wo der Sonnenschein die ganze Natur zum Leuchten bringt und uns die frischen Farben von Blumen und Früchten anlocken und erfreuen.

Im Kindergarten wird ein Farben-Projekttisch bereitgestellt. Dort wollen wir unifarbene Dinge aus Haushalt und Natur sammeln und gruppieren. Wie unterschiedlich gelb können Dinge sein, zum Beispiel: Sand, Stroh, Blütenstaub, Bernstein, Bananen, Zitronen, Quitten, Sesam, Weizen, Apfelsaft, Mais, Curry, Bienenwachs, Honig, Speiseöl, Senf, Legosteine, Aufkleber in Neongelb oder Papiere, Kerzen, Gläser, textile Stoffe in unterschiedlichen Gelbtönen und schließlich dann die Sommerblumen in unendlich vielen Gelbtönen.
Doch lassen wir die Kinder suchen und sammeln! Wir werden sicherlich staunen über die Vielfalt und die kindliche Entdeckerfreude.

Bilderbücher, Geschichten, Verse und Lieder erzählen uns von den Farben. Wir werden mit Farben spielerisch und experimentell umgehen. Und die Kinder werden sich zum Malen und Gestalten mit Farben anregen lassen. Vielleicht leuchtet uns auch einmal ein herrlicher Regenbogen am Himmel ...

Frohe Grüße

P.S.: Wir möchten noch an Sie weitergeben, was wir zum Thema Farbstoffe in unseren Nahrungsmitteln gefunden haben:
Die natürlichen Farbstoffe, die uns jetzt Obst und Gemüse in reichem Maße liefern, sind sehr gesundheitsfördernd, d.h. kapillarbildend und abwehrsteigernd. Doch die künstlichen Farbstoffe in Süßigkeiten, Puddings, Fruchtsaftgetränken u.a. sind erwiesenermaßen gesundheitsschädigend, d.h. allergieerzeugend und karzinogenbildend. Sie begegnen uns als E-Nummern (z.B. E 102, E 104, E 124 ...) auf vielen Verpackungen. Es empfiehlt sich beim Einkaufen auf den Aufdruck „Ohne (künstlichen) Farbstoff" zu achten.

Einstieg in das Thema

Für den Einstieg in das Thema „Überall sind Farben" bietet sich folgendes Bilderbuch an: Tony Ross, Der kleine Hugo und der Farbendieb, Peters Verlag.

Der kleine Hugo und die verzauberte Belinda suchen den Farbendieb, der den Pflanzen und Tieren ihre Farben stiehlt. Sogar die bunten Zaubersprüche aus Belindas Zauberbuch sind verschwunden. In einem verlassenen weißen Turm finden sie den einsamen Zauberer und Farbendieb, der wie ein Schwamm alle Farben in sich aufsaugt oder sie in Kisten und Einmachgläsern für sich einschließt. Mit Mut und List zwingen die beiden den Farbendieb, der Welt ihre Farben zurückzugeben. Auch Belinda kann sich nun in eine wunderschöne Fee zurückverwandeln.

Das Bilderbuch macht bewußt, daß unsere Welt voll Farben ist, ohne die sie gespenstisch farblos aussehen würde. Die Geschichte ist spannend erzählt. Die Bilder laden die Kinder dazu ein, in der Mimik und Gestik der Figuren deren innere Befindlichkeiten zu entdecken, genau hinzuschauen und die Geschichte nachzuerzählen.

In unserer Gruppe gibt es kein Blau

gGg

Die Kinder sitzen im Kreis. Ein Kind darf beginnen und sagt: In unserer Gruppe gibt es kein Blau! Die anderen Kinder rufen: Doch! laufen los und jedes versucht einen blauen Gegenstand zu finden, den es in die Runde trägt, oder es bleibt stehen, wo es etwas Blaues sieht. Der Reihe nach dürfen die Kinder mit einem Satz sagen, was sie gefunden haben.
In den nächsten Spielrunden sollten auch Schattierungsfarben gewählt werden. Bei gutem Wetter heißt es draußen: In unserem Garten gibt es kein ...

Ich sehe etwas, was ihr nicht seht

gG

Die Kinder sitzen im Kreis. Ein Kind beginnt; es schaut sich im Gruppenraum um und sagt: Ich sehe etwas, was ihr nicht seht, und das ist dunkelgrün! Wer den Gegenstand errät, darf weitermachen.

Mein rechter Platz ist leer

gGg

Das bekannte Spiel „Mein rechter Platz ist leer" wird folgendermaßen variiert: Die Kinder mustern sich gegenseitig genau und suchen nach einem Farbklecks, der möglichst nur bei einem Kind vorkommt. Es heißt dann: Mein rechter Platz ist leer, ich wünsche mir das Kind her, das einen roten Gürtel hat! ...

Auf Farbsuche

Material:
Aus einer Farbmustertafel die einzelnen Farbmuster ausschneiden und auf neutrale Karten aufkleben.

EP

Spielanregung:
Die Farbkarten liegen verdeckt auf dem Tisch. Jeweils zwei Kinder spielen zusammen. Abwechselnd ziehen sie eine Karte, schauen sich die Farbe an, und ein Kind sucht nach dieser Farbe im Raum, das andere Kind hilft oder bestätigt die richtige Farbwahl.

Sortieren

Materialvorschläge:
Stoffproben
Holzmustertäfelchen
Tonpapierkarten
Edelsteine, z.B. in einem Kästchen 10 Edelsteine paarweise in zwei gleichen Farben.

EP

Spielanregung:
Das Kind nimmt sich ein Kästchen, es schaut sich die Farben an, befühlt die Materialien und sortiert sie nach Farben und Schattierungen.

Vgl. Sinnesübungen: Farbbällchen in Sammelband 1, S.201

Die Maus ist grau

Im Allgemeinen sind Mäuse grau,
doch diese sind besonders schlau.
Alle Farben finden sie fein,
nur grau wollen sie nicht länger sein.
Darum lernen sie einen Zauberspruch
aus dem Farben-Zauber-Buch.

Es tritt die erste Maus hervor,
und eine flüstert der andren ins Ohr:
simsalabimbambasaladusaladim,
sie soll so blau sein wie
eine Kornblume, ein See, eine Pflaume.
... und sie war blau!

Es tritt die zweite Maus hervor,
und eine flüstert der andren ins Ohr:
simsalabimbambasaladusaladim,
sie soll so gelb sein wie
eine Butterblume, ein Postauto, die Sonne.
... und sie war gelb!

Es tritt die dritte Maus hervor,
und eine flüstert der andren ins Ohr:
simsalabimbambasaladusaladim,
sie soll so braun sein wie
eine Ziege, ein Lebkuchen, ein Schrank.
... und sie war braun!

Es tritt die vierte Maus hervor,
und eine flüstert der andren ins Ohr:
simsalabimbambasaladusaladim,
sie soll so rot sein wie
die Feuerwehr, eine Rose, eine Mohnblume.
... und sie war rot!

Es tritt die fünfte Maus hervor,
und eine flüstert der andren ins Ohr:
simsalabimbambasaladusaladim,
sie soll so schwarz sein wie
ein Rabe, eine Katze, ein Kaminkehrer.
... und sie war schwarz!

Es tritt die sechste Maus hervor,
und eine flüstert der andren ins Ohr:
simsalabimbambasaladusaladim,
sie soll so grün sein wie
ein Baum, ein Frosch, das Gras!
... und sie war grün! (gekürzt)

Ursula Durach

Farbenvielfalt

Rot wie
Lippen
Blut
Wein
Feuer
Glut
Signale
Rubine
Zinnober
Granat
Purpur
Scharlach
Korallen
Rost
Lachs
Füchse
Rosen
Mohn
Pfingstrosen
Malven
Fuchsien
Geranien
Erdbeeren
Himbeeren
Rote Johannis-
beeren
Brombeeren
Kirschen
Pfirsiche
Hagebutten
Rote Bete
Radieschen
Tomaten
Paprika
Rotkohl
Ziegeln
Feuerwehrautos

Orange wie
die Abendsonne
Kupfer
Feuersalamander
Weichschnecken
Goldfische
Feuerlilien
Kapuzinerkresse
Ringelblumen
Sanddorn
Feuerdorn
Ebereschen
Mandarinen
Aprikosen
Orangen
Möhren
Markisenstoffe

Violett wie
Ametyste
Wiesenschaumkraut
Flieder
Wicken
Lavendel
Heidekraut
Herbstzeitlose
Auberginen
Brombeersaft
Liturgische Gewänder

Gelb wie
Die Morgensonne
Gold
Sand
Getreidefelder vor
der Ernte
Stroh
Blütenstaub
Herbstblätter
Bernstein
Schwefel
Entenküken
Kanarienvögel
Bienen
Raps
Ginster
Löwenzahn
Narzissen
Trollblumen
Butterblumen
Arnika
Sonnenblumen
Mimosen
Goldregen
Bananen
Zitronen
Quitten
reife Birnen
Kürbis
Sesam
Weizen
Mais
Safran
Curry
Bienenwachs
Honig
Eidotter
Speiseöl
Senf
Käse
Butter
Semmeln
Briefkästen
Postautos
Legosteine
Regenjacken

Grün wie
Gras, Wiesen
Heu
Getreidefelder im
Frühling
Klee
Moos
Efeu
Farn
Tannen
Zedern
Buchen
Lärchen
Birken
Linden
Jade
Türkise
Smaragde
Grünspan
Frösche
Smaragdeidechsen
Stachelbeeren
Klaräpfel
Kopfsalat
Gurken
Spinat
Erbsen
Avokados
Oliven
Petersilie
Lorbeerblätter
Glasflaschen

Blau wie
der Frühlingshimmel
der Sommerhimmel
das Meer
die Nacht
Rauch
Türkise
Smaragde
Aquamarine
Lapislazuli
Kobalt
Stahl
Tauben
Eisvögel
Hyazinthen
Veilchen
Ehrenpreis
Vergißmeinnicht
Glockenblumen
Iris
Enzian
Scabiosen
Kornblumen
Blauregen
Heidelbeeren
Weintrauben
Pflaumen
Schlehen
Mohnsamen
Tinte
Matrosenpullover
Jeans

Braun wie
Erde
Borke
welkes Laub
Tannenzapfen
Torf
Ton
Okker
Sandstein
Rehe
Nußbaumholz
Eichenholz
Walnüsse
Haselnüsse
Kartoffeln
Zwiebeln
Linsen
Kaffeebohnen
Tabak
Kakao
Zimt
Gewürznelken
Kümmel
Vollkornbrot
Toastbrot
Schokolade
Milchkaffee
Ledertaschen
Kamelhaarstoff
Jute
Tontöpfe

Schwarz wie
die Nacht
Pech
Teer
Rohöl
Kohle
Ruß
Graphit
Raben
Dohlen
Ebenholz
Schwarze Johannis-
beeren
Holunderbeeren
Wacholderbeeren
Tee
Lakritz
Konzertflügel
Lackleder
Zylinder
Abendgarderobe

Grau wie
Rauch
Nebel
Regenwolken
Gewitterwolken
Schiefer
Basalt
Anthrazit
Silber
Weißgold
Platin
Titan
Stahl
Zinn
Rauchquarz
Asche
Zement
Kitt
Elefanten
Mäuse
Esel
Tauben
Flanellstoff

Weiß wie
Schnee
Alabaster
Mondsteine
Perlen
Elfenbein
Kalk
Kreide
Daunen
Schwäne
Schafe
Turteltauben
Kirschblüten
Buschwindröschen
Schleifenblumen
Brautspiere
Schleierkraut
Edelweiß
Lilien
Lotosblüten
Reis
Milch
Sahne
Butter
Eier
Porzellan
Leinen
Papier
Wandfarbe
Seife
Watte
Zahnpasta
Taufkleider
Brautkleider

Die Farben

Text und Melodie: Fredrik Vahle

aus:
F. Vahle, Mäusepfiff und Himmelsblau
Verlag G. Middelhauve, Köln und Zürich 1983

Farbenratespiele

Eine Ratekette bilden: An welche Farbe denkst du, wenn ich sage „Apfelsaft". Das Kind, das die Frage beantwortet, darf weiterfragen: An welche Farbe denkst du, wenn ich sage ...

Dinge nennen, welche die gleiche Farbe haben, z.B.: Die Zitrone ist gelb, der Postkasten ist ...

Dinge nennen, welche gleichzeitig zwei Farben haben, z.B.: Der Himmel ist blau und hat weiße Wolken ... Der Marienkäfer ist rot und hat schwarze Punkte ... Der Löwenzahn hat grüne Blätter und gelbe Blüten ...

Farbtage

Einen Tag der gelben (violetten, roten ...) Farbe begehen. Die Kinder werden angeregt, an diesem Tag möglichst verschiedenartige gelbe Gegenstände mitzubringen (gelbe Knöpfe, Kerzen, Wolle, Blumen, Nahrungsmittel, Servietten ...) und etwas Gelbes anzuziehen (T-Shirt, Söckchen, Schnürsenkel, Kette ...)

Im Kindergarten die gelben „Sachen" aufstellen und die verschiedenen Gelbtöne miteinander vergleichen. In der Runde schauen, welche gelben Kleidungsstücke die einzelnen tragen.

An diesem Tag vielleicht nur mit gelben Farben bildnerisch arbeiten und die „Werke" ausstellen.

Zur Erfrischung wird goldgelber Apfelsaft oder Zitronenmelissentee oder Kamillentee getrunken. Zum Essen liegen gelbe Speisen bereit, z.B. Bananen, Mirabellen, Honigmelonen, oder Safrankuchen oder Sesambrötchen mit Eierscheiben garniert ... Ein gelber Sommerblumenstrauß schmückt den Frühstückstisch.

Ein gelbes Küken könnte für kurze Zeit an diesem Tag zur großen Überraschung für alle werden.

Anmerkung: Bestimmte Gegenstände der Farbtage könnten den Grundstock bilden für das folgende Farbenprojekt.

Anregung: Farbenprojekt

Ein Projekt durchführen, bei dem immer wieder umgruppiert und ausprobiert, Neues ergänzt und anderes weggenommen wird.

Einen größeren Tisch, vielleicht einen Tapeziertisch, bereitstellen und eine weiße Papiertischdecke oder eine Stoffdecke auflegen.
Längere Zeit hindurch Unifarbenes sammeln und auf den Tisch legen: Steine, Nüsse, Gläser, Hölzer, Strohhalme, Ähren gebündelt, Gewürze in Gläsern, Tinte, Öl oder Säfte in kleinen Flaschen ...
Neben den Objekten, die auf dem Tisch dauernd bleiben können, werden im Wechsel je nach Haltbarkeit Früchte und Blumen gestellt: von einem Marktgang werden Blumen nur in blauer Farbe oder Früchte nur in roter Farbe mitgebracht.

Bei der Ausstellung spielen die Auswahl und die Anordnung der Objekte für die ästhetische Gesamtwirkung eine große Rolle.
Die Kinder werden die Farbtöne und -schattierungen in der Fülle vergleichen, auf sich wirken lassen und bestaunen. Sie werden eigene Vorlieben entdecken und die Objekte nach eigenen Gesichtspunkten immer wieder neu anordnen.
Tonpapierbögen oder naturfarbene Leinenstoffe in vielen unterschiedlichen Farben zum Experimentieren bereitstellen. Die Kinder dürfen ausprobieren, wie die farbigen Gegenstände auf unterschiedlichem Untergrund wirken. Die ausgestellten Gegenstände können auch immer wieder Anlaß werden für kleine Gespräche.
Im Umgang mit den farbigen Objekten werden die Kinder ganz selbstverständlich lernen, Farben genauer zu bezeichnen, beim Grün, z.B. heugrün, moosgrün, tannengrün, flaschengrün, olivgrün, stachelbeergrün, apfelgrün ...

Wenn mehrere Kindergartengruppen gleichzeitig dieses Projekt durchführen, könnten sie sich die Farben aufteilen. Eine Sammlung mit nur zwei oder höchstens drei Farben kann besonders intensiv und nuancenreich werden. Die Kinder besuchen sich gegenseitig in den Gruppen, um die vielen schönen Farbtöne in sich aufzunehmen. Auch die Eltern werden sich die Sammlung gerne anschauen.

Gute Nahaufnahmen in vergrößertem Format könnten als Dokumentation des Projekts zu einem Bilderbuch zusammengestellt werden, das die Kinder gern wieder in die Hand nehmen und sie noch lange an die Projektwochen erinnert.

Anregung: Farbbilderbuch

Aus Zeitschriften und Katalogen Motive und Gegenstände ausschneiden, bei denen ein Farbton überwiegt, z.B. ein Stück blaues Meer, eine fliederblaue Bluse, einen Blumenkasten mit Geranien, ein Feuerwehrauto, einen Postbriefkasten, einen Frosch, eine Maus, eine Blaumeise, einen Schneemann ...
(Hier kann auch hereingenommen werden, was bei der Ausstellung „Farben-Projekt" nicht berücksichtigt werden kann.)

Für die Zeit des Sammelns werden farbig markierte DIN A4 Umschläge bereitgelegt. Die Kinder ordnen ihre Ausschnitte selber ein.

Nach einer Zeit des Sammelns dürfen die Kinder in Kleingruppenarbeit die Ausschnitte auswählen und zu Collagen anordnen, zuschneiden und aufkleben. So könnte ein schönes Farbbilderbuch für die Gruppe entstehen mit roten Seiten, blauen Seiten, gelben Seiten ...

Es war einmal ein Garten.
Da blühten Blumen
wie noch nie.
Da blühten Blumen rot und gelb.

Ach, wie schön das war.

Annegret
aus:
Der Apfel ist manchmal klein, aber meistens groß
Kinderarbeiten aus der Montessori-Schule-Köln
Herausgeben zum 100. Geburtstag von Maria Montessori 1970

Die Sonnenblumen blühen
in Parks und Gärten, auf Feldern, Wiesen und in Wäldern,
und wir finden sie auf dem Wochenmarkt und in Gärtnereien

Sommerblumen suchen und finden

pflanzen und pflegen

anschauen und ihren Duft wahrnehmen

beschreiben und vergleichen

malen und besingen

pressen und ein Herbarium anlegen

pflücken und zu Hause in die Vase stellen

zu Kränzen binden und die Puppen schmücken

Sich an den schönen Sommerblumen erfreuen

Wir sammeln Feld-, Wiesen- und Waldblumen und legen – geordnet nach Blütenfarben – ein Herbarium an

Gelbe Blüten haben z.B.
Hahnenfuß (Butterblume)
Labkraut
Fingerkraut
Johanniskraut
Hornklee
Feld-Klee

Rote Blüten haben z.B.
Klatsch-Mohn
Rote Lichtnelke
Kuckucks-Lichtnelke
Rot-Klee
Wiesen-Flockenblume
Saat-Esparsette

Blaue Blüten haben z.B.
Ehrenpreis
Wiesen-Glockenblume
Rauhes Veilchen
Vergißmeinnicht
Braunelle
Günsel

Weiße Blüten haben z.B.
Leimkraut
Wiesenkerbel
Gänseblümchen
Gemeine Schafgarbe
Margerite
Weiß-Klee

Singsang-Übung: Wir haben eine Wiese

Eine Situation als exemplarisches Beispiel zum Üben des freien Singens (Singsang)

Situation:
Ein Frühlingsthema; mehrere Gruppen gestalten Frühlingsposter

Material:
Packpapierbögen, für die Reißtechnik Buntpapier, ggf. Klebstoff; für die Maltechnik Pinsel und Farbe; Kassettenrekorder für die Improvisationsphase. (Das Mikrophon so unauffällig wie möglich anbringen.)

Möglicher Verlauf:
- Wenn die Kinder mit ihrer Gestaltung nahezu fertig sind, singt die Erzieherin, was sie auf einem der Poster sieht, oder sie nimmt den „Singsang" eines Kindes zum Anlaß des singenden Improvisierens.
- Andere Kinder werden singend in diesen Dialog mit einbezogen, um sich ebenfalls singend zu äußern.
- Wenn die Poster fertig sind, wird eine Situation geschaffen, in der die Bilder gemeinsam angeschaut und dazu das Singen vom Tonband abgehört werden kann.
- Wenn die Erzieherin es für sinnvoll erachtet, setzt sie sich mit einer Kleingruppe zusammen um ein Bild und animiert in einer Art Rundgesang die Kinder einzeln zum „Singsang", z.B.:

Darauf antwortet das angesungene Kind in seiner Tonlage, mit seinen Tönen.
Die vorgeschlagene Melodie ist an die traditionelle Liedform gebunden. Natürlich kann auch die Erzieherin, wie das Kind, im „Singsang" (einer Art Rezitativ, Sprechgesang) seine Töne frei singen. Das könnte die Gültigkeit des „Singsangs" unterstreichen und manchen Kindern, die bereits verunsichert sind, Mut geben, sich singend zu äußern. (gekürzt)

Nora Berzheim: Das Singen bei kleinen Kindern und Folgerungen für das Singen im Kindergarten, in: Rhythmik in der Erziehung 2/82, S.3ff, Hecknerf Verlag, Wolfenbüttel

Es war einmal ein Garten.
Da wuchsen Früchte
noch und noch.
Da wuchsen Früchte rot und gelb.

Ach, wie schön das war.

Bericht eines Vaters: Ein Kirschbaum für den Kindergarten

„Papa, warum wächst im Kindergarten eigentlich kein Kirschbaum?" Nadines Frage stand wie oft ganz unvermittelt im Raum. Den Kopf leicht geneigt, blickt sie mich von unten an.
„Du, ich weiß nicht. Vielleicht weil niemand dran gedacht hat, vielleicht ist der Boden aber auch nicht gut, oder ein Kirschbaum braucht besondere Pflege."
Ich sah ihr an, daß sie mit meiner Antwort nicht zufrieden war. Ich auch nicht. Der Kindergarten war umgeben von Ziersträuchern und -bäumen, aber nichts davon war eßbar.
„Weißt du denn, was für Bäume bei euch im Kindergarten stehen?", wollte ich von meiner Tochter wissen.
„Na, Bäume eben", war ihre Antwort „und da dürfen wir nicht dran gehen."
„Keine Apfel-, Birnen- oder Pflaumenbäume?"
„Nee, die gibt's bei Schlotters im Garten."
„Und auch keine Johannisbeer- oder Stachelbeersträucher?"
„Was ist denn das?"
„Die stehen auch bei Schlotters im Garten, die haben im Sommer so kleine rote Trauben. Und Stachelbeeren sind erst grün und sauer und dann rot und süß."
„Ach so, die. Nee, ham wir auch nicht. Aber andere, so kleine rote Beeren, die sind giftig, sagt Frau Werther immer."
Nadines Frage machte mich nachdenklich. Es ist ja schön, wenn die Kindergärtnerin den Kindern sagt, daß die Sträucher giftige Beeren haben, aber müssen denn da überhaupt giftige Pflanzen stehen? Warum können denn da nicht Pflanzen wachsen, mit denen die Kinder etwas anfangen können, mit Früchten dran, die sie essen können? Sicher, es ist auch wichtig zu wissen, was giftig ist. Aber schöner ist es doch zu wissen, was man essen kann.
Mir fällt eine Geschichte aus einem Karl-May-Buch ein, in der ein Indianer erzählt, wie wichtig es sei, nur so viele Früchte vom Baum zu pflücken, wie man auch essen kann, damit die anderen und auch die Tiere noch etwas davon haben. Das wäre doch eine schöne Geschichte für die Kinder ...
Vielleicht sollen wir mal im Kindergarten eine Himbeerhecke pflanzen – oder einen Johannisbeerstrauch. Aber sicher gibt es da wieder irgendeine Verordnung, in der geregelt wird, wer, wann, was pflanzen darf. Beim nächsten Elternabend werde ich den Vorschlag machen, ein paar Sträucher mit Beeren, die man essen kann, zu kaufen und am Kindergarten einzusetzen. Warum eigentlich nicht ...
Aber erst einmal bin ich zu den Erzieherinnen im Kindergarten gegangen. Die waren von meiner Idee begeistert und beschlossen, das Thema bei der nächsten Sitzung des Elternbeirats anzusprechen.
Selbst der Bürgermeister unserer kleinen Gemeinde war angetan. Ihm fiel ein, daß in seinem Kindergarten früher ein Birnbaum stand, daran erinnerte er sich gern. Doch pflichtbewußt, wie er ist, ruft er erst einmal den Gemeindegärtner an.
„Na klar!" meint der. „Warum denn nicht? Das ist überhaupt kein Problem."

Lothar Bladt
aus:
spielen und lernen 5/85

Erzählung: Die Kirsche

In der kleinen Geschichte „Die Kirsche" wird anschaulich, in kurzen, den Kindern leicht verständlichen Sätzen erzählt, was Yok-Yok mit seinem Kirschbaum vom Frühjahr bis zum Sommer erlebt. Die Äußerungen und Unternehmungen des Yok-Yok sind kindliche Ausdrucksformen: „Yok-Yok mit seinen wachen Kulleraugen, der überdimensionalen leuchtend roten Mütze und dem gelben Hemd versucht, die Welt ein bißchen farbiger und schöner zu machen."1)

gGg

- Die Erzieherin macht die Kinder mit Yok-Yok bekannt und liest die Geschichte vor.
- Die Kinder äußern sich zur Geschichte; sie erzählen, woran sie erinnert werden; dabei kommt zur Sprache, daß es neben den roten Kirschen auch gelbe und schwarze gibt, süße und saure.
- Erzieherin: Yok-Yok hat sich die Kirschen sicher gut schmecken lassen! ...
- Die Erzieherin hat eine kleine Überraschung vorbereitet: Eine Schüssel mit verschiedenen Kirschsorten wird hereingeholt und alle probieren.
- Die Kinder schmücken sich mit Ohrgehängen (Kirschpärchen)
- und singen und spielen: Rote Kirschen eß ich gern.

EPG

- Einige Kinder malen vielleicht „Frau Kirsche".

G

- Die Kinder nennen noch andere Früchte, die jetzt im eigenen Garten reifen.

gG

- Vielleicht läßt es sich ermöglichen, in einem Garten mit einigen Kindern bei einer Kirsch- oder Beerenernte dabei zu sein.
- Vielleicht mit den Kindern einen Obstkuchen oder ein Fruchtgetränk oder auch Marmelade zubereiten.

1) Buchempfehlungen der Deutschen Lesegesellschaft, Heft 21

Rätsel

Erst weiß wie Schnee,
dann grün wie Klee,
dann rot wie Blut,
schmeckt allen Kinder gut.

Etienne Delessert

Die Kirsche

Weiß blüten die Kirschbäume.
Yok-Yok war mit einem Baum befreundet.
An sich war es eine Freundin.
Er nannte sie Frau Kirsche.

Die Kirschblüten waren weiß und ein bißchen rosa.

Eines Tages lösten sich die Blütenblätter
und fielen wie Schnee.
Und Yok-Yok sagte: „Wie schön, wenn der Blütenschnee fällt."

Und dann wuchs aus dem Stiel etwas Rundes, Zartes, Kerniges.

Und Yok-Yok kam jeden Tag zum Baum,
um die Kirschenkinder anzusehen.
Der Himmel blieb blau, und die Kirschen wurden rot.
Wie schön, wie wunderlich.
Da kann man nur sagen: „Olala."

Jetzt war es soweit.
Yok-Yok kletterte auf den Baum und suchte sich eine Kirsche aus.
Die schönste und saftigste.

Ludwig Askenazy
aus:
Die Kirsche und drei weitere Geschichten
Verlag G. Middelhauve, Köln und Zürich 1981

Farben locken uns, das gilt besonders beim Anblick reifer Früchte. Eine einzelne Frucht ist schnell gegessen, sie kann aber auch dazu dienen, einmal die ganze Breite unserer sensiblen Erfahrungen bewußt zu erleben: Die reife Frucht in ihrer Farbe und Form mit den Augen anschauen, ihr Gewicht, ihre Rundungen und ihre Schale mit den Händen tasten und ihre Temperatur fühlen, mit den Lippen, den Zähnen und der Zunge die Frucht zerkleinern, den Saft spüren, die süße Fruchtigkeit schmecken und schließlich das Gefühl, etwas Wunderschönes gekostet zu haben. Solche sensiblen Wahrnehmungsübungen machen die Kinder wach für alles Erleben. Der nachfolgende Bericht schildert an einem Beispiel das intensive Erleben im Bereich der „Sensory Awareness". Er kann anregen, in eigener Weise, solche Übungen mit köstlichen Sommerfrüchten zu machen, z.B. mit Himbeeren, Erdbeeren, Kirschen oder Aprikosen.

Der Autor Charles V.W. Brooks gibt seit 1963 gemeinsam mit seiner Frau Charlotte Selver Kurse in Sensory awarness. Beide leben und arbeiten in Kalifornien, Maine, New York und Mexiko.

Schmecken

In den früheren Jahren von Esalen gaben Charlotte und ich während der Osterwoche dort einen Kurs. Milde Frühlingsluft, gemischt mit einem schwachen Geruch von Meer und duftenden Büschen, strömte durch die offenen Türen des großen Raumes, wo wir versammelt waren. Draußen lag eine weite, hölzerne Terrasse hell in der Sonne, umgeben von einem dichten Zypressenhain und einem leichten Drahtzaun, durch den in der Ferne die Linie sichtbar war, wo Meer und Himmel sich trafen. An diesem Morgen hatte Charlotte daran gearbeitet, die Augen mehr zur Ruhe kommen zu lassen und den Atem zu spüren. Bei vielen von uns beherrschte Atmen das Bewußtsein. Wir saßen in völliger Sammlung und Versunkenheit im weiten Raum, fast unerreichbar für Geräusche aus der Küche und die Schritte einiger Neugieriger auf der Terrasse.

Nach etwa einer halben Stunde solch stiller Arbeit wurden wir gebeten, uns hinzulegen. Ich zögerte, diese Meditation zu unterbrechen. Auch andere spürten, wie ich später erfuhr, daß sie diese Arbeit noch viel länger hätten fortsetzen können. Doch Charlottes gutes Beurteilungsvermögen wurde mir offenkundig, als ich merkte, wie dankbar ich die Unterstützung des Bodens in der ganzen Länge meines Körpers annahm.

Wir ruhten einige Minuten und setzen uns dann in einem Kreis zusammen. In der Kreismitte stand plötzlich ein kleiner Teller mit geschälten Mandeln und eine Schüssel mit Apfelsinen auf dem Boden.

Charlotte lächelte strahlend. Mit der Freude einer Gastgeberin ging sie zu dem Teller, nahm ihn vom Boden auf und bot jedem eine Mandel an. Manche aßen sie nach alter Gewohnheit sogleich auf. Andere hielten sie in den Fingern, rochen und knabberten daran. Denen, deren Mandel schon verschwunden war, nachdem Charlotte die Runde gemacht hatte, bot sie eine neue Mandel an, mahnte aber dieses Mal, sie nicht wieder gleich zu essen. Eine Atmosphäre von Erwartung füllte den Raum.

„Können Sie das Gewicht der Mandel in ihrer Hand spüren?" fragte Charlotte, als sie den Teller wieder auf den Boden gestellt und sich zu uns gesetzt hatte. Mit der Feinfühligkeit, die wir während unserer vorherigen Tätigkeit an diesem Morgen erworben hatten, schien es wirklich so, als ob wir es könnten.

„Wie nahe müssen Sie die Mandel an Ihre Nase bringen, um sie riechen zu können?"

Überall in der Grupe waren sichtbare Zeichen von Interesse zu erkennen.

„Was können Sie in Ihrem Mundinneren spüren?" Hier und da ein belustigtes Lächeln, halbwahrnehmbares Schlucken. Der Speichel floß schon. Charlotte war wie ein kleines Mädchen, das einem Hund gerade außerhalb seiner Reichweite etwas Gutes hinhält und ihn damit neckt. Sie nutzte bis zum letzten die Magie des Kontaktes aus, und doch, trotz all ihrer Neckereien, arbeitete sie sehr ernsthaft daran, uns all dies bewußter werden zu lassen.

„Können Sie Ihre Zähne fühlen? ... Ihre Zunge? Probieren Sie die Mandel", sagte Charlotte, „aber schmecken Sie sie! Was geschieht mit ihr, wenn sie in Ihren Mund kommt?"

Ich konnte spüren, wie die halbe Mandel, die ich abgebissen hatte, zwischen meinen Zähnen zermahlen und mit Speichel vermischt wurde. Das schwache Aroma des ersten Geschmacks verschwand und hinterließ einen fremdartigen, fast bitteren Restgeschmack. Ich war nicht sicher, ob ich ihn mochte. In Wahrheit stahl er sich in mein Bewußtsein; er wurde aufdringlich.

„Wie lange können Sie die Mandel schmecken?"

Obwohl sich der Geschmack nach seinem ersten Aroma völlig verändert hatte, hatte er sich nicht

verringert. Ich wünschte, er würde es tun. Überdies war ich nicht bereit zu schlucken. Das Schlucken geschah nicht einfach so wie sonst. Ich wartete auf einen Willensakt. Ich nahm die andere Hälfte der Mandel in den Mund, und als ich zu kauen begann, rutschte die schon dort befindliche dünne Paste mit einem halbgesteuerten Reflex des Kehlkopfes hinunter in mein Körperinneres.
„Bitte heben Sie die Hand, wenn Sie mit dem Essen fertig sind.“ Langsam, nach einer ziemlich langen Zeit, begannen die Hände sich zu heben. Es dauerte mehrere Minuten, ehe die letzten Nachzügler fertig waren.
„Möchten Sie gerne immer so essen?“ Ausdrücke der Verblüffung, sogar Skepsis, wurden jetzt in der Gruppe laut. „Es würde sicher die Lebensmittelrechnungen senken!“ bemerkte jemand.
Niemand hatte erwartet, daß eine Tätigkeit, die wir so viele tausend Male wiederholt hatten, solch eine Möglichkeit für neue Erfahrungen bieten könnte. Für mich war es so: Was ich für den Geschmack einer Mandel gehalten hatte, mußte als oberflächliche Äußerlichkeit beiseite geschoben werden. Nun mußte ich meine wirkliche Beziehung zu ihr herausfinden. Wenn es ein „natürliches“ Schmecken und einen „natürlichen“ Moment im Prozeß des Kauens gab, bei dem die Einverleibung dieses Fremdkörpers von selbst geschah, dann hatte ich das noch nie herausgefunden. Wie würde sich diese neue Entdeckung auf die Verdauung und Ernährung auswirken?
Als die Vergleiche und Diskussion abgeebbt waren, klopften wir uns leicht von oben bis unten ab. Dann bat Charlotte einige, eine Apfelsine zu nehmen und mit dem Schälen anzufangen und sie den anderen zu reichen, die sie weiterschälen würden. Als Daumen und Fingernägel sich mit unterschiedlichem Erfolg in die dicke Schale gruben, breitete sich ein beißender, bittersüßer Geruch in der Luft aus. Die Orangen gingen von Hand zu Hand, und jeder behielt das Stück Schale, das er abgeschält hatte, in der Hand. Als sie schließlich abgeschält waren, wurden sie geteilt, bis alle der etwa dreißig Anwesenden mit mindestens einem Schnitz und auch einem Stück Schale versorgt waren. Der Duft der Frucht und der scharfe Geruch der Schale waren für alle wahrnehmbar.
„Gelangt der Duft zu Ihnen“, fragte Charlotte, „wenn Sie ihn einfach einatmen, oder müssen Sie ihn einsaugen?“
Der verlangende Gesichtsausdruck, der bei einigen Gruppenmitgliedern durch die Vorbereitung der Apfelsinen hervorgerufen worden war, entspannte sich etwas. Die Augen wurden sanfter, die Gesichtszüge ruhiger.
„Was geschieht, wenn Sie die Frucht näher zu sich heranbringen?“ Wieder schien ich nur aus Mund und Nase zu bestehen. Im Gegensatz zu der Erfahrung mit der Mandel war die Gegenwart der Apfelsine sehr stark spürbar. Der Speichel strömte um meine Zunge herum und zwischen die Zähne.
„Was geschieht, wenn Sie hineinbeißen?“ Dieser Biß war schwieriger. Die Haut widerstand einen Moment meinen Zähnen, brach dann, und der Saft spritzte in meinen Mund. In der Süße war ein Anflug von Säure, und als ich kaute, verlor sich der zarte Geschmack zwischen den unterschiedlichen Strukturen von Fleisch und Haut. Während ich diese ungleiche Mischung zu einer Masse verwandelte, die meine Speiseröhre aufnehmen würde, wurde mir plötzlich die Gleichartigkeit meiner Zähne mit denen von Pferden und meines Speichel mit dem von Hunden bewußt. Diese Zähne sind wirklich zum Zerreißen und Zerstören geschaffen. Und genau so sicher waren sie dazu geschaffen, organisches Gewebe auf sein nächstes Daseinsstadium vorzubereiten.
Es war ein frohes und zugleich ernstes Ereignis. Als es zu Ende war, wurde eine Papiertüte herumgereicht, in die jedes Stückchen Abfall in voller Bewußtheit hineingeworfen wurde. Charlotte nahm sie schließlich in Empfang, stellte sie weg und beendete damit die Stunde. Sie hatte einen Weg gefunden, eine Tätigkeit mit Bewußtwerden anzureichern, die außer Atmen die alltäglichste aller Tätigkeiten ist und gleichzeitig vielleicht das zentralste Geheimnis in sich birgt: die Überführung von Lebendigem von einer Form in eine andere.
In Wirklichkeit war es nur ein weiteres Beispiel von „Meditation im täglichen Leben“ oder für das Gewahrnehmen von etwas, das wir ohnehin ständig tun. Aber wenn ich Teilnehmer dieses Kurses später wiedertraf, war es mehrmals dieses Erlebnis, an das sie sich am lebhaftesten erinnerten und das sie am nachhaltigsten beeinflußt hatte.

Charles V.W. Brooks, Erleben durch die Sinne, S.115, dtv, München 1991

Anregungen zum Erleben

- Sommerfrüchte in den Kindergarten mitbringen
  - im Garten gepflückt,
  - im Wald gesammelt,
  - auf dem Markt eingekauft.
- Schauen: Die Früchte in einer großen Schüssel oder mehreren kleinen den Kindern zum Anschauen hinstellen.
- Überdenken: Diese Früchte sind reif geworden, weil die Sonne viel geschienen hat. Sie haben eine leuchtende lockende Farbe, als hätten sie die Sonnenstrahlen eingefangen.
- Sich unterhalten: Woher kommen die Früchte? Wie wachsen sie? Wo habt ihr sie gepflückt? Warum haben sie so kräftige Farben? Auf die Südfrüchte gesondert eingehen.
- Die Farbenvielfalt betrachten: Alle Natur-Farben passen gut zusammen. Je nach Schale wirken einige Farben stumpf, andere glänzend. Manche Früchte haben eine typische Sonnenseite und eine etwas blassere Schattenseite. Reifere Früchte haben eine eher satte Farbtönung, unreife eine eher helle oder hellgrüne Farbe. Druckstellen ergeben eine Dunkelfärbung.
  Die Früchte auch einmal nach Farben zusammenlegen und die Farbschattierungen vergleichen. Die Namen der Früchte und ihre Farben sprachlich verbinden: die Himbeeren sind himbeerrot ...
  Die Farben sind nicht von den runden Formen zu trennen, beide zusammen erwecken in uns Gefühle der Schönheit.
  Eine einzelne Frucht in die Hand nehmen, ihre Rundungen umschließen, ihr Gewicht spüren, ihre Schale fühlen, den der Frucht eigenen Duft riechen, die Frucht behutsam zurücklegen.
  Eine Frucht teilen: Die Farbe der Schale ist nicht immer gleich der Farbe des Fruchtfleisches.
- Das Früchtelied singen (Seite 83): Einzelne Früchte hochzeigen und entsprechend singen.
- Wenn das Farbenprojekt (siehe Seite 73) durchgeführt wird, die hier erfolgten Anregungen dort einbringen.
- Die Früchte waschen, schneiden, probieren und gemeinsam essen.
- Samenkörner und Kerne finden, über ihre Bedeutung sprechen: Steinobst enthält einen Kern, Kernobst mehrere Kerne.
  Samen in Töpfe mit Blumenerde pflanzen, sie warm und feucht halten. Manche keimen und wachsen dann zu Pflanzen heran.
- Bedenken: Wir essen nur Früchte, die wir gut kennen. Manche Früchte, deren Farben uns locken, sind für uns Menschen giftig, z.B. die Früchte von Eiben und vom Vogelbeerbaum.

Spiellied:
Welche Früchte sind rot?

Text: Marina Palmen Melodie: Hubertus Vorbolt

... Die Erdbeer'n sind rot.
... Die Kirschen sind rot.
... Bananen sind gelb.
... Aprikosen sind gelb.
... Die Pflaumen sind blau.
... Die Waldbeer'n sind blau.
... Stachelbeer'n sind grün.
... Die Kiwis sind braun.

Spielanregung:
Einzelne Früchte (später Bildkarten, siehe das Spiel: Meine Zitrone sucht ihr Gelb) hochzeigen, die Erzieherin singt die erste Liedzeile, die Kinder antworten singend mit den beiden folgenden Liedzeilen.

Erfahrungsbericht aus einem Kindergarten: Wir pflücken Ribiseln (Johannisbeeren) und kochen Marmelade ein

Ich beobachtete mit den Kindern das Wachsen der Ribiseln vom Blühen bis zur Reife: wie sich aus den Blüten grüne Beeren entwickeln, die immer größer wurden und dann ihre rote Farbe bekamen. Die Kinder kosteten die roten Beeren von Zeit zu Zeit und stellten fest, daß sie noch zu sauer waren. Daher mußten wir mit dem Pflücken noch etwas warten.
Endlich konnten wir uns dann an die Pflückarbeit machen. Jedes Kind bekam einen Joghurtbecher, in den es seine Beeren pflückte. War der Becher voll, wurde der Inhalt in eine große Schüssel geleert. Jedes Kind zählte mit, wie viele Becher Beeren es schon gepflückt hatte, und teilte dies mit Stolz mit.
Die Kinder wuschen die geernteten Beeren, wogen sie ab und zerkleinerten sie in einer Faschiermaschine (einem Fleischwolf). Dann streute ein Kind die gleiche Menge Gelierzucker über den Fruchtbrei. Schließlich füllten wir alles in einen großen Kochtopf, den wir in unserer Kindergartenküche zum Kochen auf die Herdplatte stellten. Abwechselnd rührten die Kinder um, bis die Marmelade zu kochen anfing. Nach wenigen Kochminuten war die Marmelade fertig.
Beim Einfüllen in die Gläser konnten die Kinder zwar nicht mithelfen, sie schauten aber sehr interessiert zu. Als Kostprobe wurde etwas Marmelade in eine kleine Schüssel gegeben.
Die Kinder freuen sich, wenn sie ihre selbsteingekochte Marmelade als Brotaufstrich bekommen oder wenn wir die Marmelade zum Füllen von Mehlspeisen verwenden.

Gertraud Kronschachner
aus:
Feiner/Niederle/Michelic, Kinder erleben ihre Umwelt
Österreichischer Bundesverlag, Wien 1980

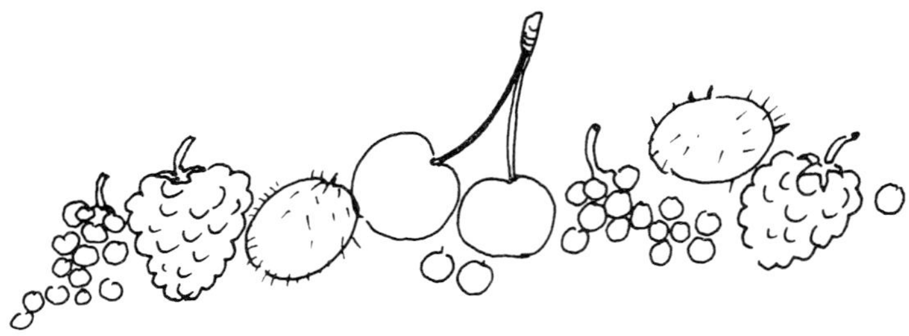

Waffeln mit frischen Früchten

Rezept für Vollkornwaffeln

Zutaten (für ca. 6 Waffeln):
125 g Vollkornmehl / 150 g Kefir / 2 Eier / 60 g Margarine / 1 Tl Backpulver / 1 Prise Salz / 50 g Zucker

Waffeleisen, Öl zum Einfetten

Zubereitung:
Die Margarine mit dem Zucker, dem Salz und den Eiern schaumig rühren. Das Mehl mit dem Backpulver mischen. Abwechselnd Mehl und Kefir unter die Masse geben. Das Waffeleisen erhitzen und mit einem Tropfen Öl einpinseln. Den Teig mit einem Löffel in das heiße Waffeleisen geben und die Waffel goldbraun backen.

Die Waffeln mit geschlagener Sahne und frischen Früchten essen (Johannisbeeren, Erdbeeren, Himbeeren oder Kirschen).

Fruchtgetränke

Rosa Wölkchen
Erdbeeren, Himbeeren oder entsteinte Kirschen mit dem elektrischen Mixer pürieren. Den Fruchtbrei in Gläser geben und mit kalter Milch auffüllen.

Tanzende Kobolde
Johannisbeeren mit etwas Honig durchziehen lassen, in Gläser geben und mit kalter Milch auffüllen.

Abendrot
Eiswürfel aus Zitronensaft herstellen. Malven-, Hibiskus- oder Hagebuttentee kochen, mit wenig Honig süßen und kalt werden lassen. Den Tee in Gläser füllen, Orangensaft und einen Zitroneneiswürfel zugeben.

Farben „riechen"

Material:
Geruchsbüchsen, z.B.
Tees: Pfefferminz, Hagebutte, Kamille, Fenchel ...
Gewürze: Kümmel, Zimt, Nelken, Vanille, Zitronenaroma, Paprika, Senf, Curry ...
ferner: Kaffee, Tannennadeln, Lavendel, Seifen, Parfüm, Räucherkerzen, Heu ...
Farbtäfelchen in vielen Schattierungen

gG **Spielanregung:**
Die Farbtäfelchen werden in die Mitte des Tisches gelegt, allen gut sichtbar. Jedes Kind nimmt eine Geruchsbüchse, es riecht daran und entscheidet sich spontan für ein Farbtäfelchen, das es dem Geruch zuordnen möchte.

Alle Entscheidungen wertfrei gelten lassen!

Meine Zitrone sucht ihr Gelb

Material:
Ausschneidebogen mit 18 Bilderkarten (siehe Anhang, der sich schnell einige Male kopieren läßt, um das Spiel wiederholt spielen zu können), Farbstifte

gG **Spielanregung:**
Die Kinder werden in zwei Gruppen aufgeteilt. Die eine Gruppe bekommt die Bildkarten, die andere die entsprechenden Farbstifte. Die Kinder der ersten Gruppe schauen sich ihre Bilder an und sagen dann der Reihe nach z.B.: Meine Zitrone sucht ihre gelbe Farbe ... Meine Orange sucht ihre orange Farbe ... und suchen ihren Farbenpartner. Eine erste Kontrolle ist gegeben, wenn sich alle Paare gefunden haben. Nun werden die Früchte ausgemalt. Wenn alle fertig sind, zeigen die Kinder der zweiten Gruppe nacheinander ihre Karten und sagen: Die Zitrone ist gelb ...

Mit den restlichen Karten oder mit neuen Karten das Spiel wiederholt spielen.

Anschlußspiele:
Mit zwei ausgemalten Kartensätzen Memory spielen.
Oder einen Kartensatz beim Spiellied „Welche Früchte sind rot" einsetzen.

Blätter suchen

Material:
Baum und Blütenblätter

gG **Spielanregung:**
Im Kinder-Garten sammelt die Erzieherin Blätter von Bäumen und Sträuchern und Blütenblätter von Blumen.
Sie verteilt die Blätter an die Kinder, die nun zu zweit ein weiteres Blatt derselben Art herbeischaffen sollen.
Die Kinder sollten bewußt angehalten werden, nur immer ein Blatt zu holen.

Anregungen zum Erleben

- Das Blau des Himmels in seinen Abstufungen sehen und die Farben, Formen und Bewegungen der Wolken beobachten.
  Die Kinder anregen, auf das Morgenrot und das Abendrot zu achten.
- Beobachtungen auf der Wiese:
  Bei Sonnenschein im Frühling erscheinen „Natur-Wiesen" gelb, bei bedecktem Himmel und am Abend eher grün, weil die Blüten (Löwenzahn, Hahnenfuß) sich öffnen und schließen.
  Eine Wiese mit langen Gräsern bewundern, wenn der Wind darüber streicht und die Gräser sich im Winde wiegen und ihre Farben verändern.
  Die unterschiedlichen Grüntöne der Wiese vor und nach dem Schnitt beachten und die Farbe von Heu.
- Farbenwechsel bei Tieren beobachten, die Fähigkeit mancher Fische und Kriechtiere, ihre Hautfärbung – oft rasch – zu verändern, wobei Farbzellen zusammengezogen, ausgedehnt oder überlagert werden. Der Farbwechsel (bedingt durch ein Hypophysenhormon) wird ausgelöst durch Erregungszustände oder durch Lichtreize aus der Umgebung auf das Auge, so z.T. die Schutzfärbung bei Elritzen in unseren Gewässern, so z.T. die Schutzfärbung des Chamäleon, von dem uns in einem Bilderbuch erzählt wird.
- Schauen, welche Tiere durch Schutzfarben, die der natürlichen Umgebung von vornherein angepaßt sind, „unsichtbar" machen: Raupen, Heuschrecken, Spinnen, Grünkäfer ... (vgl. Sammelband 2, S. 91).
- Farbtönungen von Gewässern beachten; sie sind bedingt durch Tiefenunterschiede, Moose, Algen, Oberflächenspiegelungen.

Der Fluß hat viele Farben

Text und Melodie: volkstümlich

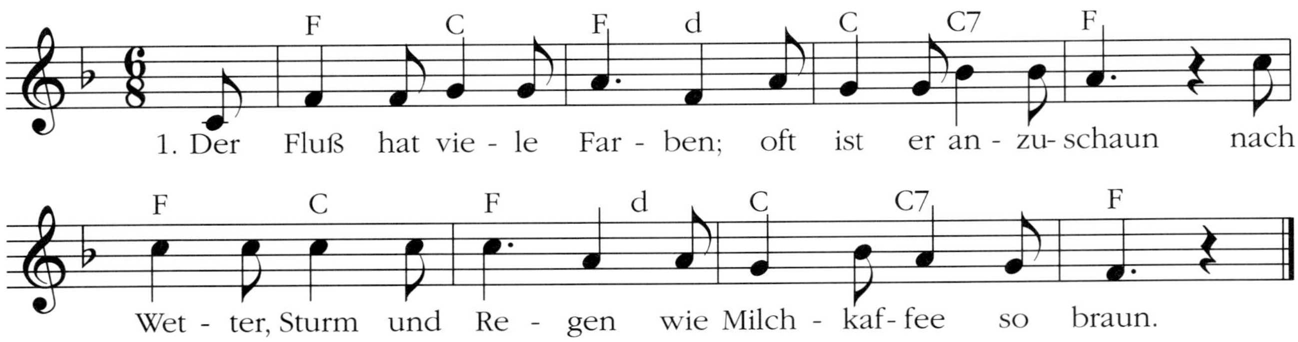

2. Der Fluß hat viele Farben,
   das weiß ich ganz genau.
   Wenn er den Himmel spiegelt,
   dann ist er glänzend blau.

3. Der Fluß hat viele Farben.
   Im Sommer sah ich ihn
   ganz breit und ruhig fließen,
   wie helles Moos so grün.

4. Der Fluß hat viele Farben.
   Seltsam, doch ist es wahr:
   Als heut die Sonne unterging,
   da war er rosa gar!

Die Erzählung „Der graue Himmel" ist eine Allegorie und bringt Kinder und Erwachsene auf den Weg, mehr zu entdecken, als die Augen sehen. In der Erzählung ist es ein Kind, das fähig ist, genau zu beobachten, die Wolken zu „durchschauen" und eine sinnbildliche Aussage zu machen, ähnlich wie Matthias Claudius in seinem Abendlied: „Seht ihr den Mond dort stehen? / Er ist nur halb zu sehen / Und ist doch rund und schön!"
Sicher wird sich eine konkrete Situation finden, einmal diese Beobachtungen am Himmel zu machen, um dann diese Erzählung einsetzen zu können.

Der graue Himmel

Es gibt den blauen Himmel und den grauen Himmel.
Der blaue Himmel ist immer schön.
Manchmal hat er weiße Wolken.
Heute ist der Himmel grau. Da scheint die Sonne nicht.
Es ist kalt.
Es wird noch regnen.
Das Kind ist traurig.
Auf einmal sieht es mitten im grauen Himmel ein blaues Loch
– und dort noch eines.
Das eine geht wieder zu. Das andere wird größer.
Jetzt geht es auch wieder zu.
Vielleicht kommt es wieder.
Die Mutter sagt: Heute ist ein grauer Tag."
„Nein", sagt das Kind, „der blaue Himmel ist da, Mutter.
Man sieht ihn nur nicht."

Irmgard von Faber du Faur
aus:
Liebe Welt
Verlag Sauerländer, Aarau

Anregungen zum Gestalten

Die Kinder könnten bildnerisch darstellen, wie ein grauer Himmel (Wolkenhimmel) ein Stückchen Blau freigibt.

Oder, sie könnten einen blauen Himmel malen und ihn so mit grauen Wolken bedecken (verhängen), daß nur noch ein Stückchen Blau frei bleibt. Geeignet wäre auch eine Papiercollagearbeit.

Geschichte: Anemonenblüte und gelber Schmetterling

Die Geschichte „Anemonenblüte und gelber Schmetterling" von Gina Ruck-Pauquèt gibt Anlaß, das Phänomen anzusprechen, daß sich die Farben in der Nacht verbergen, daß erst die Sonne die Farben am nächsten Tag wieder „weckt".
„Es gibt Dinge, die sind nur am Tage", so eine blaue Anemonenblüte und ein gelber Schmetterling, und also dem kleinen Nachtgespenst verborgen. Hier in der Geschichte aber weckt eine Träne – geradezu ein Wunder – Farbe in der Nacht: Die Anemone öffnet ihre Blüte, sie zeigt ihre tiefblaue Farbe und gibt einen gelben Schmetterling frei.

Einige Kinder werden O. Preußlers „Das kleine Nachtgespenst" kennen und von den „Erlebnissen" der Nachtgespenster erzählen können.

gG

- Gesprächsimpulse:
  - Ein Sprichwort sagt: In der Nacht sind alle Katzen grau.
    Wenn unsere Augen sich an die Dunkelheit gewöhnt haben, können wir auch im schwachen Dämmerlicht noch vieles sehen – aber dann sind alle Dinge grau
  - „Es gibt Dinge, die sind nur am Tage", viele Blüten sind nachts geschlossen
  - Bestimmte Tiere sind auch oder nur nachts unterwegs: Katzen, Nachtfalter, Leuchtfalter ...
  - In der Geschichte möchte das kleine Nachtgespenst so gerne einmal in das Innere einer Anemonenblüte schauen und auch einen gelben Schmetterling sehen
- Jedes Kind bekommt eine Blume in die Hand. Wir schauen in das Innere ihrer Blüte und werden still ... Wir nehmen den schwachen Duft wahr, der mit dem Atem zu uns kommt. Wir schließen unsere Augen ... öffnen sie, der farbige Kelch der Blume strahlt uns entgegen ...
- Nacheinander stellen wir unsere Blume behutsam in eine bereitgestellte Vase.
- Die Kinder dürfen ihre Blume mit nach Hause nehmen und erzählen.

EPG

- Einige Kinder malen ein Bild: Ich schaue in eine Blüte.

Anemonenblüte und gelber Schmetterling

„Jetzt habe ich einen ganzen Monat Nacht für Nacht gespukt", sagt das kleine Nachtgespenst zu Hannibal, dem Mäuserich. „Ich mache Ferien."
„Und was willst du tun?" fragt Hannibal.
„Ich schaue mir alles an", sagt das kleine Nachtgespenst.
Es streicht sein Nachtgespensthemd glatt und flattert los. Zuerst stellt es fest, daß der Mond ein paar Flecke hat.
„Na ja", denkt er, „er ist ja auch schon alt!"
Es unterhält sich mit den Nachtfaltern, den Leuchtkäfern, und dann trifft es den Kater Pampel.
„Was machst du?" mauzt der Kater Pampel.
„Ich mache Ferien", sagt das kleine Nachtgespenst. „Ich schaue mir alles an."
„Alles siehst du doch nicht", sagt der Kater. „Es gibt Dinge, die sind nur am Tage. Schau dir die Anemone an. Bei Nacht ist sie immer geschlossen. Du wirst nie in das Innere ihrer Blüte blicken. Auch den gelben Schmetterling wirst du nicht treffen."
„Die Anemonenblüte und der gelbe Schmetterling", seufzt das kleine Nachtgespenst.
Es huscht nach Hause und erzählt die Sache Hannibal, dem Mäuserich.
„Das ist doch ganz einfach", piepst Hannibal. „Bleib tagsüber auf, dann wirst du beides sehen."
„Au ja!" schreit das kleine Nachtgespenst und macht vor Freude einen Luftsprung.
Es setzt sich auf den Ast eines Kirschbaumes, ganz im Laub versteckt, und wartet auf den Tag. Aber kaum hebt sich das Licht in der Ferne, da fallen dem kleinen Nachtgespenst die Augen zu, und es schläft ein.
Am nächsten Morgen versucht es noch einmal, wach zu bleiben, und am übernächsten auch. Aber es gelingt ihm nicht. Nach einem uralten Nachtgespenstergesetz wirkt die Helligkeit auf Nachtgespenster nämlich geradeso wie Schlaftabletten auf Menschen.
Da wird das kleine Nachtgespenst traurig. Es setzt sich in der Dunkelheit neben die Anemone und schaut sie lange an.
Auf einmal weint es eine Träne, und die fällt der Anemone genau auf den Kopf.
Nun weinen Nachtgespenster sozusagen nie. Es ist also geradezu ein Wunder. Und darum geschieht es wohl auch, daß die Anemone ihre Blüte öffnet.
„Oh", sagt das kleine Nachtgespenst glücklich.
Aus der tiefblauen Anemonenblüte hebt sich ein gelber Schmetterling. Er fliegt dem kleinen Nachtgespenst dreimal um die Nase, dann schwebt er davon, bis er in der Dunkelheit verschwunden ist.

Gina Ruck-Pauquèt
aus:
In jedem Wald ist eine Maus, die Geige spielt
Verlag G. Bitter, Recklinghausen 1970

Mit farbigen Brillen

Text: Bruno Horst Bull Melodie: Martin G.Schneider

2. Setz dir eine Brille auf.
Hat sie blaues Glas,
denkst du, alle Welt wär blau,
blau wie dies und das:
Blaue Wege gehst du dann,
blau sind Stein und Erde.
Blaue Blumen pflückst du dir
und siehst blaue Pferde!

aus:
M.G. Schneider, Sieben Leben möcht ich haben
Christophorus-Verlag, Freiburg 1975 und Verlag E.Kaufmann, Lahr

Durch farbige „Gläser“ schauen,
plötzlich die Welt anders sehen,
mal rot, mal grün, mal gelb,
mal blau oder auch grau.

Farbbrille

Ein Brillengestell aus Karton zuschneiden und mit „Gläsern“ aus Transparentpapier hinterkleben.

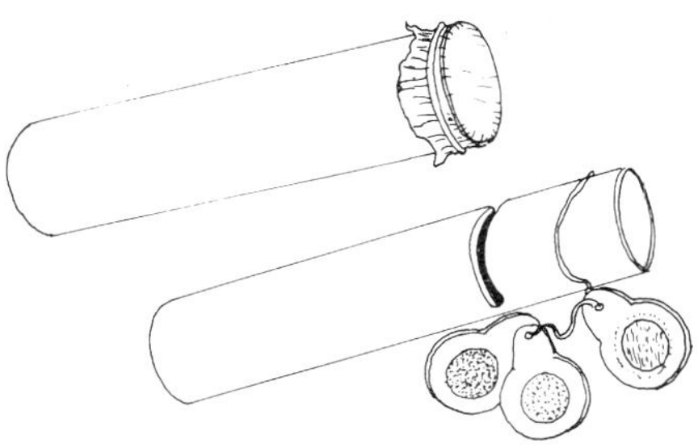

Farbfernrohr

Ein Stück farbige Plastikfolie über ein Ende einer Papröhre spannen und mit einem Gummiring befestigen.

Oder: In eine Papröhre einen Schlitz schneiden, in den Schlitz Farbscheiben einstecken. Ausprobieren, welche Farben sich ergeben, wenn zwei Farbschichten hintereinandergesteckt werden.

Farbturm

in eine Packpapiertüte große „Fenster“ schneiden und jedes „Fenster“ in einer anderen Farbe mit Folie hinterkleben. Den Turm über den Kopf stülpen und langsam drehen.

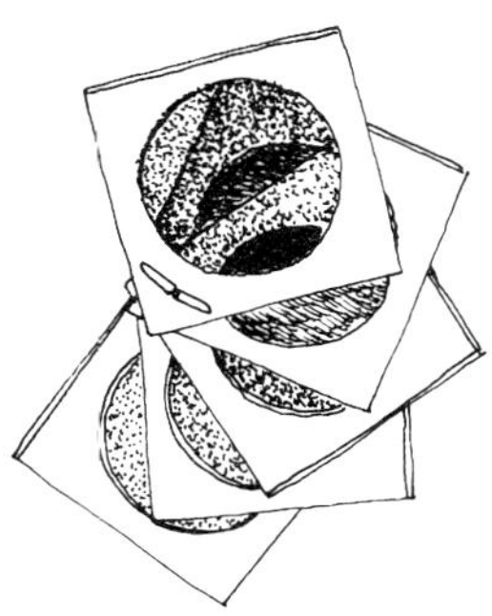

Regenbogenfenster

Sechs Papprahmen zuschneiden und jeweils in einer Regenbogenfarbe hinterkleben. Die „Regenbogenfenster“ an einer Ecke lochen und in der entsprechenden Reihenfolge mit einer Klammer zusammenfügen.

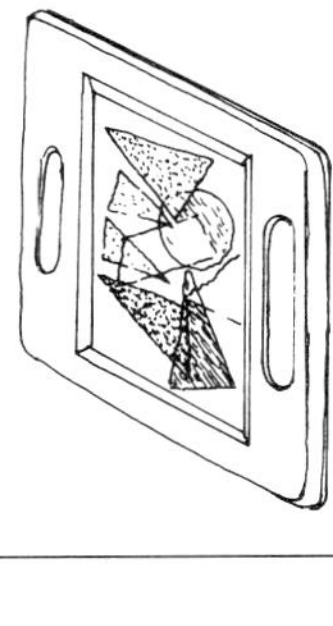

Farbdias

Transparentpapier – kleine Schnipsel oder Streifen in vielen Farben – zwischen die Gläser von Diarahmen legen, dabei auch Überlagerungsfarben entstehen lassen. Unterschiedliche Kompositionen gestalten. Die Diarahmen verschließen. Die bunten Dias durch einen Handprojektor (Gucki) betrachten.

Regenbogen
Schönes Tor
Aufschaun
Staunen
Ah Oh
Leise Freude
Glänzen
Leuchten
In Gesichtern
Regenbogen
Wunderbogen

Christine Vorbolt

Meditativer Gesang

Text: Marina Palmen Melodie: Hubertus Vorbolt

„Einen Regenbogen kann man nicht festhalten und besitzen. Riesenhaft und unermäßlich wölbt er sich über der Erde. Der Regenbogen ist nicht zu begreifen, und trotzdem ist er da.
Der anfangs kindliche Wunsch, ihn festzuhalten, geht über in eine staunende Freude, ihn als Geschenk zu betrachten, als ein Geschenk des Himmels im wahrsten Sinne des Wortes.
Im Gespräch vollzieht sich eine Entwicklung, eine Wandlung, eine Art Bekehrung. Aus dem „Ich will haben" wird ein „Wie schön, daß es dich gibt". Aus Besitzenwollen wird Sichschenkenlassen, aus dem eigenen Machtanspruch wird Zustimmung. Einwilligung in das Unverfügbare des Geschenks ..." (Kurt Hock, a.a.O.)

Die Erzählung sollte vielleicht als Gespräch (Tonbandaufnahme) zwischen einem Vater und seinem Sohn dargeboten werden.

Erzieherin:
Ein Vater und sein Sohn gehen spazieren.
Sie unterhalten sich.
Da sehen sie am Himmel einen Regenbogen...

Der Regenbogen

„Siehst du dort den Regenbogen?"
„Ja, der ist fein."
„Du meinst die Farben."
„Ja, und daß er auf einmal da ist."
„Gleich ist er wieder weg."
„Warum?"
„Weil die Sonne verschwindet."
„Meinst du?"
„Oder weil der Regen aufhört."

„Kannst du den Regenbogen nicht festhalten?"
„Nein, das kann ich nicht."
„Geht der Regenbogen auch unter der Erde weiter?"
„Nein, dort gibt es keine Sonne und keinen Regen."
„Bist du ganz sicher?"
„Da bin ich ganz sicher."

„Eigentlich bin ich froh,
daß man den Regenbogen nicht festhalten kann."
„Warum?"
„Da kann er kommen und gehen, wann er will."
„Schau, jetzt ist er weg."
„Als ob er's gehört hätte."

Kurt Hock
aus:
Telat sucht den Regenbogen
Verlag Herder, Freiburg 1978

Regenbogentor

Text: Marina Palmen Melodie: Hubertus Vorbolt

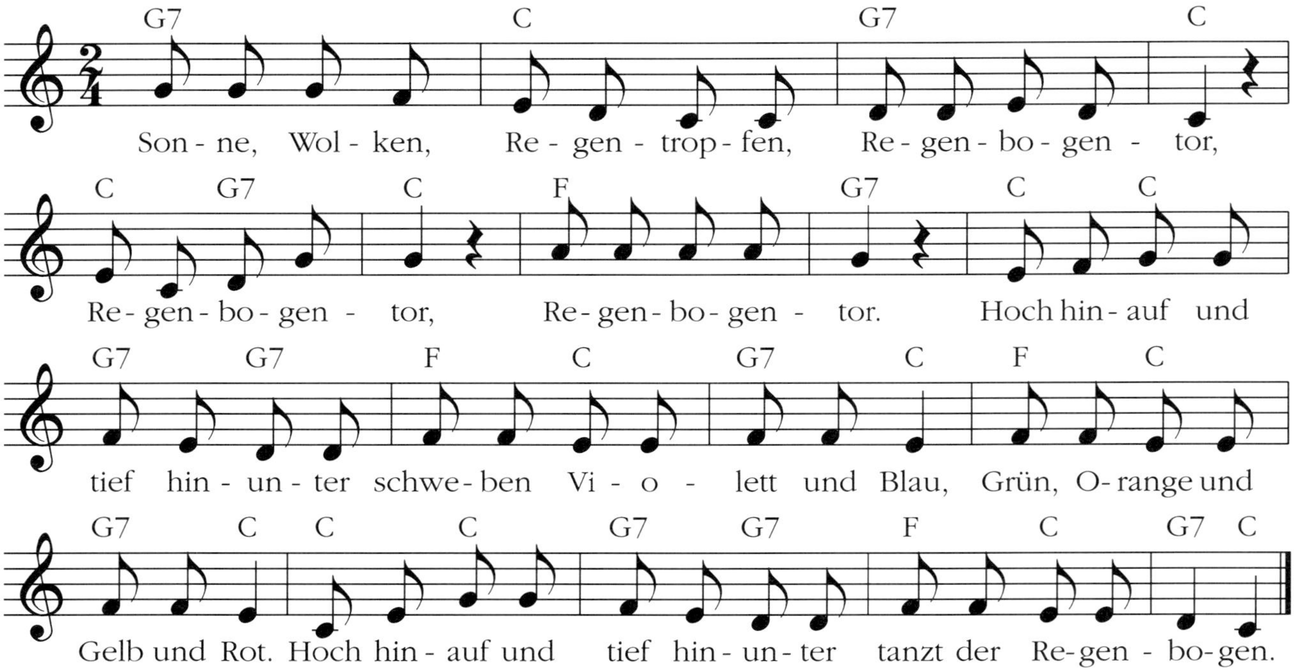

Bewegungstanz

Tanzbeschreibung:

Sonne, Wolken, Regentropfen, bunte Farbenpracht, Regenbogentor, Regenbogentor.	die Kinder stehen locker im Kreis, sie schauen zum „Himmel", öffnen staunend die Arme und führen mit beiden Armen weit ausladende bogenförmige Bewegungen aus
Hoch hinauf und tief hinunter	sie bewegen die gestreckten Arme von unten links nach oben und weiter nach unten rechts
schweben Violett und Blau, Grün, Orange und Gelb und Rot.	sie führen mit beiden Händen von links nach rechts und zurück wellenförmige Bewegungen aus
Hoch hinauf und tief hinunter	sie fassen sich zu zweit bei den Händen und bewegen die gestreckten Arme von unten links nach oben und weiter nach unten rechts
tanzt der Regenbogen.	sie bilden zu zweit mit den Armen einen großen Bogen und drehen sich im Kreis

Bild:
Landschaft mit Regenbogen

Naturgegebene Gesetze leuchten auf im Regenbogen. Ein Regenbogen ist ein wunderbares Naturschauspiel. „Wieviele Wunder wurden im Laufe der Zeit durch den menschlichen Verstand in ihrem Wesen oder ihrer Gesetzmäßigkeit erkannt! Trotzdem wurden sie nicht weniger wunderbar ... Donner und Blitz erschrecken uns, aber

die Farben des Regenbogens beschäftigen und erheben unsere Seele. Der Regenbogen gilt als ein Zeichen des Friedens." 1)
Das Bild des Künstlers Josef F. Seitz ist beeindruckend und fängt die wunderbare Dimension des Farbenbogens ein, der sich groß und weit über einer Gebirgslandschaft erhebt.
Aufgrund des Bildes und der folgenden Medien zum Regenbogen werden die Kinder das Erscheinen eines Regenbogens in der Natur bewußt und intensiv erleben.

gG

- Das Regenbogenbild ist durch ein Tuch verdeckt. Die Kinder sitzen mit der Erzieherin im Halbkreis davor.
- Erzieherin: Ich stelle euch nun ein schweres Rätsel. Was mein Rätsel meint, ist auf einem schönen Bild hinter dem Tuch versteckt. Aber hört und ratet!
- Die Erzieherin trägt das Rätselgedicht vor; dabei macht sie Pausen und deutet vielleicht bewegungsmäßig an, was im Gedicht angesprochen wird.

Rätsel

Es ist die wunderschöne Brück,
darüber noch kein Mensch gegangen,
doch ist daran ein seltsam Stück,
daß über ihr die Wasser hangen
und unter ihr die Leute geh,
ganz trocken, und sie froh ansehn,
die Schiffe segelnd durch sie ziehn,
die Vögel sie durchfliegen kühn;
doch stehet sie im Sturme fest,
kein Zoll noch Weggeld zahlen läßt.

- Die Kinder raten und sind vielleicht rat-los.
- Erzieherin: Schließt einmal die Augen, ich sage euch, wann ihr schauen dürft!
  Sie entfernt das verdeckende Tuch und ruft leise die Kinder.
- Die Kinder schauen und staunen und nennen den Regenbogen. Sie erzählen, wann und wie sie einmal einen Regenbogen gesehen haben.
- Die Erzieherin trägt noch einmal das Rätselgedicht vor, während die Kinder zum Bild schauen.
- Die Kinder finden Einzelheiten auf dem Bild, sie nennen Berge, Wiesen, Wolken, Wasser, einen kahlen Ast, Farben ...
- Die Kinder beschreiben die Farben des Regenbogens:
  So violett wie ... So blau wie ... So grün wie ...
- Erzieherin: Schließt die Augen. – Am regenschweren Himmel bricht plötzlich die Sonne durch und alles beginnt zu leuchten ... Seht Ihr den Regenbogen? ... Er ist eine wunderschöne Brücke, über die noch kein Mensch gegangen ist ...

1) Johannes Itten: Kunst der Farbe, Ravensburger Buchverlag, O. Maier

Regenbogen

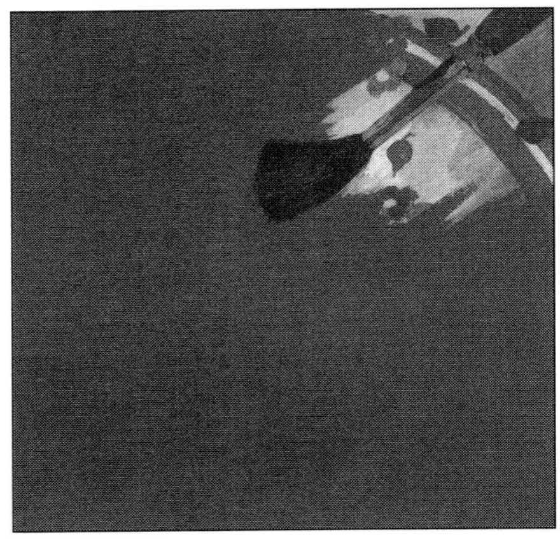

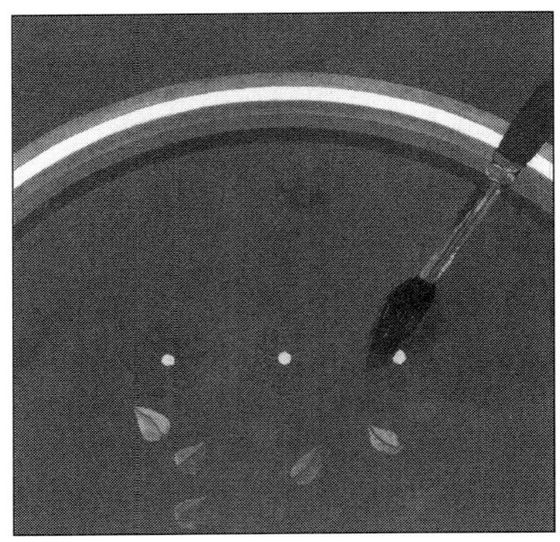

Drei Regenbogen leuchten hier
auf Mäxchens Zeichenblockpapier.

Der Himmel ist halb gelb, halb blau,
ein bißchen schwarz, ein bißchen grau.

Blaue Blätter, rote Stiele,
Blüten – ja, wer weiß wie viele?

Der Pinsel wirbelt übers Blatt,
bis Mäxchen alles fertig hat.

Da kommt jemand von hinten ran,
guckt sich das Bild kopfschüttelnd an.

„Zwei Regenbogen müssen weg!
Und blaue Blätter? Ach, du Schreck!

Die Blumen stehn ja auf dem Kopf!"
Er taucht den Pinsel in den Topf

und malt den ganzen Himmel blau.
Sehr gleichmäßig und genau.

Oben drüber, rund gebogen,
setzt er einen Regenbogen.

Drei Blumen, rot und stolz geraten,
die stehn jetzt grad wie die Soldaten.

Der „Jemand" malt sie auf den Rand
und legt den Pinsel aus der Hand.

Er sagt: „Mein Kind, so muß es sein.
Das siehst du ja wohl selber ein!"

Max läuft nach Haus im Dauerlauf,
denn es zieht ein Gewitter auf.

Ihm fliegen Blätter ins Gesicht.
Sie schimmern blau bei diesem Licht.

Der Himmel ist halb gelb, halb blau,
ein bißchen schwarz, ein bißchen grau.

Und dort, im Sonnneschein, im feuchten,
sieht Max zwei Regenbogen leuchten.

Heike Ellermann

aus:
H.-J. Gelberg (Hrsg.), Die Erde ist mein Haus – 8.Jahrbuch der Kinderliteratur
Beltz Verlag, Weinheim und Basel 1988 Programm Beltz & Gelberg, Weinheim

HANNA

Eine Bildergeschichte, die zum Erzählen und Nachahmen anregt.

nach einer Idee von Natascha Mönch

Ein Regenbogenbild malen

Die Kinder wählen aus den Farbpucks die sechs Regenbogenfarben aus und malen in eigener Weise einen Regenbogen, darunter vielleicht Häuser, Kinder, Tiere, Blumen ...

Größere Stücke weißer Tapetenrolle ermöglichen mehreren Kindern eine Gemeinschaftsarbeit: Hier kann versucht werden, die sechs Regenbogenfarben mit einem Schwamm gleichzeitig in einer großen Bogenbewegung aufzutragen.
Die Kinder zeichnen ein kleines Bild von sich, schneiden es aus und kleben es unter den großen Regenbogen.

Regenbogenbuntpapier-Bilder

Mit dem handelsüblichen Regenbogen-Buntpapier regenbogenbunte Figuren schneiden und Bilder gestalten:

Regenbogenhäuser
- blumen
- menschen
- tiere
- bäume

Regenbogen-Bänderspiel

Sechs Bahnen Batikstoff jeweils in einer Regenbogenfarbe (Batikfarbe) einfärben: Rot, Orange, Gelb, Grün, Blau, Violett.
Von jeder Stoffbahn gleich breite (und lange) Streifen abschneiden oder –reißen.
Von jeder Farbe einen Streifen nehmen, durch eine Garnspule oder ein Stück Rohrholz ziehen und verknoten.

Im Flugspiel damit weite Bahnen laufen oder werfen.

Regenbogenfarben lassen sich beobachten, wo immer sich das weiße Sonnenlicht bricht:

- An einem sonnigen Tag im Garten mit dem Wasserschlauch – bei klein gestellter Düse – Wasser versprühen. Von der Sonnenseite her nach dem Regenbogen Ausschau halten.
- Mit einem Pustefix an einem sonnigen Tag Seifenblasen in die Luft blasen und die schillernden Farben bestaunen. (vgl. Sammelband 2, S.44f)
- Wasser in eine flache Schüssel gießen und ein paar Tropfen Olivenöl zugeben. Mit einem kleinen Löffel im Wasser herumfahren und bei gutem Licht die schillernden Regenbogenfarben beobachten.
- Buntschillernde Farben bei unseren Haaren sehen, wenn sie gegen die Sonne herunterhängen.

Erfahrungsbericht aus einem Kindergarten: Der Regenbogen an der Zimmerdecke

Wir saßen im Stuhlkreis. Da die Sonne intensiv ins Zimmer schien und einige Kinder davon geblendet wurden, zogen wir die Gardinen vor.
Ich hatte eigentlich vor, den Kindern eine Geschichte zu erzählen. Ehe ich jedoch beginnen konnte, unterbrach mich ein Kind und deutete in Richtung Fenster auf die Zimmerdecke: „Da ist ja ein Regenbogen!"
Alle schauten und staunten. Es begann nun ein angeregtes Gespräch der Kinder untereinander: „Einen Regenbogen gibt es nur, wenn es regnet und dabei die Sonne scheint!" „Im Winter habe ich noch nie einen Regenbogen gesehen!" „Wer macht denn jetzt den Regenbogen?"
Einige Kinder erinnerten sich, wie wir – vor mehr als einem Jahr – zum Thema „Überall sind Farben" (Bausteine Kindergarten Heft 2/82) einen Regenbogen mit dem Wasserschlauch „gezaubert" und die Regenbogenfarben in Seifenblasen bewundert hatten.
Doch, wie kamen nun die Regenbogenfarben an die Zimmerdecke? Ein kleiner Junge verdächtigte unsere Wasserschildkröten, die im Glasbecken auf der Fensterbank herumschwammen.
Wenn auch unsere Schildkröten nicht selbst die Regenbogenfarben an die Zimmerdecke spiegelten, so verursachten sie aber, daß sich die Farben an der Decke bewegten.
Was war nun des Rätsels Lösung? Ganz einfach! Das Sonnenlicht schien ins Wasserbecken, wurde dort gebrochen und an die Decke reflektiert. Dieses „Wunder" konnten wir noch mehrmals beobachten.

Hedwig Lenarduzzi

Schöne Farbgebungen lassen sich beobachten, wo das Sonnenlicht durch farbige Gläser dringt:

- An einem hellen Sommertag eine Kirche aufsuchen und die bunten, leuchtenden Kirchenfenster betrachten.
- Ein Kaleidoskop bereitstellen, durch das die Kinder immer wieder einmal schauen und mit dem sie durch leichtes Drehen neue Farbkompositionen zaubern können.
- Glasmurmeln mit bunten Streifen in der Sonne „tanzen" lassen.

Die Farben sind ein Geschenk der Natur an uns. Um wieviel ärmer wären wir in einer farblosen, einer grauen Welt. Alle naturgesetzlichen Erklärungen der Optik, noch alle physiologischen Thesen unseres Sehen-Könnens vermögen zu deuten, daß unter dem Eindruck der Farben starke Empfindungen in uns ausgelöst werden, die immer auch mit unserem gesamten Erleben zu tun haben. Einige Beispiele: das feuchte Braun eines gepflügten Ackerfeldes, das unendliche lichte Blau des Himmels, das satte Grün einer Wiese im Frühling, das Goldgelb eines reifen Getreidefeldes, das feurige Rot eines Abendhimmels. Immer wieder kann uns bewußt werden, daß die Farben der Natur von unseren Augen, von uns selbst, wohltuend empfunden werden – ein wunderbares Geheimnis.

Besonders im Nahbereich ist die Farbe an Objekte gebunden, an deren Form, Größe, Struktur der Oberfläche, Qualität des Materials. Auch hier einige Beispiele: eine Seerosenblüte, eine smaragdene Eidechse, ein kristalliner Stein ...

Bewußt oder unbewußt gehen wir mit Farben um: Wir haben unsere Lieblingsfarben; bestimmte Kleidungsstücke stehen uns gut, weil ihre Farben zu uns passen, andere passen nicht zu uns; bei bestimmten Raumfarben fühlen wir uns wohl, andere machen uns krank; die Werbung setzt Farben ein, um uns unter Zwänge zu setzen ...

Kreative Menschen versuchen immer wieder sich in Farben auszudrücken. Umgekehrt wecken Bilder in uns Stimmungen und Gefühle, die selten nur von der Farbe, sondern auch von den Strukturen, den Inhalten, den Kompositionen u.a. mitbestimmt sind.

In dem Buch „Elementare Symbole" von Otto Betz findet sich folgender Abschnitt:
„Auch das Blau hat ein reiches Spektrum von Zwischentönen. Die dunkleren Blautöne haben vor allem Tiefe, vielleicht auch etwas Abgründiges, was den Eindruck des Unheimlichen heraufrufen kann. Die Melancholie ist wohl am ehesten dieser Farbe zuzuordnen. Die helleren Blautöne haben mehr Licht und Fröhlichkeit. In Guardinis Tagebuch findet sich folgender Eintrag: 'Ich habe mir eine kleine blaue Schale gekauft und war fröhlich damit. Blau macht mich fröhlich. In der Galerie ... nebenan sah ich einen großen blaugemalten chinesischen Teller. Vielleicht kaufe ich mir ihn. Es ist wirklich so: Blau ist fröhlich.'
So verschieden also kann das Blau wirken: den einen erinnert es an das eisige Blau der winterlichen Kälte, wo alles Leben gefriert, den anderen an die blaue Blume der Sehnsucht, den dritten an hohe und abstrakte Geistigkeit, den nächsten aber macht es einfach fröhlich. „1)

„Farben sind Strahlungskräfte, Energien, die auf uns in positiver oder negativer Weise einwirken, ob wir uns dessen bewußt sind oder nicht."

Johannes Itten

1) Otto Betz: Das Licht und die Farben, in: Betz, Elementare Symbole, S.106, Verlag Herder, Freiburg 1987

Wie wir Farben empfinden

frühlinghaft – herbstlich
sommerlich – winterlich
luftig – erdig
wässrig – feurig
fern – nah
hell – dunkel
licht – düster
glänzend – matt
leuchtend – stumpf
duftig – schwer
fröhlich – trist
warm – kalt
frisch – verblichen
klar – trübe, verschwommen
rein – schmutzig
kräftig – zart
intensiv – milde
satt – fahl
hart – weich
grell – blaß
schreiend – leise
erregend – beruhigend
aufdringlich – verhalten
störend – unaufdringlich
abstoßend – anziehend

Anregungen zum Anschauen von Kunstbildern

Am Beispiel kunstvoller Jahreszeitenbücher können die Kinder die Farben der Monatsbücher vergleichen, ob da die Farben in den Frühlingsbildern sich unterscheiden von den Farben in den Sommerbildern, ... die Herbstfarben von den Winterfarben ...

Künstlern kommt es nicht darauf an, in ihren Bildern naturgetreu zu malen, sondern Stimmungen und Gefühle mit Farben auszudrücken (vgl. die Bilder des Expressionismus).
Auch Kindergartenkinder werden gerne und öfter zu Kunstbänden greifen, die wir ihnen in der Leseecke bereitstellen. Solche Bücher werden immer wieder auch preisgünstig im Buchhandel angeboten. Aber auch größere Einzelblätter, z.B. von Kunstkalendern werden die Aufmerksamkeit der Kinder auf sich lenken. Wenn die Kinder ein selbstverständliches Verhältnis zur Kunst gewinnen sollen, bedürfen sie immer auch der Einübung und behutsamen Hinführung.

Oder: Gefühle wecken Farben

Kinder haben, wenn sie morgens in den Kindergarten kommen oder schon einige Stunden da sind, bestimmte Grundstimmungen, sie sind glücklich, traurig, ängstlich, ruhig, fröhlich, launisch, wütend, ungeduldig, stolz, einsam, verstört ...
Beim Malen z.B. können Kinder zu sich kommen. Sie bringen dabei ihre Stimmungen in Farben und Linien zum Ausdruck. Wir können sie darin ermutigen. Der Malvorgang selbst ist für Kinder wichtig. Unser voreiliges Beurteilen und Vergleichen wird die freie Stimmungsäußerung der Kinder unterdrücken, ihre Wahrhaftigkeit und ihr Äußerungsbedürfnis.

Stimmungs-Sache

Die Welt ist grau und öde,
das Leben kalt und leer.
Die Leute sind so blöde,
die Tiere noch viel mehr.
Die Edelrosen stinken
– jetzt guck nicht so erstaunt:
Heut ist doch alles mies und fies!
Denn ich bin schlecht gelaunt.

Eva Rechlin
aus:
Träumereien und Schnurrpfeifereien
Patmos Verlag, Düsseldorf 1983

Farben lassen sich auf vielerei Art mischen, ausgehend von den reinen Farben Gelb, Rot, Blau.

Die Teilnahme am Phänomen Farbmischen bedeutet für Kinder eine Fülle von Erfahrungen: sinnliche, intellektuelle, emotionale und soziale. Sie können aufspüren, entdecken, wahrnehmen. Dabei kommt es nicht auf Kenntnisse an, wichtiger sind die sensible Wahrnehmung, die Neugierde, die teilnehmende Handlung.

Anregungen zum Erleben

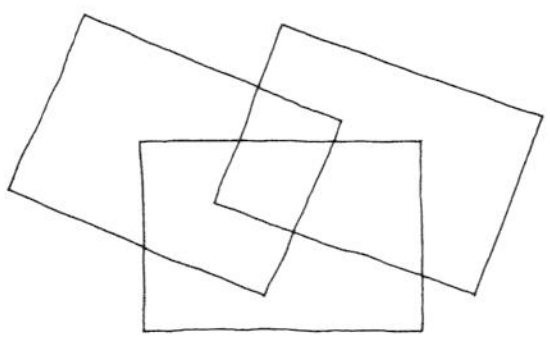

- Mit Folien in den reinen Farben Gelb, Rot und Blau durch teilweises Übereinanderlegen auf weißem Untergrund neue Farben aufleuchten lassen. Die Folien auch gegen Licht halten.

  Solche Folien auch in Streifen schneiden und die Kinder herumprobieren lassen.
  Diese Farbspiele haben den Vorteil, daß die Mischfarben ablesbar bleiben, da die transparenten Farbfolien noch einzeln zu sehen sind.
  Für solche Farbspiele eignen sich auch farbige Transparentpapiere. Dann lassen sich phantasievolle Bilder gestalten und durch Kleben festhalten.

- In den Farben Gelb, Rot und Blau mit Wasserfarben in breiten Pinselstrichen großfächig Linien ziehen, die sich kreuzen. Wo die Farbspuren zusammentreffen, bilden sich neue Farbtöne (Mischfarben).
- Mit einem Pinsel einen Klecks in einer Grundfarbe und daneben mit einem zweiten Pinsel einen Klecks in einer anderen Grundfarbe malen; die Farben in der Mitte zusammenkommen lassen.
  Aus diesem Farbmischen spielerisch Farbkompositionen entwickeln.
- Plaka- oder Temperafarben der drei Grundfarben verdünnen, in kleinen Gläsern zusammengießen und so Mischfarben herstellen, z.B.

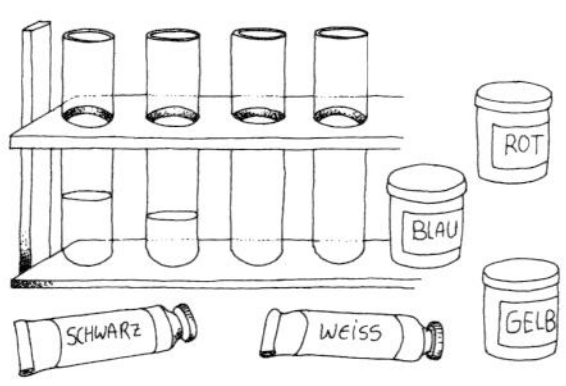

gleiche Mengen Gelb + Blau
wenig Gelb + viel Blau
viel Gelb + wenig Blau

Die drei Mischfarben vergleichen.
Weitere Mischfarben herstellen mit Rot + Gelb
und Blau + Rot
und Gelb + Rot + Blau

Die ermischten Farben zum Malen zur Verfügung stellen.

- Abänderung der Farben durch Zugabe von Weiß und Schwarz.

Farben entmischen

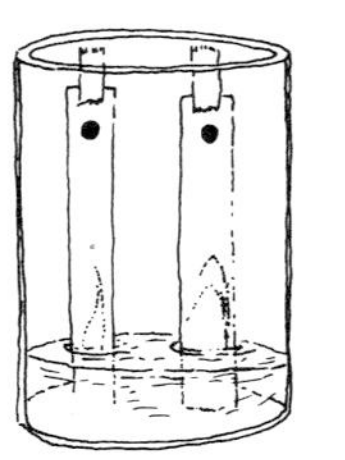

- Filterpapier in lange Streifen schneiden. Mit unterschiedlichen Filzstiften – nicht alle Sorten zeigen gleiche Wirkungen – auf das Ende der Streifen einen intensiven Farbpunkt zeichnen. Die Streifen, die Punkte oben, in hohe Glasgefäße einhängen und mit Tesafilm befestigen. Das untere Ende der Papierstreifen muß etwas ins Wasser eintauchen. Das Wasser steigt in den Streifen hoch und die Farben entmischen sich nach unten.

Papiercollagen

Farbige Papierbögen von Hand in unterschiedlich breite Streifen oder Vierecke schneiden oder reißen.
Die Streifen und Vierecke zu interessanten Farb- und Formkompositionen auf ein Blatt Papier kleben.

Große Flechtblätter zurechtschneiden: Farbige Papierbögen falten und von der Faltkante her streifenweise einschneiden.
Mit unterschiedlich breiten bunten Papierstreifen schöne Farbmuster weben. Die fertigen Werke auf einem Hintergrund fixieren.

In einer Farbe – in unterschiedlichen Farbtönungen – verschiedene Materialien (Papier, Pappe, Jute, Bast, Leinen, Rinde ...) zu einer Materialcollage zusammenfügen.

Die Malspiele lassen sich im Sommer im Garten durchführen; viele Techniken, die im Gruppenraum Probleme aufwerfen, sind draußen leicht und unproblematisch durchzuführen.

Material:
Verschiedenartige Papiersorten, breite Pinsel (10er Borstenpinsel), Temperafarben, Plakafarben oder Wasserfarben, Wassergefäße, Maltücher, Paletten aus weißem Porzellan (Teller 2.Wahl)

Zufallstechniken

Farben verpusten
Einzelne Tropfen Wasserfarbe auf ein Blatt tupfen und sie mit einem Trinkhalm durch Pusten „vertreiben".

Auch fertige Bilder (Zeitungsbilder) können „überblasen", verfremdet werden, z.B.:
– um ein Auto herum „Bäume" blasen
– ein Haus mit „Efeu" umranken
– über einer Stadt ein „Feuerwerk" verbreiten

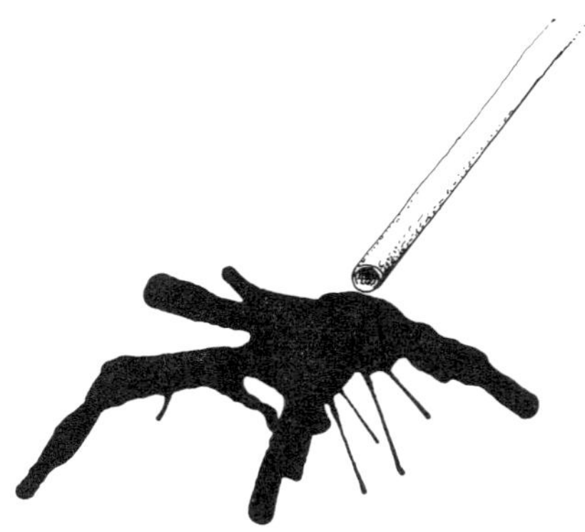

Farben fließen lassen
Zeichenpapier in Wasser tauchen, „Bewegungsspuren" malen (Naß-in-Naß-Technik) mit den Farben Gelb, Rot und Blau durch Anheben und Schrägstellen die Farben fließen lassen.

Malbeispiele

Einen Farbturm „bauen"
Aus unterschiedlichen Farbflecken, die gut zusammenpassen, einen Farbturm bauen, der fast das Malpapier ausfüllt; für den Hintergrund eine Farbe verwenden, die sich gut vom Farbturm unterscheidet, aber auch gut zu ihm paßt.

Eine Farbe einkreisen
Auf Malpapier unterschiedlich große Flecken einer Farbe malen, mit anderen Farben die Flecken einkreisen.

Eine Farbe verändern
Am Blattrand mit der Lieblingsfarbe einen Farbfleck setzen; durch Zugeben von etwas Weiß oder Schwarz die Lieblingsfarbe abändern und um den „Lieblingsfarbfleck" unterschiedlich breite Streifen ziehen.

Malen mit Wasserfarbe

Material:

(Holzbretter 50:35 cm), Malblätter (DIN A3), flache ca. 24 mm breite Pinsel, Künstler-Aquarellfarben in Tuben, kleine Gläser für die aufgelösten Farben, Wassergläser, Schwämme, Kännchen zum Anrühren der Farben.

Vorbereitung:

Das gemeinsame Herrichten der Tische für das Malen ist bei den Kindern sehr beliebt. Sind sie doch an jeder überschaubaren Arbeit der Erwachsenen interessiert und gerne mithelfend tätig. Da müssen die Tische mit einem Wachstuch abgedeckt, die Wassergläser gefüllt und verteilt werden. Neben jedes Glas wird ein Schwamm zum Abtupfen des zu nassen Pinsels gelegt. Die Farben werden in kleinen Kannen aufgelöst und glattgerührt, dann die Farbgläser gegossen und diese auf die Tische gestellt. Die Malblätter (saugfähiges Papier, nicht zu dünn) werden in eine Wasserwanne getaucht und sorgfältig mit dem Schwamm auf dem eventuell vorher angefeuchteten Malbrett glattgestrichen („festgeklebt"). Nun kann das Malen beginnen. Selbstverständlich ist eine solche gemeinsame Vorbereitung mit den Kindern nur möglich, wenn die Gruppe nicht mehr als 20 bis höchstens 25 Kinder hat. (In den Waldorfkindergärten ist das die Regel.) Wenn man die Kinder nicht in Jahrgangs-, sondern in altersgemischten Gruppen (von 3 bis 6 Jahren) beieinander hat, so ist das, wie in vielen anderen Fällen, besonders günstig, weil die verschiedenen Bedürfnisse und Fähigkeiten der Kinder vom Erwachsenen gut befriedigt und berücksichtigt werden können. Während die Drei- und Vierjährigen vollauf damit zufrieden sind, wenn sie die Farben anrühren und in die Gläser gießen dürfen, übernehmen die Fünf- und Sechsjährigen gerne schon mehrere Arbeitsgänge (z.B. Zusammentragen aller Dinge, die zur Vorbereitung gebraucht werden; Abräumen der Maltische – Gläser spülen und abtrocknen – einräumen), die sie durch wiederholtes Miterleben in richtiger Reihenfolge nun selbst beherrschen.

Der Malvorgang:

Ohne vorherigen Appell von seiten des Erwachsenen an einen Bewußtseinsinhalt, eine Vorstellung beim Kind, ohne Themenstellung wird der Pinsel von den Kindern in die Farben getaucht und seine fließende Spur auf dem Papier verfolgt. Die Beschränkung auf die drei Grundfarben: rot, gelb, blau eröffnet den Kindern eine nuancierte Farbenskala in unglaublicher Reichhaltigkeit, die sie selber entstehen lassen. Damit ist besonders bei den vier- und fünfjährigen Kindern eine ständige Entdeckerfreude verbunden; denn wenn die einzelnen Farben an manchen Stellen zusammenfließen und sich vermischen, so entstehen Zwischentöne wie z.B. grün, violett, braun.

Neben dem Farbenspiel auf dem Papier, über das sich die Kinder vielfach mit staunenden oder freudig überraschten Worten äußern, spielt auch die ständig sich verändernde Farbe des Wassers, in dem der Pinsel gut ausgewaschen wird, eine große Rolle. Wenn das ganze Blatt bemalt ist und die Farben so recht durch das wässerige Element leuchten und glänzen, so tritt bei diesen Kindern ein Augenblick höchster Befriedigung ein, der oft noch das sich an das Malen anschließende freie Spielen unbewußt überstrahlt. Das Bild ist dann, wenn es in das Fach zum Trocknen geschoben worden ist, dem Kind nicht mehr wichtig.

Anders verhalten sich da die fünfeinhalb- und sechsjährigen Kinder. Schon bevor sie den Pinsel in die erste Farbe tauchen, haben sie sich oft eine Vorstellung gebildet von einer bestimmten Farbe, die sie entstehen lassen wollen oder von einem Gegenstand z.B. Baum, Schloß, Regenbogen. Dabei kann es durch die flüssige Farbe in Verbindung mit dem feuchten Blatt nicht zu festen Konturen kommen, was der daran weitergestaltenden Phantasie nur zugute kommt. Oft entsteht dadurch, daß die Kinder eine neue Farbe zu der angefangenen Form hinzunehmen, in ihrer Phantasie ein ganz neuer Sinnzusammenhang, an dem sie dann weiter malen. Während des Malens oder wenn sie fertig sind, erzählen diese Kinder mitunter gern dem Erwachsenen oder einem anderen Kind etwas zu ihrem Bild; welche Farben sie besonders schön finden oder welchen Inhalt sie in dem gemalten Bild entdecken.

Auch schon für dreijährige Kinder ist das Malen mit Wasserfarbe auf solche Weise ein freudiges Erlebnis. Allerdings darf man von ihnen nicht die Beherrschung einzelner technischer Verrichtungen erwarten, wie z.B. das Auswaschen des Pinsels, bevor er in eine neue Farbe getaucht wird. Auch ist ihnen eine gezielte

Pinselführung noch nicht möglich. Vielmehr bewegen sie den Pinsel schwungvoll oder auch zaghaft auf dem Papier hin und her, und man hat das Empfinden, als sei die Bewegung und die damit verbundene Farbspur das Allerwichtigste. Meistens begnügen sich die Dreijährigen mit einer Farbe z.B. rot, und sie sind erst mit dem Malen fertig, wenn das Farbgläschen leer ist. Wenn sie sich mal eine andere Farbe dazuholen, so setzen sie diese auf dem Blatt nicht neben die erste, sondern malen sie darüber, ebenso auch eine dritte Farbe. Das Ergebnis ist dann eine dunkle, undifferenzierte Fläche, und die drei Farbgläser sind durch ihren ursprünglichen Farbeninhalt nicht mehr zu unterscheiden. Steigert man jedoch die Anzahl der Farben allmählich, so wird von diesen Kindern nach einer kurzen Übergangszeit nicht mehr nur darauflos gemalt, sondern in behutsamer Weise Farbe neben Farbe gesetzt.
Die dreijährigen Kinder sind beim Malen meistens ganz still und emsig tätig, besonders auch dann, wenn jedes sein eigenes Farbgläschen hat, aus dem es malen darf. Die vier- und fünfjährigen Kinder teilen gern mit – mehr oder weniger impulsiv –, wenn sich auf ihrem Blatt etwas Besonderes ereignet. Und bei den fünf- und sechsjährigen Kindern dominiert wieder das stille, eifrige Tun, und zwar in besonnener, behutsamer Weise. Gelegentlich tauschen sie sich mit Gleichaltrigen während des Malens über die Farben oder den Inhalt ihrer Bilder aus.

Freya Jaffke
aus:
Helmut von Kügelgen (Hrsg.), Plan und Praxis des Waldorfkindergartens
Verlag Freies Geistesleben, Stuttgart 1973

Anders als die herkömmlichen Wasserfarben – ja kostbar – wirken Bilder, die mit ***Pflanzenfarben*** gemalt werden.

Wir unterscheiden synthetische Farben,
Erd- und Mineralfarben,
Pflanzenfarben.

„Die Pflanzenfarben sind, wenn man es so abgekürzt sagen darf, in den Pflanzen Verdichtungen des lebendigen Sonnenlichts. In den Mineral- und Erdfarben ist das Licht der Vergangenheit festgehalten, und in den synthetischen Farben kann das abgestorbene Licht nur mit starken chemischen Mitteln und anderem wieder erweckt werden, welches aber keine Lebendigkeit mehr hat." 1)

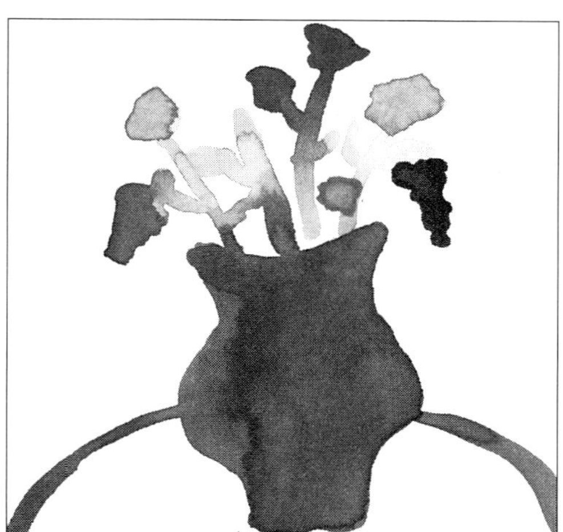

1) Günter Meier, Pflanzenfarbenlabor am Goetheanum in Dornach, aus: Berichte, Blatt 9/1981, Dornach
Siehe auf der Seite „Bezugsquellen" unter dem Stichwort „Pflanzenfarben".

Der Sommer

Er trägt einen Bienenkorb als Hut,
blau weht sein Mantel aus Himmelsseide,
die roten Füchse im gelben Getreide
kennen ihn gut.
Sein Bart ist voll Grillen. Die seltsamsten Mären
summt er der Sonne vor, weil sie's mag,
und sie kocht ihm dafür jeden Tag
Honig und Beeren.

Christine Busta
aus:
Die Sternenmühle
Otto Müller Verlag, Salzburg 1959

Das Gedicht mit Farben nacherzählen

Wie der Sommer ausschaut:
- auf dem Kopf trägt er einen Bienenkorb als Hut
- gekleidet ist er mit einem luftigen Mantel aus blauer Himmelsseide, die im Wind weht
- in seinem Bart zirpen viele Grillen

Und um ihn herum:
- scheint die Sonne vom Himmel und „kocht" die Beeren reif
- fliegen die Bienen emsig von Blüte zu Blüte und sammeln Honig im Bienenkorb
- haben sich im gelben Getreidefeld rote Füchse versteckt

Und da ist der Sommer:
- er steht einfach da
- er läßt sich von der Sonne verwöhnen, dafür summt er ihr Geschichten vor, seltsame und wunderbare
- welche das sind? wir nehmen sie wahr, wenn wir im Sommer selbst ein Stück Sommer werden

Anregungen zum Erleben

- Wir gehen an einem Getreidefeld entlang und betrachten die Ähren mit den Körnern. Erst sind sie grün. Später werden die Getreidefelder langsam goldgelb.
- Wir beobachten das wogende Getreide im Winde. Wir schauen über die Weite der Felder und freuen uns an den verschiedenen Farben. Wir pflücken am Rand einen Feldblumenstrauß. (Vorsicht, wenn gespritzt wurde!)
- Wir nehmen ein Ährenbündel mit in den Kindergarten für unser Farbenprojekt (siehe Seite 73). Aus einigen Ähren reiben wir die Körner heraus, geben sie in eine Schale, die wir neben das Ährenbündel auf den Projekttisch stellen.

„Das Lied vom Anderssein"

„Das Lied vom Anderssein" macht Beziehungen unseres Miteinander bewußt:

Wir grenzen uns ein und andere aus
Wir interessieren uns nicht für den anderen
Wir dulden Anderssein nicht
Wir wehren andere ab
Wir sind nicht wie die da
Wir sehen den äußeren Schein
Wir haben allerhand Vorurteile
Unter uns fühlen wir uns stark

Wir sind nicht wirklich selbst wer
Wir sind Menge und nicht wirklich Einzelne
Als Menge üben wir Einfluß und Macht aus

Wir können Grenzen überwinden
Wir können einander als einzelne anerkennen
Wir können aufeinander zugehen
Wir können miteinander sprechen
Wir können miteinander streiten
Wir können miteinander lachen
Wir können miteinander spielen
Wir können miteinander teilen

Wir sind selbst wer
Jeder kann werden, was er ist, – ein Einzelner
Als Einzelne lassen wir einander leben[1]

Das Lied vom Anderssein

Text und Melodie: Klaus W. Hoffmann

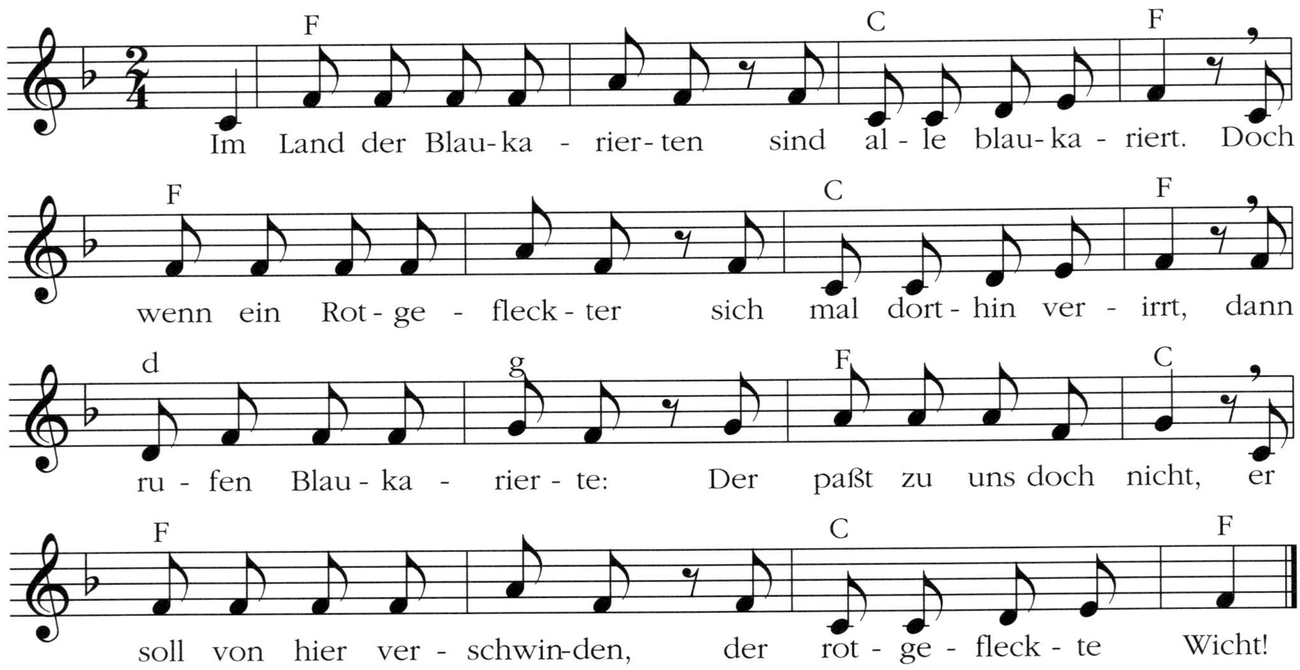

1) vgl.: Sören Kierkegaard: Der Einzelne, Verlag Anton Hain, Frankfurt 1990

Im Land der Rotgefleckten
sind alle rotgefleckt.
Doch wird ein Grüngestreifter
in diesem Land entdeckt,
dann rufen Rotgefleckte:
„Der paßt zu uns doch nicht!
Er soll von hier verschwinden,
der grüngestreifte Wicht!“

Im Land der Grüngestreiften
sind alle grüngestreift.
Doch wenn ein Blaukarierter
so etwas nicht begreift,
dann rufen Grüngestreifte:
„Der paßt zu uns doch nicht!
Er soll von hier verschwinden,
der blaukarierte Wicht!“

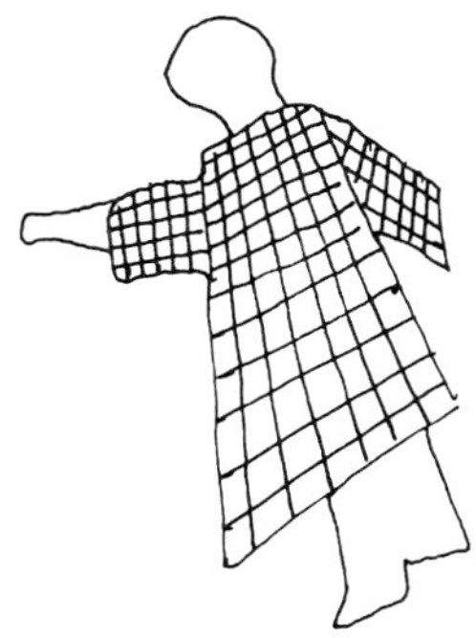

Im Land der Buntgemischten
sind alle buntgemischt.
Und wenn ein Gelbgetupfter
das bunte Land auffrischt,
dann rufen Buntgemischte:
„Willkommen hier im Land!
Hier kannst du mit uns leben,
wir reichen dir die Hand!“

Klaus W. Hoffmann
aus:
Wenn der Elefant in die Disco geht
Ravensburger Buchverlag, O. Maier 1983

Rollenspiel

Die Kinder bilden fünf Spielgruppen:

- eine Singgruppe
- die Buntgemischten
- die Blaukarierten
- die Rotgefleckten
- die Grüngestreiften

Die Kinder gestalten ihre „Kostüme" selbst, z.B. so:

Von einer weißen Tapetenrolle werden Bahnen für alle Mitspieler in etwa 90 cm Länge abgeschnitten. Auf die Mitte der Bahnen wird ein Kreis gezeichnet, der Kopfgröße der Kinder entsprechend. Der Kreis wird strahlenförmig von der Kreismitte aus aufgeschnitten und die „Strahlen" werden kelchförmig umgebogen. Mit breiten Pinseln bemalen die Kinder ihre Kostüme: Die „Buntgemischten" malen Tupfer und Streifen in blauer, roter und grüner Farbe, die „Blaukarierten" blaue Karos, die „Rotgefleckten" rote Tupfer, die „Grüngestreiften" grüne Streifen.

Hinzukommen in den entsprechenden Farben Bänder und Schleifen, mit denen sich die Kinder nach Belieben schmücken.

Die Kinder tragen für „ihren" Tisch in „ihrer" Farbe zusammen: ein Tischtuch, Spielsachen, Blumen in einer Vase, Obst in einer Schale ...

Spielvorschlag:
Die Spielgruppen sitzen an „ihren" Tischen, spielen mit „ihrem" Spielzeug und unterhalten sich miteinander. Sie spielen zu den entsprechenden Liedstrophen und singen jeweils ihren Refrain: Zur ersten Strophe kommt ein „Rotgefleckter" an den Tisch der Blaukarierten und möchte mitspielen, wird aber abgewiesen. Zur zweiten Strophe geht er zum Tisch der Buntgemischten und ist dort willkommen. Die Singgruppe singt immer die ersten fünf Strophenzeilen, dabei geht sie – den Liedstrophen entsprechend – von einer Tischgruppe zur anderen. Zum Schluß bringen alle Kinder ihre Spielsachen zum Tisch der Buntgemischten. Sie fassen sich an, gehen im Kreis herum und singen gemeinsam die letzte Strophe.

Strophenfolge für ein Singspiel:
1. Im Land der Blaukarierten ... Doch wenn ein Rotgefleckter ...
2. Im Land der Buntgemischten ... Und wenn ein Rotgefleckter ...
3. Im Land der Rotgefleckten ... Doch wenn ein Grüngestreifter ...
4. Im Land der Buntgemischten ... Und wenn ein Grüngestreifter ...
5. Im Land der Grüngestreiften ... Doch wenn ein Blaukarierter ...
6. Im Land der Buntgemischten ... Und wenn ein Blaukarierter ...
7. Im Land der Blaukarierten ... Doch wenn ein Grüngestreifter ...
8. Im Land der Buntgemischten ... Und wenn ein Grüngestreifter ...
9. Im Land der Rotgefleckten ... Doch wenn ein Blaukarierter ...
10. Im Land der Buntgemischten ... Und wenn ein Blaukarierter ...
11. Im Land der Grüngestreiften ... Doch wenn ein Rotgefleckter ...
12. Im Land der Buntgemischten ... Und wenn ein Rotgefleckter ...
13. Im Land der Buntgemischten sind alle buntgemischt.
    Und wenn ein anderer das bunte Land auffrischt, dann ...

Im Freien lassen sich bei diesem Spiel verschiedene Gartenspiele einbeziehen.
An einem Elternnachmittag könnten sich sogar die Eltern an diesem Spiel beteiligen.

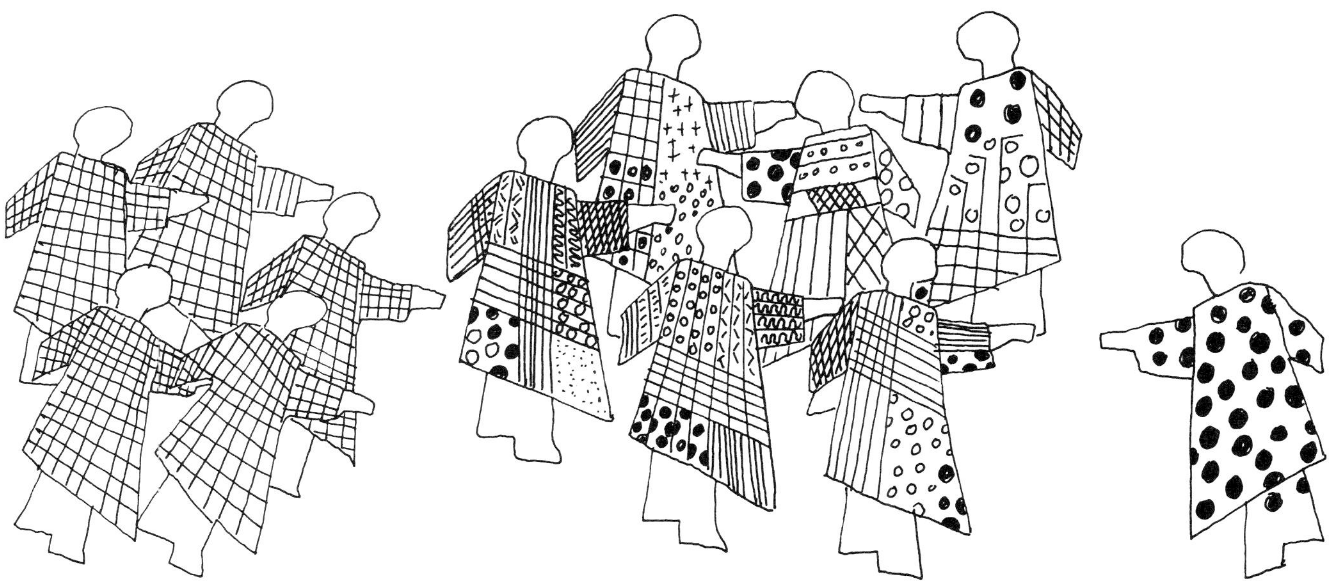

Verklanglichung der Bilderbuchgeschichte: Das kleine Blau und das kleine Gelb

In dieser Geschichte soll versucht werden, Farben und Klänge einander zuzuordnen.

Kann man Farben wirklich durch Klänge auf Instrumenten darstellen? Fragen wir einmal die Kinder: Wie mag das Rot klingen? Wie könnte man ein Schwarz, ein Gelb oder ein Blau darstellen? Sicherlich werden die Kinder eine Menge Antworten bereit haben, die von hohen und tiefen, von lauten und leisen Klängen, von unterschiedlichen Darstellungsarten und sicherlich auch noch von den verschiedenen Instrumenten handeln, auf denen man die gefragten Farben musikalisch wiedergeben kann.

Wenn man dann diese Antworten ordnet, könnte man mehrere Gruppen von Darstellungsmöglichkeiten finden, zum Beispiel:

1. Wir ordnen den Farben ihrer wechselnden Helligkeit helle (hohe) oder dunkle (tiefe) Klänge zu. So könnte ein Gelb durch den Klang eines kleinen Triangels oder durch die hohen Töne eines Glockenspiels dargestellt werden.
Die tiefen Klänge des Metallophons, der Großbaßstäbe oder Pauken würden besser zu den dunklen Farben passen.

2. Man findet gemeinsam mit den Kindern für einzelne Farben ganz bestimmte Instrumente. Einige Beispiele:

Weiß	– Triangel
Gelb	– Glockenspiel
Rot	– Klangstäbe, Holzblock - oder Röhrentrommel
Grün	– Xylophon
Blau	– Metallophon
Schwarz	– Pauken oder Großbaßstäbe

Die Zuordnung und Festlegung der Farben zu den Klängen, Instrumenten oder Klangarten sollte gemeinsam mit den Kindern erarbeitet werden.

3. Die Farben werden bestimmten Klangarten zugeordnet, etwa so:

Liegeklänge (Gläserklang)	für ***Weiß***
Schwebeklänge (Met.)	für ***Blau***
Bewegungsklänge (Schellen)	für ***Grün***
Punktklänge (auf Holzinstrumenten)	für ***Rot***
Gleitklänge auf Glockenspiel	für ***Gelb***
Punktklänge (Pauken) oder Schichtklänge auf tiefen Stabspielen	für ***Schwarz***

Alle diese Beispiele sind nur als Vorschläge zu werten. Soll aber mit der Klanggeschichte nach dem Bilderbuch von Leo Lionni begonnen werden, so müssen für die Farben entsprechende Klänge vereinbart werden, da sie im Laufe der Geschichte immer wiederkehren. Das Blau oder das Gelb haben eben hier einen ganz bestimmten Klangcharakter, an dem sie gleich erkannt werden, wenn sie in der Verklanglichung vorkommen.

Unter Zugrundelegung der einzelnen Bilder werden die vorkommenden Farben wie folgt musikalisch charakterisiert:

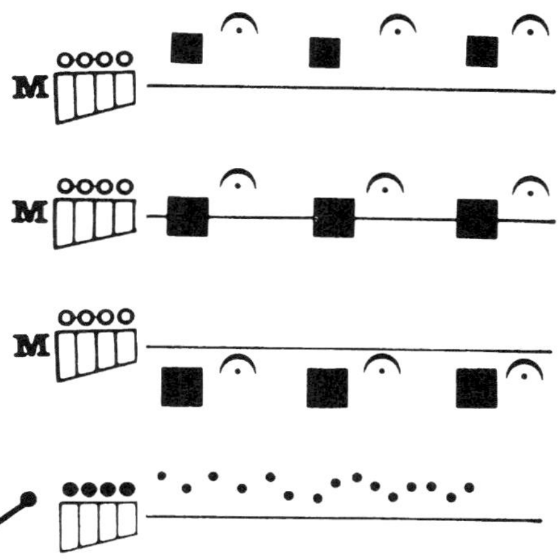

Das kl. Blau – *Vier nebeneinanderliegende Töne im oberen Bereich des Metallophons werden gleichzeitig mit Filzschlegeln angeschlagen.*

Mama Blau – *Hier klingen vier nebeneinanderliegende Töne im mittleren Bereich gleichzeitig.*

Papa Blau – *Diese Schichtklänge bestehen aus vier nebeneinanderliegenden Tönen aus dem unteren Bereich.*

Das kl. Gelb – *Es werden vier nebeneinanderliegende Töne im oberen Bereich des Xylophons mit Holzschlegeln angeschlagen.*

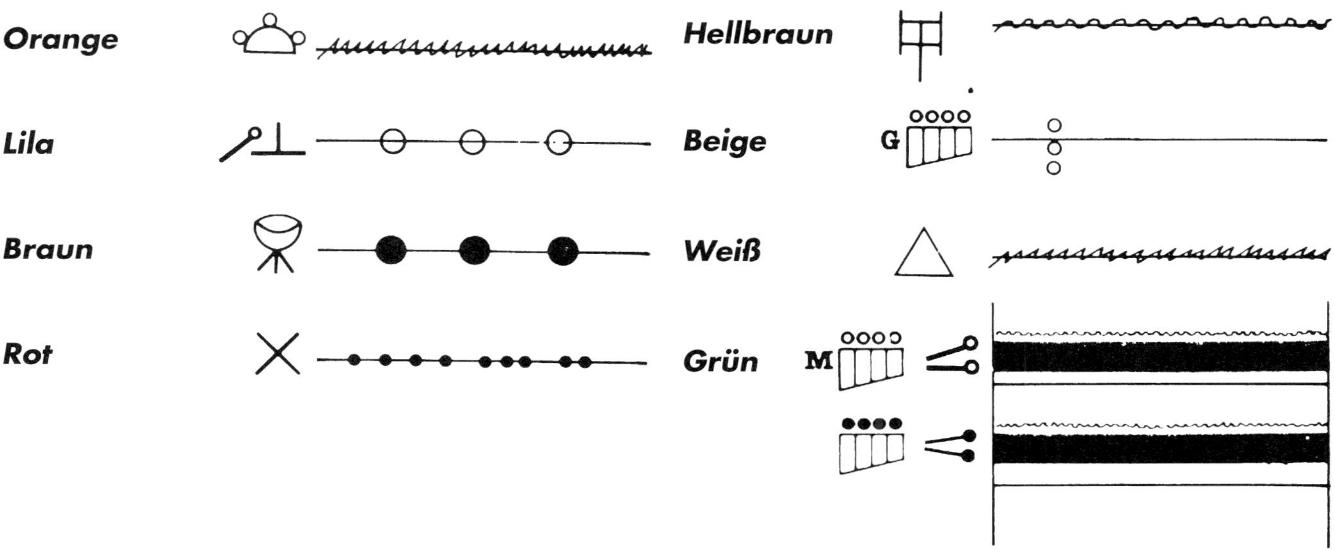

Beim Thema Schule, „Doch in der Schule, wie man sieht …" soll aus klanglichen Erwägungen die „Sitzreihe" der Farben, wie sie im Buch vorkommen, verändert werden.

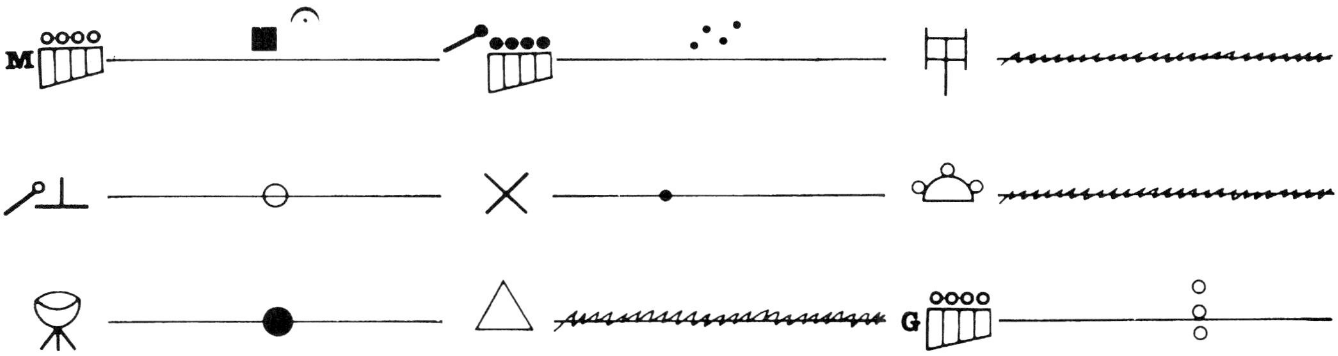

Hier bietet sich die Höraufgabe an, die Kinder herausfinden zu lassen, welche Farben ihren Platz gewechselt haben.

Jenny Neuhäuser

Farbenrätsel

Wer wandert am Himmel und weckt alle Farben? *(Sonne)*

Wer schwimmt am Abend wie eine blutrote Apfelsine davon? *(Sonne)*

Eine Brücke aus Farbe, worüber noch kein Mensch gegangen? *(Regenbogen)*

Die Nacht ist dunkel, der Tag ist *(hell)*.

Wenn es regnet, ist der Himmel grau, wenn die Sonne scheint, ist der Himmel *(blau)*.

Im Sommer ist er grün, im Herbst bunt, im Winter kahl oder weiß? *(Baum)*

In welcher Jahreszeit gibt es viele bunte Blumen? *(Frühling)*

In welcher Jahreszeit fallen bunte Blätter? *(Herbst)*

Welcher grüne Baum verliert im Winter seine „Blätter" nicht? *(Tannenbaum)*

Alles Gras hat nur eine Farbe! *(Grün)*

Wen wollen die bunten Blumen mit ihren Farben und ihrem Duft anlocken? *(Bienen, Hummeln, Schmetterlinge …)*

Die Bienen haben im Sommer manchmal goldene „Schuhe"? *(vom Blütenstaub)*

In der Nacht sind alle Katzen *(grau)*.

Ist grau und schreit iah? *(Esel)*

Ein graues ganz Groß und ein graues ganz Klein – wer mögen sie sein? *(Elefant und Maus)*

Ich bin ein kleiner schwarzer Zwerg und heb' ganz leicht doch einen Berg? *(Maulwurf)*

Ist goldrot und schwimmt im Wasser? *(Goldfisch)*

Ist grasgrün, kann nicht gehen, aber springen? *(Frosch)*

Ein Tier mit rotem Pelz lebt im Wald und läuft sehr schnell? *(Fuchs)*

Geht im Wald herum im braunen Pelz? *(Bär)*

Wer hat einen roten Kamm und kräht? *(Hahn)*

Welche Farbe haben Raben? *(Schwarz)*

Erst weiß wie Schnee, dann rot wie Blut – schmeckt allen Kindern gut? *(Kirschen)*

Kennst du das Lied von den roten Kirschen? *(Rote Kirschen eß ich gern)*

Ist außen gelb und innen sauer? *(Zitrone)*

Ist rund und rot und schmeckt zum Brot! *(Tomate oder Radieschen)*

Schmeckt süß und ist gold-gelb? *(Honig)*

Ist braun und fest – im Mund schmilzt es? *(Schokoladen-Eis)*

Was ist weiß und rund und Ostern kunterbunt? *(Osterei)*

Ein blauer und ein gelber Tropfen mischen sich zu einer neuen Farbe. *(Grün)*

Steht an vielen Straßen, ist gelb und schluckt Briefe? *(Postkasten)*

Steht an vielen Straßen und wechselt seine Farben, bald Rot, bald Gelb, bald Grün? *(Ampel)*

Die Ampel sagt: Bei meiner Farbe darfst du gehen. *(Grün)* – Bei meiner Farbe mußt du stehen. *(Rot)*

Hat vier Räder, ist rot, macht tatü-tatü? *(Feuerwehrauto)*

Wer kommt mit Blaulicht gefahren? *(Polizeiauto, Krankenwagen)*

Er schminkt sein Gesicht und kleidet sich bunt. *(Clown)*

Wer arbeitet mit Pinsel und Farben? *(Maler, Anstreicher)*

Ist schwarz und steigt über die Dächer? *(Schornsteinfeger)*

Welcher Mann hat im Winter einen weißen Mantel an? *(Schneemann)*

Manche haben blaue Augen, manche braune oder grüne. Und welche hast du?

Wer Farben nicht unterscheiden kann, ist *(farbenblind)*.

Einmal fällt ein silbernes Kleid vom Baum auf ein armes Mädchen, beim zweiten Mal ein goldenes, in welchem Märchen? *(Aschenputtel)*

Ein Mädchen bekommt von seiner Großmutter ein Käppchen geschenkt? *(Rotkäppchen)*

In welchem Märchen heißt es: „So weiß wie Schnee, so rot wie Blut und so schwarz wie Ebenholz"? *(Schneewittchen)*

In einem Märchen wird ein Männlein vor Zorn und Wut rot, weil sein Name genannt wird? *(Rumpelstilzchen)*

In einem Märchen wird eine rote Blume gesucht? *(Jorinde und Joringel)*

Wie heißt die Schwester von Schneeweißchen? *(Rosenrot)*

Alles Behagen am Leben ist auf eine regelmäßige Wiederkehr der äußeren Dinge gegründet. Der Wechsel von Tag und Nacht, der Jahreszeiten, der Blüten und Früchte, und was uns sonst von Epoche zu Epoche entgegentritt, damit wir es genießen können und sollen, diese sind die eigentlichen Triebfedern des irdischen Lebens. Je offner wir für diese Genüsse sind, desto glücklicher fühlen wir uns.

Johann Wolfgang von Goethe: Dichtung und Wahrheit – 13.Buch

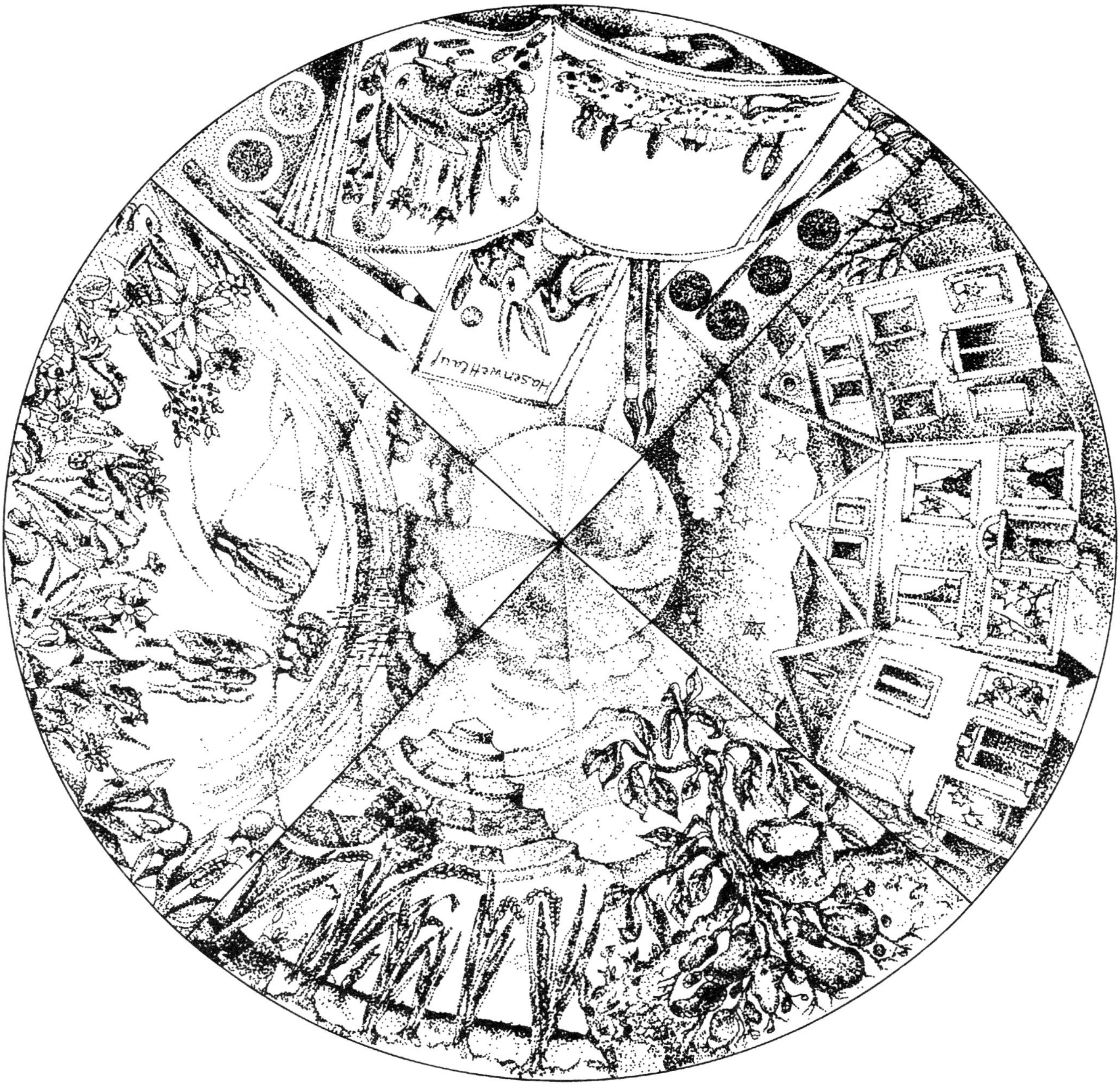

Würde ich auf die berühmte einsame Insel verschlagen und dürfte nur ganz wenige Dinge mitnehmen: es wäre unbedingt eine Getreidemühle darunter, ein Sack Weizen und ein Sack Kartoffeln, falls diese Kostbarkeiten auf der einsamen Insel nicht sowieso wachsen sollten. Wenn dann noch irgendwo ein Stückchen Butter aufzutreiben wäre, auch nicht übel. Zu meinen Lieblingsspeisen gehören nach wie vor die in der Schale gebackenen Kartoffeln mit frischer Butter und etwas Salz.

Barbara Rütting
aus:
Mein neues Kochbuch – Schlemmereien aus der Vollwertküche, S. 100
Mosaik Verlag, München 1984

Erfahrungsfeld der Kinder

Die Nahrungsmittel Kartoffeln und Reis sind wohl allen Kinder gut bekannt. Je nach Landschaften und Gewohnheiten kennen die Kinder unterschiedliche Gerichte. Immer auch haben sie ihre Lieblingsspeisen; es sind vielfach einfache Speisen: Eier- und Kartoffelpfannkuchen, Kartoffelbrei, Pommes frites, Nudelsuppe, Spaghetti, Brot mit Butter ...

Kommen die Kinder hungrig vom Kindergarten nach Hause, warten sie gespannt auf das Essen, was es wohl geben mag, schnuppern und naschen gern schon einmal vorher. Wenn es ihnen schmeckt, dann bringen sie das spontan zum Ausdruck, sie schmausen vergnüglich; es macht Freude, ihnen zuzusehen. Manche Kinder jedoch fallen als sogenannte schlechte Esser auf, was ganz unterschiedliche Ursachen haben kann.

Die Kinder freuen sich, wenn sie zu Hause oder im Kindergarten in der Tischgemeinschaft mit anderen zusammensitzen, essen und sich dabei unterhalten können, und wenn sie nicht allein essen müssen. Allerdings erleben die Kinder zu Hause die Tischgemeinschaft sehr unterschiedlich.

Das Frühstück im Kindergarten oder auch das Mittagessen in Tageseinrichtungen bedeuten für die neu aufgenommenen Kinder eine ganz neue Situation und Herausforderung. Sie eignen sich die neuen Regeln rasch an: die Hände waschen, den Tisch decken, sich selbständig aufgeben, manierlich essen; weniger gute Verhaltensweisen prägen sich ihnen natürlich ebenso ein.
Nur wenige Kinder haben gelernt, sich selbst Speisen aufzugeben, anzureichen, eine Serviette zu benutzen, Messer und Gabel zu gebrauchen, zu schneiden und zu schälen.

Die Kinder erleben, daß Nahrungsmittel im Geschäft eingekauft werden, zum Beispiel Reis in Päckchen und Kartoffeln in kleinen oder großen Säcken oder auch als vorgefertigte Gerichte abgepackt.
Oft ist den Kindern unbekannt, woher eigentlich die Nahrungsmittel kommen, und wie sie wachsen. Es fehlt ihnen noch der Bezug zu den natürlichen Bedingungen von Wachstum und Ernte und zu der Mühe, die die landwirtschaftliche Arbeit mit sich bringt.

Durch Keim- und Wachstumsbeobachtungen haben die Kinder in der Regel im Kindergarten erfahren, unter welchen Bedingungen aus Samen und Zwiebeln Pflanzen wachsen. Vielleicht haben sie ihre Blumen geschnitten, *ihre* Kresse oder *ihre* Radieschen geerntet oder die große Ernte auf den Feldern erlebt. Wichtig sind sicherlich die unmittelbaren Erfahrungen, wenn sie Erde in die Hände nehmen, einsäen, einpflanzen oder später ernten dürfen, wenn sie das ganze Zusammenspiel der Naturkräfte mit allen Sinnen in sich aufnehmen.

Entsprechend groß ist dann auch die Aufmerksamkeit und Freude, wenn die Kinder in der Küche mithelfen dürfen. Unter Anleitung können sie selbst einfache Speisen zubereiten, die sie dann auch besonders gern den anderen zum Probieren anbieten. Kinder essen dann, was sie sonst vielleicht ablehnen. Bei der täglichen Arbeit zu Hause wird die mögliche Beteiligung der Kinder oft vergessen. Sie spielen die Tätigkeiten der Eltern eher in ihren Rollenspielen, zum Beispiel Kochen und Backen in der Puppenküche.

Die Kinder nehmen mit natürlicher Selbstverständlichkeit hin, daß ihr Tisch täglich reichlich gedeckt ist. Vielen ist nicht bewußt, daß bestimmte Nahrungsgüter nicht bei uns wachsen, sondern von weit her kommen, und daß die Menschen dort unter ganz anderen Bedingungen leben, ... säen und ernten.
Nur gelegentlich erfahren sie über Bilder und Nachrichten von Kindern in anderen Ländern, die nicht einmal die täglich nötige Hand voll Reis bekommen.

Dimension des Themas

In den westlichen Ländern können wir aus einer Fülle von Nahrungsmitteln auswählen, dazu gehören Kartoffeln und Reis. Sie enthalten wichtige und wertvolle Nährstoffe. Und sicherlich ist kaum ein Mensch zu finden, der Kartoffeln oder Reis nicht mag.

Vor 100 Jahren waren bei uns in Europa noch viele Menschen unmittelbar in der Landwirtschaft oder im eigenen Garten mit dem Anbau von Kartoffeln und anderer Nahrungsmittel vertraut. Die heutige problembeladene, hochtechnisierte Landwirtschaft nimmt uns das Bewußtsein, in die Natur eingebunden zu sein. Wir hören und reden nur noch von den negativen Folgen verfehlter Überproduktion und wollen nicht begreifen, daß zwei Drittel aller Menschen nicht satt zu essen haben. Mehr und mehr erwacht ein kritisches Ernährungsbewußtsein.

Durch das Thema „Ich mag Kartoffeln, ich mag Reis" sollen die Kinder nicht mit unserer Erwachsenenproblematik belastet werden. Sie haben einen Anspruch, gesund und glücklich zu sein. Vielleicht gelingt es ein wenig, die Kinder an die natürlichen Quellen heranzuführen und bei ihnen Bewußtsein zu wecken für unsere Nahrung von nah und fern, für wichtige Nahrungsmittel und deren schonungsvolle Zubereitung, für Tisch und Gemeinschaft, für das Danken und für das Teilen, – und vielleicht für ein Stück Verantwortung auf Zukunft hin.

Wenn Kinder aktiv den Boden bereiten, pflanzen, pflegen und mit den Händen ernten, werden sie etwas spüren von der gegenseitigen Abhängigkeit zwischen Menschen, Tieren, Pflanzen, Mineralien, Erde, Wasser, Luft, Sonne und Mond.

Kinder werden zu Kartoffeln auch einen emotionalen Bezug entwickeln. Mit viel Phantasie entdecken sie spaßige Kartoffelgesichter und allerlei Figuren. Sie freuen sich, die Kartoffeln in lustigen Märchen und Geschichten zu erleben oder in Spielliedern zu besingen. Das ist für Kinder kein leichtfertiger, sondern ein liebenswerter Umgang.

Das gemeinsame Zubereiten und Essen von verschiedenen Kartoffel- und Reisgerichten bereitet den Kindern sicherlich große Freude, besonders wenn dies mit Liebe und wachem Bewußtsein geschieht.
Über Berichte, Bilder und Bücher erfahren die Kinder, daß in fernen Ländern für viele Menschen der Reis so wichtig ist wie für uns das Brot und die Kartoffeln, und daß der Reisanbau für die Menschen viel mühsamer ist als für uns der Kartoffelanbau.

Das Thema spannt einen weiten zeitlichen Bogen vom Pflanzen der Kartoffeln bis zur Ernte und einen zweiten geographischen Bogen von unserer Lebensweise zur Lebensweise der Menschen in fernen Ländern.
Vielleicht werden die Kinder ein wenig ahnen von dem, was das chinesische Wort Ho ping für Frieden bedeutet: Nahrung für alle.

Modellziel

Fähigkeit entwickeln,

- sich Gedanken zu machen über das, was auf den Eßtisch kommt;
- zu unterscheiden zwischen gesunden und weniger gesunden Nahrungsmitteln;
- mitzuhelfen bei der Bodenbereitung, bei der Aussaat oder beim Pflanzen und beim Pflegen in der Wachstumszeit – dabei die Erde unter den Händen spüren;
- die lange Zeit des Wachsens geduldig abzuwarten;
- wahrzunehmen, daß Erde, Pflanzen, Tiere, Sonne, Regen und Wind in einem lebendigmachenden Zusammenhang stehen;
- zu staunen über das Wunder des Wachsens und über das, was im Verborgenen reift und bei der Ernte offengelegt wird, und für das Geschenkte zu danken;
- mitzuhelfen, unsere Nahrungsmittel, auch die Kartoffeln und den Reis, möglichst naturbelassen und unverfälscht zuzubereiten;
- mit Lebensmitteln nicht gedankenlos, sondern behutsam und verantwortungsvoll umzugehen;
- mit Liebe Mahlzeiten vorzubereiten und anzurichten;
- mit Freude zu essen, auf gute Eßgewohnheiten zu achten und Tischgemeinschaft zu pflegen;
- über spaßige Kartoffel-Geschichten der eigenen Phantasie Raum zu geben;
- aufgeschlossen zu werden für die ganz andere Lebenssituation der Menschen in fernen Ländern: daß der Reis für die Menschen dort so wichtig ist wie für uns das Brot und die Kartoffeln;
- die Bilder des Märchens „Der süße Brei" zu verinnerlichen: daß Überfluß erstickend wirkt und daß „das Kind" das Einhalt gebietende Wort weiß;
- einfacher zu leben, nicht auf Kosten anderer Menschen und zu Lasten der Natur;
- Kartoffeln und Reis als kostbare Nahrungsgüter zu achten.

Elternbrief

Liebe Eltern!

Bestimmt haben Sie bemerkt, mit welcher Aufmerksamkeit die Kinder unser Kartoffelbeet hegen und pflegen. Gespannt warten sie darauf, wann endlich die Zeit der Ernte kommt.

Die Kinder konnten seit der Pflanzzeit der Kartoffeln mit ihren Händen und Augen viele Erfahrungen machen. Noch reifen die Kartoffeln verborgen in der Erde, sichtbar ist ja nur, was wir nicht ernten werden.

Doch bald ist es soweit: Die Kinder dürfen mit den Händen aus der Erde herausholen, was so lange im Verborgenen gewachsen ist. Der Erntetag wird sich den Kindern mit den Empfindungen von Freude und Staunen bestimmt tief einprägen.

Wir werden dann von den „kostbaren" Kartoffeln einen Teil zubereiten und die werden uns sicherlich himmlisch schmecken!

In Liedern besingen wir die Kartoffeln. In Versen und Spielen erzählen wir nach, wie unsere Kartoffeln gewachsen sind.
Spaßige Kartoffel-Geschichten werden die Phantasie der Kinder anregen.
Und ein Kartoffelfest – zu dem wir auch Sie einladen möchten – mag unser Kartoffelthema abrunden.
Bei der Vielfalt von Nahrungsmitteln dieser Erde nimmt der Reis den ersten Platz ein. Für die Menschen im Fernen Osten ist er so wichtig wie für uns Brot und Kartoffeln. Über Erzählungen und Bilder möchten wir den Kindern ein wenig zeigen, daß die Menschen dort anders leben und wie deren wichtigste Pflanze, der Reis, heranwächst und geerntet wird.
Im Märchen „Der süße Brei" erfahren wir, daß Überfluß erstickend wirkt. „Das Kind", so sagt uns das Märchen, weiß das Einhalt gebietende Wort, und der Topf hört endlich auf, überzukochen.
So kann uns zur Erntezeit im Thema „Ich mag Kartoffeln, ich mag Reis" ein wenig erfahrbar werden, in Dankbarkeit und in der rechten Weise mit den Nahrungsgütern unserer Erde umzugehen.

Herzliche Grüße aus dem Kindergarten

Kartoffeln und Reis international

Kartoffel heißt bei uns Kartoffel oder auch Erdapfel oder Grundbirne

Doch anderswo heißt sie:

Englisch	potato	pətéitou
Französisch	pomme de terre	pomm də térr
Spanisch	patata	patáta
Italienisch	patata	patáta
Portugiesisch	batata	batáte
Griechisch	πατάτα	patáta
Serbokroatisch	krompir	krómpir
Türkisch	patates	patátes
Niederländisch	aardappel	árdappel

Reis heißt bei uns Reis

Doch anderswo heißt er:

Englisch	rice	rais
Französisch	riz	ri
Spanisch	arroz	arróθ
Italienisch	riso	riʃo
Portugiesisch	arroz	ároʃ
Griechisch	ρύζι	riʃi
Serbokroatisch	pirinač	pirinátsch
Türkisch	juwarlatsch	yurvarlak
Niederländisch	rijst	reist

		100g Kartoffeln enthalten		100 g Naturreis enthalten
Energie:		71 kcal		348 kcal
Hauptnährstoffe:	Eiweiß	2 g	Eiweiß	7,4 g
	Fett	0,1 g	Fett	2,2 g
	Kohlenhydrate	15,4 g	Kohlenhydrate	74,6 g
	Ballaststoffe	2,5 g	Ballaststoffe	4 g
Mineralstoffe:	Natrium	3 mg	Natrium	10 mg
	Kalium	443 mg	Kalium	150 mg
	Calcium	9 mg	Calcium	23 mg
	Phosphor	50 mg	Phosphor	325 mg
	Magnesium	25 mg	Magnesium	157 mg
	Eisen	1 mg	Eisen	2,6 mg
	Fluor	0,1 mg	Fluor	0,06 mg
Vitamine:	A	2 mg	A	–
	E	0,1 mg	E	1,2 mg
	B_1	0,1 mg	B_1	0,41 mg
	B_2	0,05 mg	B_2	0,09 mg
	Niacin	1,2 mg	Niacin	5,2 mg
	B_6	0,2 mg	B_6	0,67 mg
	C	22 mg	C	–

aus: Die große GU Nährwert-Tabelle, Institut für Ernährungswissenschaft der Universität Gießen, Neuausgabe 1990/91, Gräfe und Unzer

Geschichte: Der süße Erich

Am Beispiel der Freuden und Leiden des süßen Erich, die ja auch die Freuden und Leiden vieler unserer Kinder sind, wird den Kindern bewußt, wohin es führen kann, wenn alle süßen Wünsche erfüllt werden, daß einem von der süßen Einseitigkeit bald übel wird und daß zu viel Süßes krank macht. Die Kinder werden durch die Geschichte motiviert für das weniger „süße" Thema „Ich mag Kartoffeln, ich mag Reis".
Nicht alles, was dem Erich gut schmeckt, ob süß oder nicht, muß heute unseren Vorstellungen von gesunder Ernährung entsprechen.

gGg

- Impulse für ein Gespräch:
  - Warum nennen denn alle Leute Erich den „süßen" Erich? ...
  - Jeden Abend malt sich der süße Erich aus, wie großartig es wäre, wenn er zaubern könnte ...
  - Eines Abends duftet es nach Marzipan ...
  - Die Wunschfee berührt Erichs Lippen mit einem Zauberstab; sein Wunsch geht in Erfüllung ...
  - Schon nach vier Tagen schmecken ihm die süßen Brötchen nicht mehr richtig ...
  - Nun malt er sich aus, wenn der Zauber vorbei wäre ...
  - Kann der Arzt helfen? ...
  - Am siebenten Tag duftet es wieder nach Marzipan ...
  - Was wünscht sich Erich nun? ...

EPG

- Die Kinder erzählen einander von ihren Leibgerichten, malen sie in Bildern oder formen sie in Plastilin. In einer Collage kann die Vielseitigkeit der Speisen sichtbar werden.

Ich mag so gerne

Text und Melodie: Barbara Böke

2. Ich esse gerne Äpfel, und ich die Kirschen rot,
   ich eß' am liebsten Kuchen, und ich viel lieber Brot.

3. Ich esse gerne Gurken, und ich mag den Salat,
   ich eß' am liebsten Hering, und ich so gern Spinat.

4. Ich esse gern Kartoffeln, und ich eß' lieber Reis,
   ich mag am liebsten Nudeln, und ich leck' lieber Eis.

5. Ich mag so gerne Suppe, und ich gebratnen Klops,
   ich eß' am liebsten Klöße, und ich 'nen sauren Drops.

6. Ich mag so gern Rosinen, und ich, ich mag die Nuß,
   ich eß' am liebsten Obstsalat, und ich den Negerkuß.

aus:
B. Böke, LERNSPIELE 2
Fidula Verlag, Boppard/Rhein und Salzburg 1974

Der süße Erich

Es war einmal ein Junge, der hätte am liebsten nichts anderes gegessen als immerzu bloß Süßigkeiten. Deshalb nannten ihn alle Leute den süßen Erich. Süße Sahne war seine Leibspeise. Er schwärmte für Schokoladenpudding mit Himbeertunke wie andere Jungen für elektrische Eisenbahnen. Jeden Samstag kaufte er sich von seinem Taschengeld eine Tüte Bärendreck; und wenn ihm die Mutter für die Schulpause ein Wurstbrot mitgab, tauschte er es bei seinen Freunden gegen Bonbons ein. Nur schade, daß er zu Hause nicht nur Süßigkeiten zu essen bekam, sondern zum Beispiel auch Bratkartoffeln mit Spiegelei oder Schweinebraten mit Sauerkraut.

Jeden Abend vor dem Einschlafen malte sich der süße Erich aus, wie großartig es wäre, wenn er zaubern könnte. Dann würde er dafür sorgen, daß ihm in Zukunft alle Speisen süß schmeckten. Und was meint ihr: Eines Abends, als er wieder einmal bei seinem Lieblingsgedanken war, begann es in Erichs Zimmer plötzlich nach Marzipan zu duften. Eine wunderschöne fremde Dame trat an sein Bett und erklärte, sie sei die Wunschfee.

„Und weil ich die Wunschfee bin", fuhr sie fort, „soll dein Wunsch in Erfüllung gehen. Von morgen an werden alle Speisen, die du zum Munde führst, süß schmecken."

„Auch Schweinebraten und Sauerkraut?" fragte der süße Erich.

„Auch Schweinebraten und Sauerkraut", sagte die Wunschfee.

Dann berührte sie Erichs Lippen mit ihrem Zauberstab und verschwand.

Am nächsten Morgen stellte sich heraus, daß die Wunschfee dem süßen Erich nicht zuviel versprochen hatte. Beim Frühstück brauchte er den Kaffee nicht zu zuckern, es schmeckte von ganz allein süß. Auch die Semmeln schmeckten süß, und das Wurstbrot in der Schulpause konnte es im Geschmack mit dem leckersten Honigkuchen aufnehmen. Die Eltern konnten sich gar nicht genug darüber wundern, als sich der süße Erich beim Mittagessen kein bißchen dagegen sträubte, daß es Bratkartoffeln mit Spiegelei und Spinat gab. Auch beim Abendbrot verzehrte er seine geröstete Blutwurst mit dem allergrößten Appetit; und was er sonst nie getan hatte, heute tat er es. Er nahm Senf dazu!

Wie glücklich war unser Erich darüber, daß tatsächlich jeder Bissen, den er von nun an zum Mund führte, süß schmeckte! Drei Tage lang aß er wie ein Scheunendrescher alles in sich hinein. Doch am Morgen des vierten Tages geschah etwas Seltsames. Auf einmal wollten ihm die süßen Brötchen nicht mehr recht schmecken. Wie gern hätte er jetzt einen Schweizer Käse gegessen, der nicht süß schmeckte, sondern nach Schweizer Käse! Auch ein Brathering wäre ihm recht gewesen. Und wenn es kein Hering war, dann ein Rettich. Ein Rettich mit sehr viel Salz dazu!

Aber Erich konnte kosten, wovon er wollte: Alles, alles schmeckte zuckersüß, selbst die Suppenwürze und der Paprikaspeck. Schließlich wurde ihm so übel davon, daß er keinen Bissen mehr über die Lippen brachte. Am fünften Tag mußte er sich ins Bett legen, am sechsten Tag ließen die Eltern den Doktor kommen.

„Wissen Sie was", meinte der Doktor. „Geben Sie dem Jungen einen Rollmops, der wird ihm guttun. Auch Essiggurken, von mir aus, oder eine Zehe Knoblauch. Ich bin sicher, daß die kleine Geschmacksstörung bald vorübergeht. Guten Abend!"

Aber die kleine Geschmacksstörung dauerte an. Da halfen auch Rollmöpse, Essiggurken und Knoblauch nichts. Immer elender wurde der süße Erich und immer matter. Selbst der gallenbittere Magentee, den die Mutter aus der Apotheke holte, schmeckte wie Zuckerwasser. Und gerade dies war der schlimmste Geschmack, den er haben konnte.

Am Abend des siebenten Tages begann es in Erichs Zimmer wieder nach Marzipan zu duften, und als der arme Junge die Augen aufschlug, stand abermals die Wunschfee an seinem Bett.

„Nun, süßer Erich?" fragte sie. „Bist du mit mir zufrieden? Wie geht es dir?"

„Schlecht!“ stöhnte Erich. „Ich kann nichts mehr essen, weil alles süß schmeckt. Bitte, bitte, liebe Wunschfee – hilf mir, daß alles wieder wie früher wird!“

„Es sei!“ sprach die Wunschfee. Und bevor sie verschwand, berührte sie Erichs Lippen zum zweitenmal mit dem Zauberstab.

Augenblicklich war der Junge geheilt. Es duftete nicht mehr nach Marzipan in seinem Zimmer, sondern nach Magentee. Huh, wie bitter er schmeckte! Wie wundervoll bitter!

Von jetzt an machte der süße Erich nie mehr lange Zähne, wenn es Bratkartoffeln mit Spiegelei gab oder Schweinebraten mit Sauerkraut. Er war dankbar für jedes Wurstbrot, das er in der Schulpause essen durfte. Und es dauerte länger als ein halbes Jahr, bis er sich endlich wieder einmal dazu entschloß, ein Stück Zucker in den Kaffee zu tun.

Otfried Preußler
(Rechte beim Autor)

Anregungen zum Erleben

- Einen Korb mit gesunden und ungesunden Lebensmitteln mitbringen. Die Lebensmittel einzeln aus dem Korb nehmen und überlegen, warum sie für uns gesund oder nicht so gesund sind; auf dem Tisch entsprechend ordnen.
- Die gesunden Lebensmittel in zwei Gruppen ordnen: Welche essen wir gekocht, welche ungekocht? Welche Lebensmittel gehören in beide Gruppen?
- Mit verbundenen Augen Nahrungsmittel ertasten, erriechen, erschmecken.
- Rohe Kartoffeln in Scheiben schneiden und einmal ein Stück probieren: Merken, roh schmecken Kartoffeln nicht gut.
- Durch ein einfaches Kartoffelgericht die Aufmerksamkeit der Kinder auf Kartoffeln lenken. Gekochte oder gebackene Kartoffeln haben sich verändert: Merken, so schmecken sie uns gut.
- Einige Reiskörner in den Mund nehmen und merken, daß wir sie nur schwerlich zerbeißen können.
- Durch ein einfaches Reisgericht die Aufmerksamkeit der Kinder auf Reis lenken. Gekochter Reis hat sich verändert: Merken, so schmeckt er uns gut.
- Alle Kinder erhalten ein Nahrungsmittel und spielen: Mein rechter Platz ist leer. Ich wünsche mir die Kartoffel ... die Tomate ... den Reis ... her.
- Aus den bunten Bildern von Werbeprospekten und Zeitschriften gesunde Lebensmittel ausschneiden. In Einzelarbeit die ausgeschnittenen Bildteile als Collage gestalten.

Unser Kartoffelbeet
Ein Langzeitprojekt

Fast täglich kommen Kartoffeln auf unseren Eßtisch, angerichtet nach unterschiedlichen Rezepten. Die Kartoffeln gehören zu den Nahrungsmitteln, die wir jahrein und jahraus essen können, ohne sie leid zu werden.

Viele Kinder wissen sicherlich nicht, wie und wo die Kartoffeln wachsen, ob auf Bäumen, wie die Äpfel, ob an Sträuchern wie die Tomaten oder wie Knollen im Boden.
Das Anlegen eines Kartoffelbeetes im Kindergartengelände kann für die Kinder zu einem vielfältigen Erleben werden: Sie dürfen mithelfen, den Boden vorzubereiten – Graben, Hacken, Rechen sind für Kinder wundervolle Tätigkeiten.
Jedes Kind gräbt mit den Händen in der lockeren Erde eine Mulde, legt „seine" Kartoffel hinein und deckt sie mit einem kleinen Erdhügel zu. Gespannt warten die Kinder, bis die ersten Triebe sichtbar werden. Täglich verfolgen sie nun das Wachstum. Sie jäten vorsichtig das Unkraut, düngen mit einem organischen Dünger; wenn es zu wenig regnet, tragen sie in Gießkannen Wasser herbei und wässern. In der Blütezeit beobachten sie, welche Insekten die weißen Blüten besuchen. Später hören sie, daß die grünen Früchte, die sich aus den Blüten entwickeln, für uns ungenießbar sind.
Die Kinder können nur ahnen, daß im Boden verborgen an den Wurzeln der Kartoffelsträucher sich Knötchen bilden, die sich zu dicken Kartoffeln entwickeln. Vielleicht dürfen die Kinder auch einmal nachsehen, indem ein Strauch vorzeitig aus dem Boden gegraben wird.
Wenn die Kartoffelsträucher ihr sattes Grün verlieren und zu wachsen aufhören, wird es Zeit zur Ernte. Bei einem leichten, lockeren Boden dürfen die Kinder ihre Kartoffeln mit bloßen Händen ausbuddeln. Die Ernte wird zu einem Fest.

Es gibt im Großen
und im Kleinen
kein Leben ohne Geheimnis.
Verborgen vor unseren Augen.

Ein kleiner Kartoffelbauer

Michael hat ein richtiges kleines Beet im Garten. Im vorigen Jahr hat er Pflücksalat und Kresse ausgesät. Schon bald sind die grünen Pflanzenreihen zu sehen gewesen. Oft hat Michael für die Mutter Salatblätter abgepflückt und Kresse für Butterbrote abgeschnitten. In diesem Frühjahr hat er Kartoffeln in die Erde gelegt.
„Mami, ich bin gespannt, wie viele Kartoffeln ich ernten werde!“ ruft Michael.
Die Kartoffeltriebe wachsen höher und höher.
„Du mußt Erde drumherum aufhäufeln!“ sagt die Mutter. „Die Kartoffeln müssen vor Licht geschützt werden, sonst werden sie grün, und wir können sie nicht mehr essen.“
Schon bald sind die weißen Blüten an den Trieben zu erkennen.
„Die und später die grünen Früchte sind giftig!“ warnt die Mutter.
„Aber hübsch sehen sie trotzdem aus“, meint Michael.
Immer wieder hackt er das Unkraut weg, damit die Kartoffeln auch tüchtig wachsen können.
Die Kartoffelstauden sind groß und buschig geworden. Allmählich wird es Herbst. Die Kinder lassen die ersten Drachen steigen.
„Ich glaube, du kannst bald deine Kartoffeln ernten“, meint die Mutter. „Schau mal, das Kartoffelkraut fängt an zu welken. Das ist ein Zeichen, daß die Kartoffeln reif sind.“
Michael holt die große Grabgabel aus dem Schuppen. Vorsichtig sticht er ins Erdreich hinein.
„Mami“, ruft er aufgeregt, „hier hängen zehn Kartoffeln an den Wurzeln, ganz schöne dicke, große!“
Er gräbt aufgeregt weiter. „Hier hängen vierzehn Kartoffeln dran, aus einer einzigen Kartoffel sind sie gewachsen!“
Nach einer Weile hat er einen ganzen Korb voll.
„Du bist ja ein richtiger Kartoffelbauer!“ lacht die Mutter. „Heute abend machen wir hinten im Garten ein Kartoffelfeuer, dann gibt es frischgeröstete Kartoffeln und Salz und Butter!“

Barbara Cratzius
aus:
Herbst im Kindergarten
Verlag Herder, Freiburg 1989

Gertrud Schrör

Über den Kartoffelanbau im Garten
So hat es mir ein Nachbar aufgeschrieben

Es gibt Früh-, Mittel- und Spätkartoffeln. Die Kartoffeln werden in den Monaten April, Mai oder noch im Juni gepflanzt. Geerntet werden sie dann vor allem in den Monaten Juni, August oder im Oktober.

Die Kartoffeln wachsen am besten in einem lockeren und humusreichen Boden. Die Düngung muß mäßig aber ausreichend sein.

Wer schon Anfang Juni die ersten Kartoffeln ernten möchte, muß die Saatkartoffeln vorkeimen lassen: Etwa 6 – 8 Wochen vor Pflanzbeginn werden die Saatkartoffeln in eine flache Kiste gesetzt, die Kronen nach oben, das sind die sogenannten Augen, die auf einer Seite der Kartoffel deutlich zu sehen sind. Untergebracht wird die Kiste in einem kühlen Raum, nicht wärmer als 10 Grad Celsius.
Haben sich an der Krone kleine Triebe gebildet, werden die Kartoffeln etwa Anfang April mit der Krone nach oben in die lockere Erde gelegt, etwa 15-20 cm tief. Damit sich später die Kartoffelsträucher gut entwickeln können, sollte der Pflanzenabstand etwa 50 cm betragen und der Reihenabstand etwa 40 cm. Dabei dürfen die jungen Triebe nicht beschädigt werden.

Um gesund wachsen zu können, brauchen die Kartoffeln viel Feuchtigkeit und Sonnenlicht. An der Unterseite bilden die Saatkartoffeln Wurzeln aus, die aus dem Boden Wasser und Nährstoffe aufnehmen können. Aus den Kronen wächst das Strauchwerk.

In der Blütezeit bilden sich kleine weiße Blumen, die gerne von den Bienen besucht werden. Die grünen Früchte, die sich aus ihnen entwickeln, sind ungenießbar.

Wenn Blattwerk und Wurzeln gut entwickelt sind, beginnen sich an den Wurzeln kleine Knötchen zu bilden, die sich in den folgenden acht bis zehn Wochen zu dicken Kartoffeln entwickeln.

Wenn das Strauchwerk seine grüne Farbe verliert, können die Kartoffeln geerntet werden. Auf den großen Feldern geschieht dies heute mit großen Erntemaschinen. Im Garten werden noch immer wie früher auch auf den Feldern die Kartoffelsträucher mit der Grabgabel aus dem Boden gehoben und die Kartoffeln mit den Händen aufgesammelt.
Aus den Kartoffelferien, in denen die Kinder auf dem Lande Kartoffeln „lesen" mußten, sind längst die Herbstferien geworden.

Jakob Adams

Unseren Augen verborgen

Da liegt eine Kartoffel in der lockeren Erde.

Die Sonne scheint und wärmt die Erde.
Der Regen fällt, die Erde wird feucht.

Aus den „Augen" wachsen Triebe, sie durchbrechen die Erde.
Im Licht der Sonne entfalten sich grüne Blättchen.

Im Boden bilden sich Seitentriebe aus mit vielen kleinen Wurzeln – verborgen vor unseren Augen.

Aus den kleinen Trieben wachsen Sträucher hervor, Bienen besuchen ihre Blüten.
Im Boden bilden sich an den Wurzeln kleine Knollen.

Um die Kartoffelpflanze wird die Erde angehäufelt. So bleiben die Kartoffeln im Dunkeln und werden nicht grün.

In Sonne, Wind und Regen reifen Früchte und Kartoffeln.

Das Kartoffelkraut wird welk, braun und dürr. Achtzehn Kartoffeln – kleine und große – warten darauf, daß sie aus der Erde gehoben werden.

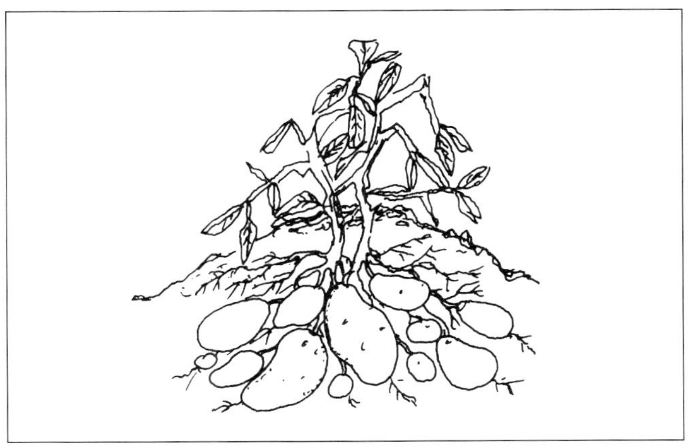

Die Kartoffeln sind geerntet.

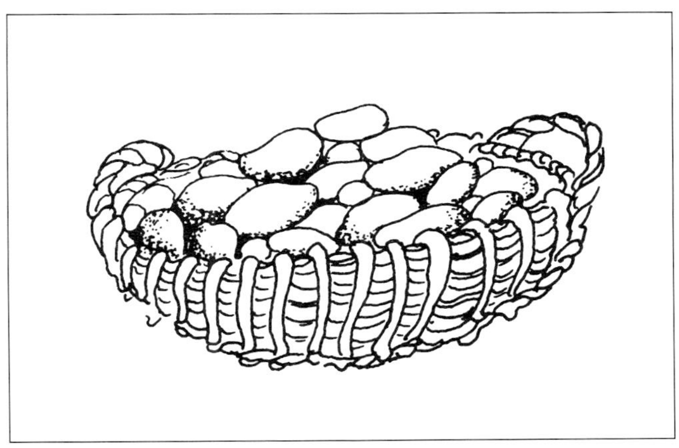

Spiel von Sonne, Wind und Regen

Dieses kleine Spiel von Sonne, Wind und Regen ist für die Jüngsten gedacht, die pantomimisch die Bewegungen mitmachen können. Die bekannte Kindermelodie „Häschen in der Grube" erleichtert das Mitsingen der Zwischenverse.
Die Sonne kann einen weiten gelben Umgang, eventuell einen Strahlenkranz, tragen. Der Wind bekommt einen blauen, der Regen einen grauen Umhang.

Lied: (Melodie: „Häschen in der Grube")
Hört, wir wollen singen
von Sonne, Regen, Wind.
Ihr treuen drei Gesellen,
wir warten, kommt geschwind.

Die Sonne tritt in den Kinderkreis und spielt die Sonnenpantomime vor, die alle Kinder mitmachen.
1. Großen Sonnenkreis mit den Händen beschreiben, Rücken, Arme, streicheln.
2. Alle Kinder ducken sich hin und wachsen langsam aus ihrem Wurzelhaus in die Höhe.

Sonne: Ich bin die Sonne,
ich scheine so warm.
Ich mach euch ganz braun
den Rücken, den Arm.
Ich lock aus der Erde
die Pflanzen heraus.
Nun reckt euch, nun streckt euch
in eurem Wurzelhaus.

Lied: Alle grünen Triebe
reckt euch hoch heraus.
Wachst dem Licht entgegen
im dunklen Wurzelhaus.

Die Kinder ahmen mit den Fingern das Tröpfeln der Regentropfen nach.

Regen: Ich bin der Regen,
ich regne ganz sacht.
Ich mache feucht die Erde
in milder Frühlingsnacht.
Ich gieße die Pflanzen
im Garten und im Feld,
so wie es dem Schöpfer
der Erde gefällt.

Lied: Alle grünen Triebe
trinkt euch nun satt!
Wurzeln, Halme, Zweige
und jedes grüne Blatt.

Die Kinder ahmen das wilde Stürmen und das sanfte Wehen des Windes nach. Sie wiegen sich als Kornähren hin und her.

Wind: Den Blütenstaub trag ich
ganz geschwind
von Blüte zu Blüte,
ich bin der Wind.
Ich blase ganz wild,
dann wehe ich sacht.
Ich wiege die Halme
in warmer Sommernacht.

Lied: Alle grünen Triebe
tanzt nun hin und her.
Im Frühlingswind, im Sommerwind,
im Herbstwind, mehr und mehr.

Barbara Cratzius
aus:
Ein ganzes Jahr und noch viel mehr, Band 1
Verlag Herder, Freiburg 1990

Ihr müßt noch fleißig wachsen

Lauf dreimal durch den Garten,
einmal den langen Weg,
einmal den kurzen Weg,
einmal rundum,
und sag den Gemüsen,
sie möchten doch bitte
ein bißchen schneller wachsen,
damit wir morgen
eine Suppe kochen können,
eine rote, grüne, gelbe,
eine bunte Sommersuppe
aus Zwiebeln und Möhren,
aus Erbsen und Bohnen,
aus Lauch und Tomaten,
aus Kohl und Kartoffeln,
mit viel Petersilie und Bohnenkraut.

Du mußt aber alle
recht freundlich bitten,
damit sie bis morgen
noch fleißig wachsen.
Das wird eine gute Suppe!

Ursula Wölfel
aus:
Winzige Geschichten
Verlag Hoch, Stuttgart 1986

Bettina Wölfel

Anregungen zum Erleben

Kartoffeln genau anschauen – Ergänzungen zum Langzeitprojekt „Unser Kartoffelbeet"

- Eine Kartoffel quer durchschneiden: Das saftig gelblich-weiße Innere anschauen und anfühlen. Sehen, wie dünn die braune Schale ist. Vielleicht etwas hauchdünne Schale unter ein Mikroskop legen und die vielen „Kämmerchen" anschauen. Vielleicht auch etwas von der Schnittfläche abschaben und unter dem Mikroskop Muster (Stärkezellen) entdecken.
- Vielleicht einmal Kartoffelstärke gewinnen: Auf einem Reibeisen eine große geschälte Kartoffel zerreiben, den Brei in ein Tuch füllen und ihn in einer Schüssel mit Wasser tüchtig durchkneten. Sehen, wie das Wasser milchig-trübe wird und wie sich das abgestandene Wasser wieder klärt; den weißen Bodensatz entdecken. Das Wasser vorsichtig abgießen, den Bodensatz trocknen lassen und anfühlen. Den Namen dafür kennenlernen. Die Mutter zu Hause nach Kartoffelmehl fragen und wofür sie es braucht.
- Herausfinden, warum die Kartoffeln Schalen haben: Eine Kartoffel in die Hand nehmen. Die rauhe, trockene Schale fühlen. Eine ungeschälte und eine geschälte Kartoffel auf der Tafelwaage einzeln mit Sand aufwiegen. Die Kartoffeln einige Tage nebeneinander auf die Fensterbank legen und dann das Gewicht mit den Anfangsgewichten vergleichen.
- Die „Augen" einer Kartoffel entdecken: Gewaschene abgetrocknete rohe Kartoffeln anfühlen, anschauen und Einzelheiten finden: Farben, Flecken, kleine Vertiefungen – die „Augen" und ein trockenes Stielchen. Mit der Lupe vielleicht entdecken, daß in den „Augen" kleine Knospen sitzen.
- Eine Kartoffel treiben lassen: Eine Pflanzkartoffel mit den „Augen" nach oben in einem Blumentopf auf feuchte Erde legen und den Blumentopf abgedunkelt hinstellen. Die Bildung der Triebe und Wurzeln beobachten.
- Eine sorgfältig ausgegrabene Kartoffelpflanze mit ihren Knollen in den Gruppenraum bringen und daran vieles entdecken: die Stielchen, die die Knollen mit der ganzen Pflanze verbinden, viele Kartoffeln unterschiedlicher Größe und die eine dunkle und verschrumpelte „Pflanzkartoffel". Hören, daß sich aus ihr die Kartoffelpflanze entwickelt hat. Überlegen, welche Teile in der Erde, welche über der Erde gelegen haben. Hören, daß alle grünen Teile der Kartoffel (alles, was über der Erde liegt, Blüten, Stiele, Früchte [tomatenähnliche Beeren]) sehr giftig sind und niemals gekostet werden dürfen.

Anregungen zum Erleben

Kartoffeln ernten – Alternative Formen zum Langzeitprojekt „Unser Kartoffelbeet"

- Einen Gartenbesitzer mit Nutzgarten, der für sich Kartoffeln anbaut, aufsuchen. Vielleicht dürfen einige Kinder mit den Händen eine Kartoffelstaude mit ihren erdfeuchten Kartoffeln ausbuddeln. Der Gartenbesitzer sticht mit der Gabel weitere Stauden aus, und die Kinder dürfen einsammeln. Vielleicht bei einzelnen Stauden auszählen, wie viele Kartoffeln daran gewachsen sind. Wer hat die dickste Kartoffel gefunden? Wer die kleinste? Wer ein Herz? Wer ein Gesicht? …
  Das trockene Kartoffellaub zusammentragen und anzünden. Den eigentümlichen würzigen Rauch riechen. Vielleicht einige Kartoffeln im Korb mit in den Kindergarten nehmen dürfen. Dem Gartenbesitzer danken.

  Oder bei einer Kartoffelernte auf dem Feld zuschauen. Beobachten, was die Menschen dort arbeiten, welche Maschinen sie einsetzen.
  Auf dem abgeernteten Kartoffelfeld Nachlese halten. Sicherlich finden die Kinder dabei mehr Kartoffeln, als sie tragen können. „Kommt, betretet das Feld", sagt das Feld. Die Kinder fühlen Erde und Kartoffeln. Ein Augenblick Himmel …"
- Die geernteten kostbaren Kartoffeln in den Kindergarten tragen. Die Kartoffeln noch einmal in die Hand nehmen, daran riechen …
  Ein einfaches Kartoffelgericht zubereiten: Die Kartoffeln gut waschen und bürsten, mit Kümmelkörnern ca. 20 Minuten kochen. Gepellt oder ungepellt mit etwas Butter und einer Prise Salz essen. – Ein Essen mit selbstgeernteten Kartoffeln wird zum Fest!
- Wieder einmal zum abgeernteten Feld, „unserem Kartoffelacker" gehen. Entdecken, es ist umgepflügt, oder es wächst dort schon eine neue Saat.

Fotos: Reinhardt Scholz, Düren

Es ist Sonntag

Es ist Sonntag
Opa Kaljuscha überlegt
Er will mit Morgan und Tine einen Tag bemalen
Während sie einander gegenübersitzen,
Sich angucken – und zum heißen Kaffee Honigbrote essen,
Kommen Gedanken an den Tisch
Opa Kaljuscha greift einen Gedanken auf und fragt:
„Wollen wir spazieren fahren?"
Morgan und Tine gefällt der Gedanke gut
Und ich sehe sie auf Fahrrädern froh davonradeln
Die Sonne scheint
Weizen läßt sich wiegen leise
Sommer Vögel
Opa Kaljuscha, Morgan und Tine finden es wunderschön
Weizenfelder Dörfer
Glocken läuten
Auf der Landstraße sehe ich die drei wieder
Die Straße ist geteert, es läßt sich leicht darauf fahren
Zu beiden Seiten liegen Felder Rückenwind
Kartoffeln die lächeln
Zurückgelassene
„Kommt, betretet das Feld", sagt das Feld, und sie treten ein
Sie fühlen Erde Schwarze Erde Kartoffeln
Ein Augenblick Himmel

Catharina Kirsch-Nickolay

Rätsel:
Wunderlich geht es zu in der Welt

Im Frühjahr versteckt mich der Bauer im Feld.
Im Herbst zieht er aus mit Frau und Kind
und sucht, bis er mich wiederfind't,
Aber dann bin ich nicht mehr allein.
Ich habe eine Menge Kinderlein.

Olga von Stückrath-Sawitz

Fingerspiel:
Von den Kartoffeln

Fünf Buben sind zum Acker gerannt,
Kartoffeln buddeln mit fleißiger Hand.
Der erste steckt den Spaten rein.
„Wie kann die Erde so hart nur sein!"
Der zweite packt an beim Kartoffelstrauch,
da rutscht er aus und fliegt auf den Bauch.
Der dritte, der hackt mit der Hacke schwer.
„Ich finde keine Kartoffeln mehr!"
Der vierte ruft: „Ich geh' nach Haus,
wir holen doch keine Kartoffeln raus!"
Und der fünfte? Der kleine Mann,
der gräbt und gräbt, schau den mal an!
Der holt einen großen Korb herbei,
da essen sie alle Kartoffelbrei.

Barbara Cratzius
aus:
Ein ganzes Jahr und noch viel mehr, Band 1, a.a.O.

Spiellied:
Was trägt der Hans in seinem Sack?

Text: Hanna Hanisch Melodie: Hans Poser

2. Nicht zu groß und nicht zu klein.
Grad nach mei'm Geschmacke.
Kartoffeln trägt der Hansel heim.
Rumpeln so im Sacke.

aus:
H. und R. Hanisch (Hrsg.), Das Kinderjahr – Nun blase, Herbstwind, blase! Heft 3
Deutscher Theaterverlag, Weinheim 1968

Spiellied:
Wir sind die Kartoffeln

Text: Marina Palmen Melodie: Ludger Edelkötter

2. Wir sind die Kartoffeln,
reisen in den dunklen Keller.
Wir sind die Kartoffeln,
kommen auf den hellen Teller.
Hier singen wir Lieder:
Erkennst du uns wieder
in Kartoffelsuppen,
in Kartoffelsuppen?

3. Wir sind die Kartoffeln,
reisen in den dunklen Keller.
Wir sind die Kartoffeln,
kommen auf den hellen Teller.
Hier singen wir Lieder:
Erkennst du uns wieder
in Kartoffelpuffern,
in Kartoffelpuffern?

Spielanregung:
Im Stuhlkreis sitzen die Spieler als ruhende Kartoffeln. Zwei oder mehrere Spieler gehen in der Kreismitte umher. Alle singen den Liedtext, wobei die wandernden Kartoffeln folgendes ausführen können:

„... reisen in den dunklen Keller", (gehen in die Hocke, halten ihre Hände vor die Augen);
„... kommen auf den hellen Teller", (setzen sich als Bratkartoffeln in den Innen-Stuhlkreis).

aus:
M. Palmen/L. Edelkötter, Hallo, du im Nachbarhaus
Bergmoser + Höler Verlag, Aachen 1983
3. Auflage 1991
MC zum Buch: IMPULSE-Musikverlag, Drensteinfurt

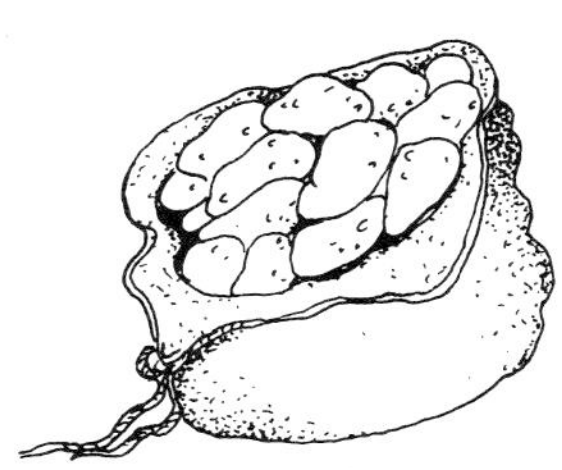

La Reina Batata

1. Estaba la Reina Batata
sentada en un plato de plata,
el cocinero la miró
y la Reina se abatató.

2. La Reina temblaba de miedo,
el cocinero con el dedo:
que no, que si, que si, que no
de malhumor la amenazó.

3. Pensaba la Reina Batata:
„Ahora me pincha y me mata.“
Y el cocinero murmuró:
„Con esta sí me quedo yo.“

4. La Reina vio por el rabillo
que estaba afilando el cuchillo
y tanto, tanto se asustó,
que rodó al suelo y se escondió.

5. Entonces ilegó de la plaza
la nena menor de la casa,
cuando buscaba su yoyó
en un rincón la descubrió.

6. La nena en un trono de lata
la puso a la Reina Batata,
colita verde le brotó,
(a la Reina Batata, a la nena no!)
Y esta canción se terminó.

Maria Elena Walsch

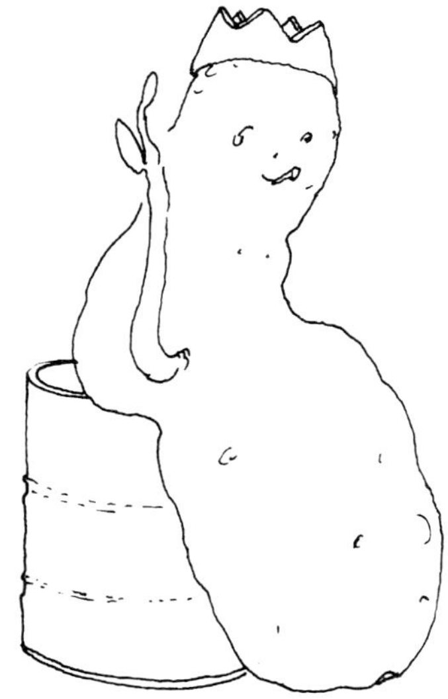

Eine Kartoffelkantate

Das vorliegende Lied stammt von der argentinischen Liedermacherin Maria Elena Walsch. Es beinhaltet eine Moritat um die „Königin Batata vom Volk der Süßkartoffeln".
Südamerika gilt als die Urheimat der Kartoffel.

Königin Batata vom Volk der Süßkartoffeln

Text und Melodie: Maria Elena Walsch
Textübertragung aus dem Spanischen von Anneliese Elsässer-Specht

2. Gerade hielt Kön'gin Batate
Versammlung auf silberner Platte –
da trifft sein Blick sie kalt und hart!
Die Königin zu Eis erstarrt.

3. Sie schaudert vor Angst und mit Beben
sieht enden am Spieß sie ihr Leben!
Oh weh, sein Finger zeigt auf sie:
„Dies ist die Meine, nehmet die!"

4. Batata beobachtet bange,
wie er wetzt das Messer, das lange.
„Wie rett' ich mich", denkt sie voll Schreck.
Schwups, rollt sie weg in ein Versteck!

5. Das Kind der Familie, ein Mädchen,
das lange gespielt hat im Städtchen,
sucht sein Jojo. Da fällt sein Blick
auf die Kartoffel rund und dick.

6. Aus Blech einen Thron es bereitet,
zu dem es Batata geleitet.
Bald guckt ein grünes Stielchen raus
(aus Königin Batata, das ist doch klar)
und damit ist mein Liedchen aus.

Verklanglichung des Märchens: Vom guten Kartoffelkönig

Das Märchen sollte zunächst den Kindern dargeboten werden, wobei auf die einzelnen Begegnungen des Kartoffelkönigs eingegangen werden sollte. Die lustigen Namen der Tiere, die treffend bestimmte Merkmale kennzeichnen, sollten besonders hervorgehoben werden. Die musikalische Gestaltung könnte einmal in einfacher Form geschehen, indem die Erzieherin das Märchen erzählt, während die Kinder die entsprechenden Klänge dazu spielen. Es bietet sich hier allerdings auch die Gestaltung eines Hörspiels an, in dem einzelne Kinder die Texte mit verteilten Rollen sprechen, und die Erzieherin die verbindenden Worte des Sprechens übernimmt. Die übrigen Kinder spielen die Klänge, die auch hier als Vorschläge gewertet werden sollen. Die selbstgemachte Fassung auf der Kassette könnte als musikalischer Hintergrund zur pantomimischen Gestaltung dienen. Der Beckenschlag vor der Überschrift leitet die Geschichte ein. Zur gesprochenen Überschrift wird bei *„guten"* und bei *„Kartoffelkönig"* die Pauke geschlagen. Die Schwebeklänge des Metallophons schließen sich an. Die Worte „eins, zwei, drei" werden jedesmal durch die Schläge mit den Klangstäben unterstützt.

Das rollende Geräusch wird erzeugt durch eine kleine Kugel, die am Innenrand einer Handtrommel entlangläuft.

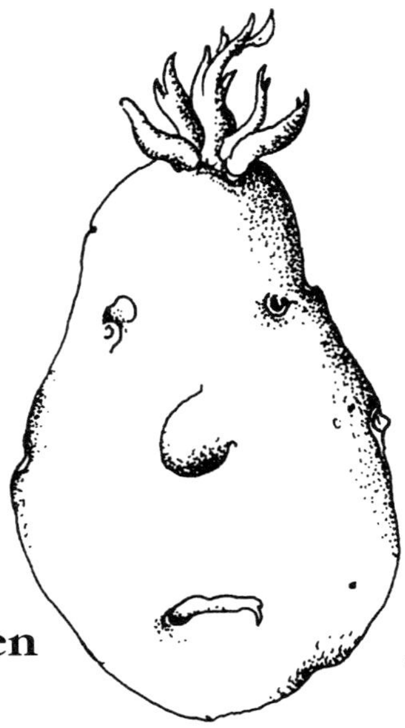

Ein Kartoffelmärchen

Vom guten Kartoffelkönig

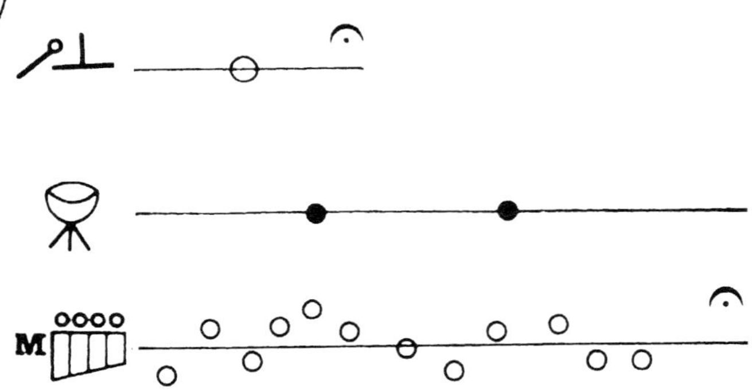

In einer Kartoffelkiste lagen schöne dicke Kartoffeln, eine noch dicker als die andere.

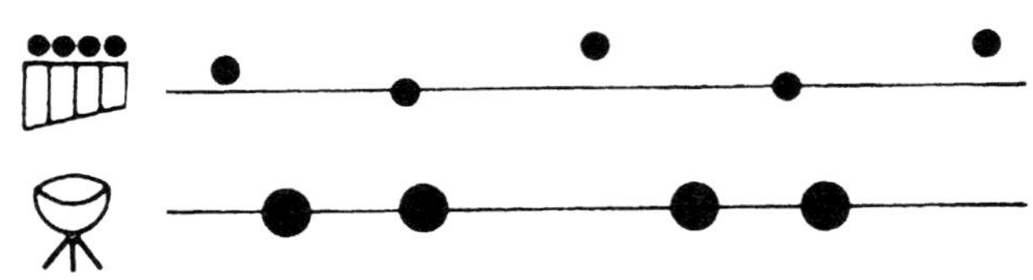

Mitten drin aber thronte der Kartoffelkönig. Er war so groß wie ein halbes Dutzend anderer Kartoffeln zusammen.

Einmal kam die Großmutter in den Keller, um ein Körbchen Kartoffeln zu holen.

Sie packte den Kartoffelkönig. Und als sie mit dem Körbchen über den Hof ging, sprang der kleine König -

auf die Erde und rollte, so schnell er konnte, in den Garten.

„Ich will nicht aufgegessen werden!“ rief er immer wieder. Dabei rollte er weiter und weiter in die Welt hinein.

Da begegnete ihm ein Igel

und sprach: „Halt, warte ein bißchen, ich will dich fressen!“

„Nein“, sagte der Kartoffelkönig, „ich bin der Großmutter mit der Brille davongelaufen, und du, Igel Stachelfell, holst mich auch nicht ein!“

rollte er weiter.

Da kam ihm ein Wildschwein entgegen.

„Halt, dicke Kartoffel, warte ein bißchen, ich will dich schnell auffressen!“

„Nein“, sagte der Kartoffelkönig, „Großmutter mit der Brille hat mich nicht gefangen, dem Igel Stachelfell ist es nicht gelungen, und du, Wildschwein Grunzenik, fängst mich auch nicht!“

rollte der Kartoffelkönig weiter in den Wald.

Da begegnet ihm der Hase.

Der rief: „Halt, dicke Kartoffel, warte ein bißchen, ich will dich eben fressen!“

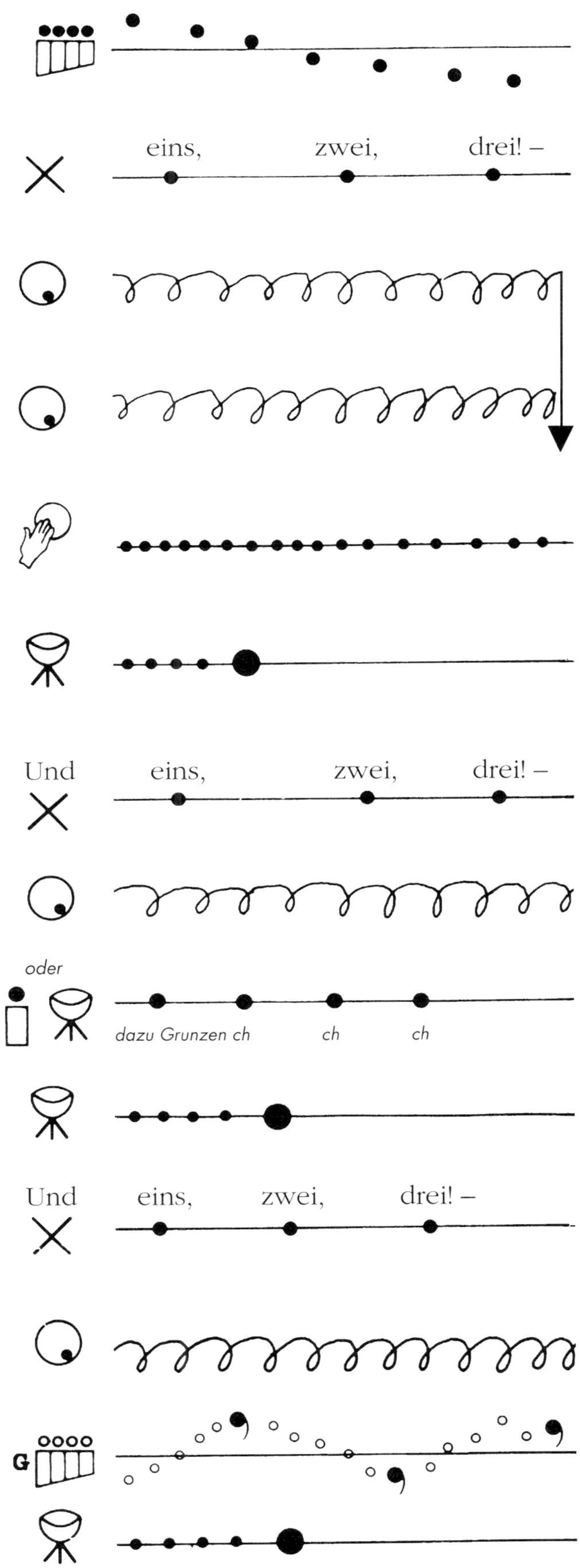

„Nein“, sagte der Kartoffelkönig, „Großmutter mit der Brille hat mich nicht gefangen, dem Igel Stachelfell ist es nicht gelungen, Wildschwein Grunzenik hat mich nicht erwischt, und du, Has' Langohr, kriegst mich auch nicht!“

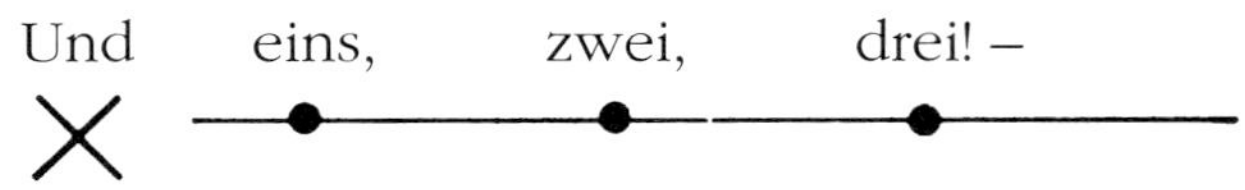

rollte er weiter durch den Wald.

Da kamen ihm zwei arme Kinder entgegen, die waren schon lange auf dem Wege und hatten argen Hunger.

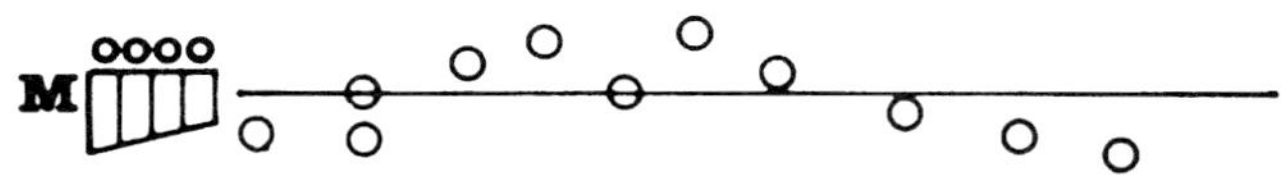

Als sie die große Kartoffel sahen, riefen sie erfreut: „Oh, was läuft da eine dicke Kartoffel! Wenn wir die hätten, dann wär die Not vorbei!“

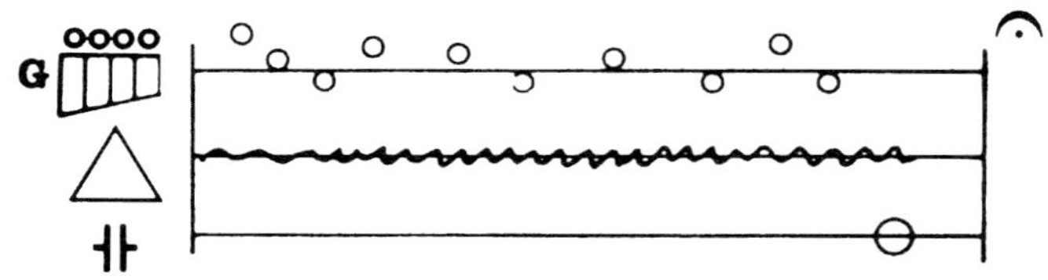

Als der Kartoffelkönig das hörte, da sprang er

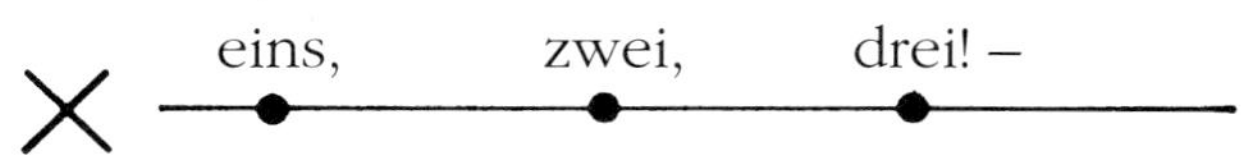

den armen Kindern ins Körbchen.

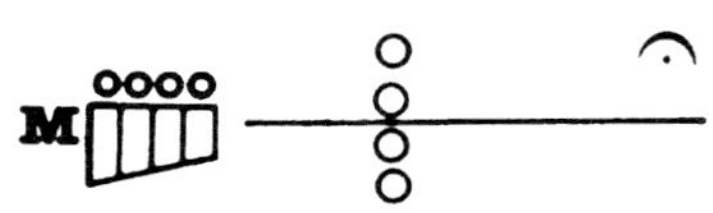

Und die Mutter backte den Kindern am Mittag einen großen, großen Kartoffelpfannkuchen.

Der schmeckte lecker!

Geräusche des Essens und:
mm! mm! aaa! mm! aaa!

Märchentext von Wilhelm Matthießen aus: Das alte Haus, Verlag Herder, Freiburg
Verklanglichung von Jenny Neuhäuser

Das Märchen vom dicken, fetten Pfannkuchen

Ein Pfannkuchen wird „lebendig“ und läuft in die Welt; ihm nach laufen Menschen und Tiere, die großen Appetit auf ihn haben.
Das Märchen spricht Kinder unmittelbar an. Sie haben Freude an den grotesken Situationen und den Wiederholungen, die sich anschaulich Bild an Bild reihen, und an den lustig klingenden, witzigen Namensgebungen. So können die Kinder die Abfolgen und wörtlichen Reden leicht mitdenken, mitsprechen und wiedergeben. Momente wie Rhythmus, Bewegung, Wiederholungen, Bildhaftigkeit und Wortspiele reizen geradezu zum darstellenden Spiel.
Die heitere „Moral von der Geschichte“ spielt eine eher unbedeutende Rolle: der Pfannkuchen war nicht klug genug, und das Schwein sucht noch immer … Übrigens: Wer mit Kindern Pfannkuchen backt, wird beim Ausgießen des Teigs in die Pfanne auch „lebendige Figuren“ entdecken!

Erzählen und Darstellen

- **als Erzählung**
- **als Erzählung (zunächst ohne Bilder) und Bildbetrachtung:**
  die Bilder zum Märchen könnten als Leporello aneinandergeklebt werden. Die Darstellungsform des Scherenschnittes läßt Raum für die kindliche Phantasie und regt zum eigenen bildnerischen Gestalten an.
- **als Rollenspiel:**
  Die Kinder sitzen im Kreis; verteilt dazwischen Pfannkuchen, Mutter, sieben Kinder, Großvater, Katze, Hahn, Gans, Kuh, zwei Kinder, Schwein. Die Erzieherin gibt Erzählhilfen, die Kinder spielen die Handlung, wie das Märchen es vorgibt.
- **als Puppenspiel:**
  z.B. mit Holzspielzeug-Figuren
  z.B. mit Stab-Flachpuppen
  Die Figuren des Leporellos kopieren, ausschneiden, mit Karton verstärken und mit Stäbchen hinterkleben. Mit Stabpuppen könnte auch ein Schattentheater inszeniert werden.

- **als Kreisspiel:**

Text: Rolf Krenzer Melodie: volkstümlich

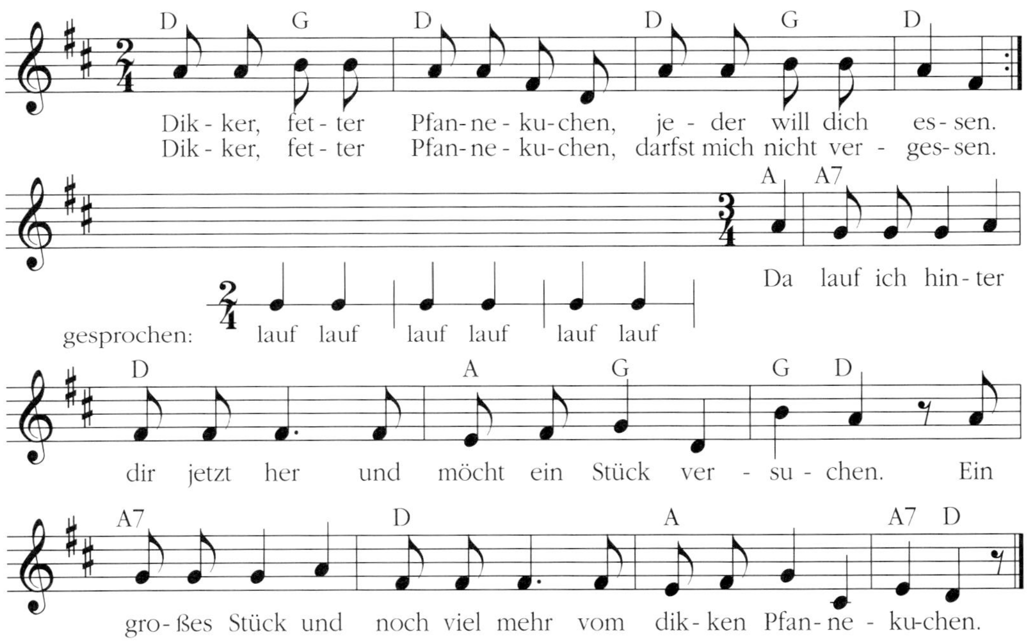

Spielanregung:
Der dicke, fette Pfannekuchen läuft im Kreis herum. Wenn es heißt „darst mich nicht vergessen!" bleibt er kurz vor einem Mitspieler stehen. Der Spieler läuft hinter ihm her. Von Strophe zu Strophe werden es mehr, die hinter dem Pfannekuchen herlaufen. Zum Schluß geht der Pfannekuchen auf einen der Mitspieler zu und läßt sich von ihm fangen (umarmen). Dann darf dieser Spieler beim nächsten Spiel der dicke, fette Pfannekuchen sein.

aus:
I. Lotz/R. Krenzer, Wir sind die Musikanten
Verlag E. Kaufmann, Lahr 1979

Das Märchen vom dicken, fetten Pfannkuchen

Es war einmal eine Mutter, die hatte sieben hungrige Kinder. Da nahm sie Mehl, Milch, Butter, Eier, Zucker – und etwas Salz nicht zu vergessen – und machte einen schönen, dicken, fetten Pfannkuchen. Der lag in der Pfanne und ging auf, daß es eine Freude war. Die Kinder standen alle ringsherum, und der alte Großvater sah zu. Da sagte das erste Kind:
„Ach, gib mir doch ein bißchen Pfannkuchen, liebe Mutter."
„Liebe, gute Mutter", sagte das zweite.
„Liebe, gute, schöne Mutter", sagte das dritte.
„Liebe, gute, schöne, beste Mutter", sagte das vierte.
„Liebe, gute, schöne, beste, süße Mutter", sagte das fünfte.
„Liebe, gute, schöne, beste, süße, einzige Mutter", sagte das sechste.
„Liebe, gute, schöne, beste, süße, einzige, herzige Mutter", sagte das siebente.
Aber die Mutter sagte: „Wartet, bis er sich umgedreht hat." Sie hätte sagen sollen: „Bis ich ihn umgedreht habe"; denn als der Pfannkuchen hörte, daß er sich umdrehen konnte, dachte er:

„Was? Zum Essen bin ich viel zu schön. Ich will mir lieber erst einmal die Welt ansehn und mich sofort umdrehen." Und damit machte der Pfannkuchen einen Sprung und sprang, kantapper, kantapper, zur Pfanne hinaus und zur Tür. Heissa! Die Mutter, mit der Pfanne und dem Kochlöffel in der Hand, hinter ihm her. Und der Großvater mit allen sieben Kindern folgte ihr nach.

Nun schrien sie: „Haltet ihn, haltet ihn!"

Aber der Pfannkuchen lief, kantapper, kantapper, die Treppe hinunter und raus auf die Straße.

Da saß eine Miezekatze. Als sie den dicken, fetten Pfannkuchen sah, sagte sie: „Miau, miau, dicker, fetter Pfannkuchen, laß dich fressen, bitte, bitte!"

Aber der Pfannkuchen sagte: „Was? Ich mich von dir, Katze-Miatze, fressen lassen? Hinter mir ist schon die Frau Mutter geblieben, der Großvater auch und der Schreihälse sieben; und ich soll dir, Katze-Miatze, nicht entlaufen?"

Und er lief, kantapper, kantapper,
immer weiter die Straßen entlang.

Da kam ein Hahn, der sagte: „Dicker, fetter Pfannkuchen, laß dich auffressen!"

„Was?" sagte der Pfannkuchen, „ich mich von dir, Hahn-Krahdahn, fressen lassen? Hinter mir ist schon die Mutter geblieben, der Großvater auch und der Kinder sieben, die Katze-Miatze, und ich soll dir, Hahn-Krahdahn, nicht entlaufen?"

Und er lief, kantapper, kantapper, kantapper,
immer weiter in die Welt hinein.

Da kam eine Gans. Die sagte: „Gack, gack, gack, dicker, fetter Pfannkuchen, laß dich auffressen!"

„Was?" sagte der Pfannkuchen, „ich soll mich von dir, Gans-Watschwanz, fressen lassen? Hinter mir ist schon die Frau Mutter geblieben, der Großvater auch und der Schreihälse sieben, Katze-Miatze, Hahn-Krahdahn, und ich soll dir, Gans-Watschwanz, nicht entlaufen?"

Und er lief, kantapper, kantapper, kantapper,
immer schneller in die Welt hinein.

Da kam eine Kuh, die sagte: „Muh, muh, muh, dicker, fetter Pfannkuchen, laß dich auffressen!"

„Was?" sagte der Pfannkuchen wieder, „ich mich von dir, Kuh-Muhmuh, fressen lassen? Hinter mir ist schon die Frau Mutter geblieben, der Großvater auch und der Schreihälse sieben, Katze-Miatze, Hahn-Krahdahn, Gans-Watschwanz, und ich soll dir, Kuh-Muhmuh, nicht entlaufen?"

Und er lief kantapper, kantapper, kantapper,
immer schneller in die Welt hinein.

Da kamen zwei kleine Kinder; die waren so hungrig und hatten den ganzen Tag nichts gegessen. Als sie den dicken, fetten Pfannkuchen sahen, riefen sie: „Ach lieber, dicker, fetter Pfannkuchen, laß dich aufessen!"

Aber der Pfannkuchen antwortete wieder: „Was? Ich mich von euch, Huschels-Buschels, essen lassen? Hinter mir ist schon die Frau Mutter geblieben, der Großvater auch und der Schreihälse sieben, Katze-Miatze, Hahn-Krahdahn, Gans-Watschwanz, Kuh-Muh, und ich soll euch beiden Huschels-Buschels, nicht entlaufen?"

Und er lief, kantapper, kantapper, kantapper,
immer schneller in die Welt hinein.

Aber da kam ein Schwein, und das sagte: „Dicker, fetter Pfannkuchen, komm her, laß dich auffressen!"

„Was?" sagte der Pfannkuchen wieder, „ich mich von dir, Schwein-Schmierulein, fressen lassen? Hinter mir ist schon die Frau Mutter geblieben, der Großvater auch und der Schreihälse sieben, Katze-Miatze, Hahn-Krahdahn, Gans-Watschwanz, Kuh-Muh, die beiden Huschels-Buschels, und ich soll dir, Schwein-Schmierulein, nicht entlaufen?"

Und er lief, kantapper, kantapper, kantapper,
immer schneller in die Welt hinein.

Aber da kam der Pfannkuchen an einen breiten Bach, und er hatte keine Brücke. Da wußte er nicht, wie er hinüberkommen sollte. Er lief immer, kantapper, kantapper, an dem Wasser entlang. Das Schwein aber, das war ihm nachgegangen, und als es zu dem Bach kam, da sprang es ins Wasser und schwamm auf dem Wasser, weil es so fett war, das ist ja ganz leicht erklärlich. Aber der Pfannkuchen, der hatte Angst, naß zu werden. Da sagte das Schwein: „Dicker, fetter Pfannkuchen, soll ich dich hinübertragen?"

„Ach ja, bitte tu das."

„Dann setze dich nur auf meinen Rücken, oder noch besser, spring auf meine Schnauze, dann trage ich dich."
Da sprang der Pfannkuchen auf die Schnauze des Schweins, aber kaum saß er auf der Schnauze, da, uff, uff, schnappte das Schwein zu und fraß den dicken, fetten Pfannkuchen auf einen Happs, aber als es die eine Hälfte gegessen hatte, kantapper, kantapper, da sprang die zweite Hälfte in die Erde hinein. Das Schwein, das schnüffelte hinter dem Pfannkuchen her, hat ihn aber nie bekommen. Und daher kommt es auch, daß noch heute alle Schweine mit der Schnauze auf der Erde schnüffeln, weil sie alle noch heute die zweite Hälfte von dem dicken, fetten Pfannkuchen suchen.

Und weil das Schwein ihn nicht bekam,
die Geschichte hier ein Ende nahm.

Altes Volksmärchenmotiv, erzählt von Lisa Tetzner
aus:
Das Töpflein mit dem Hulle-Bulle-Bäuchlein
Verlag Sauerländer, Aarau 1953

Übungen des täglichen Lebens

Unterweisungen

Beispiele:
Wie man sich die Hände wäscht. (Die Mehrzahl der Kinder begnügt sich damit, die Seife – wenn überhaupt – flüchtig zwischen den Händen zu drehen, danach die Handflächen kurz aneinander zu reiben, sie flüchtig abzuspülen und abzutrocknen.)

Wie man Geschirr anfaßt und abstellt.
Wie man den Tisch deckt.
Wie man den Tisch abräumt.
Wie man Geschirr spült.
Wie man Bananen öffnet.
Wie man Obst wäscht oder abschabt und zerkleinert.
Wie man in der Küche aufräumt.

gG

Hinweise für Unterweisungen:
Die Aufmerksamkeit der Kinder sammeln. Die Details der Tätigkeit zeigen, weniger mit sprachlichen Erklärungen, eher durch eindrückliche Bewegungen.

Wiegen und Vergleichen

Materialvorschlag:
Tafelwaage, Löffel, Reis, Kartoffeln

EP

Übung:
Ein Kind schüttet eine bestimmte Menge Reis in eine Schale der Tafelwaage. Nun füllt es mit dem Löffel Reis in die andere Waagschale. Durch Zugeben und Wegnehmen in kleinen Mengen versucht es, die Waage ins Gleichgewicht zu bringen. Vielleicht auch eine Kartoffel mit Reis aufwiegen.

Schütten und Verteilen

Materialvorschlag:
Tablett, unterschiedliche Gefäße (große, kleine, breite, schmale, hohe), ein Schüttbecher, ein Trichter, Reis

EP

Übung:
Auf einem Tablett stehen Gefäße und ein Schüttbecher mit Reis. Ein Kind schüttet und füllt langsam um. Danebengefallene Körner sammelt es wieder ein.

Mengen schätzen

Materialvorschlag:
Reiskörner, Teller

gG

Spielanregung:
Die Erzieherin zeigt einzelnen (älteren) Kindern eine bestimmte Menge Reiskörner, und läßt die Kinder spontan die Anzahl der Körner schätzen, dann über Zehner-Mengen auszählen. Wie man sich doch verschätzen kann!

Legespiel: In der Küche hat alles seinen Platz

Material:
36 Spielkarten zum Kopieren und Ausschneiden (siehe Anhang)

Spielanregung:
Beim gemeinsamen Kochen gehen die Kinder mit Küchengeräten und mit Geschirr und Besteck um. Nach dem Spülen helfen sie mit beim Einordnen. Durch ein Legespiel üben sich die Kinder intensiver ein:

gG

In der Küche
- Einige Kinder setzen sich um den Küchentisch und breiten die Spielkarten aus. Sie schauen sich die Karten an, besprechen sie und finden vielleicht eine Zuordnung.
- Die Küchenschränke und Schubladen werden geöffnet. Die Kinder mischen die Spielkarten und verteilen sie untereinander. Sie ordnen die Karten in den Schränken zu. Wenn „alles am richtigen Platz" ist, kann das Spiel wiederholt werden.
- Aus allen Untergruppen wird ein „Vertreter" auf den Tisch gestellt. Die Kinder ordnen ihre Spielkarten zu.

EPG

Im Gruppenraum
- Größere Zeichnungen anfertigen von einem Topfschrank, einer Anrichte für Geschirr und Besteck ... Die Kinder legen die Bilder auf dem Tisch aus und ordnen die Spielkarten entsprechend zu.
- Die Kinder stellen für eine bestimmte Mahlzeit die entsprechenden Karten zusammen.

Küchenschürzen für Kinder

Schnittmustervorschläge

Vorschlag 1:

Vorschlag 1 kann aus einem Küchenhandtuch oder einer großen Serviette leicht und schnell verwirklicht werden.

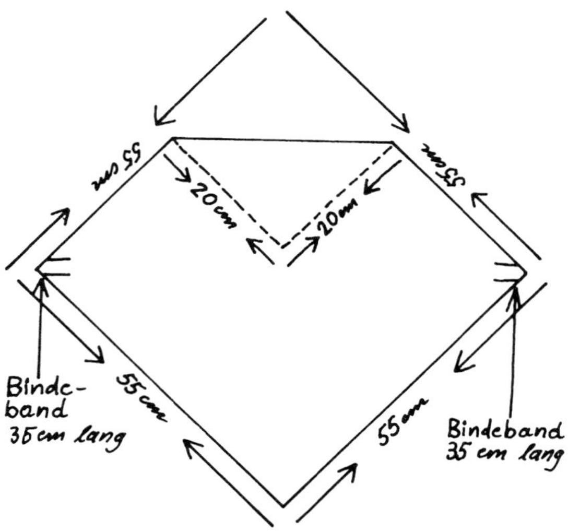

Vorschlag 2:

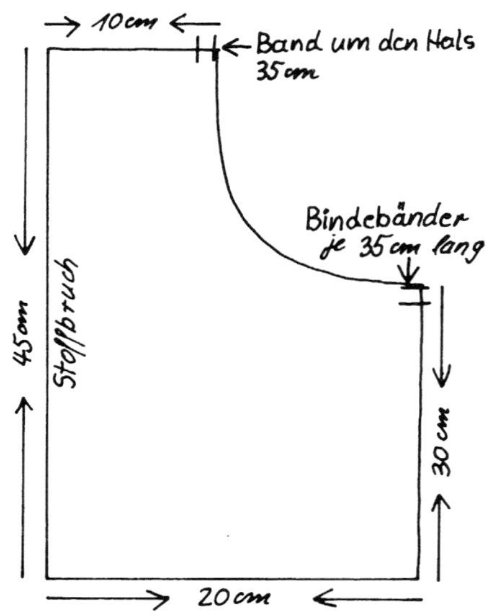

Gemeinsam Kochen macht Spaß

Kinder freuen sich und entwickeln Phantasie, wenn eine Mahlzeit mit ihnen geplant und vorbereitet wird. Es schmeckt ihnen dann sicherlich besonders gut.
Gemeinsam für die Mahlzeit einkaufen und die Zutaten bereitstellen.
Beim Kochen mithelfen: waschen, schälen, schaben, schneiden, reiben, raspeln, schnipseln, auspressen, messen, wiegen, schütten, einrühren, anrühren, quirlen, umrühren, abschmecken, einfüllen, anrichten.
Den Tisch decken: Tischdecke auflegen, Teller, Besteck, Servietten decken, Blumen und Kerzen hinstellen.
Gemeinsam essen: aufmerksam anreichen, sich zum Essen Zeit lassen, sich nett unterhalten, danken.
Selbstverständlich gemeinsam spülen und aufräumen.

Erntesuppe

Entsprechend der Jahreszeit Gemüse in einem Garten ernten, von zu Hause mitbringen lassen oder einkaufen:
Möhren, Kohlrabi, grüne Bohnen, Blumenkohl, Lauch, Sellerie, ein Stengel Liebstöckel (insgesamt etwa 2 1/2 kg Bruttogewicht);
pro Kind eine Kartoffel oder 1 Eßl. Reis
ein Bund Petersilie

Folgende Zutaten besorgen und bereitstellen:
2 Knoblauchzehen, Nelken, Lorbeerblätter, Meersalz, gekörnte Suppenwürze (z.B. „Frugola" aus dem Reformhaus), etwas Butter, ca. 3 l Wasser

Folgende Arbeitsgeräte bereitlegen:
Küchenbrettchen, Küchenmesser, Schälmesser, Schüsseln, Kochtopf, Rührlöffel, Löffel zum Abschmecken, Suppenkelle

Die Kinder waschen das Gemüse, die Kartoffeln (oder den Reis) und die Kräuter, schaben, schälen, vierteln, schneiden klein – und schnuppern.
Sie schütten das Gemüse und die Kartoffeln (oder den Reis) in den Topf und gießen das Wasser zu.
Sie geben zwei Lorbeerblätter, einen gehäuften Eßlöffel Salz und zwei gehäufte Eßlöffel Suppenwürze dazu und rühren um; sie schalten den Herd ein.
Die beiden Knoblauchzehen „spicken" sie jeweils mit drei Nelken, legen sie in den Topf und schließen den Deckel. Bevor es richtig kocht, schalten sie die Herdplatte auf kleine „Flamme".
Aus dem Topf duftet es verlockend.
Nun haben die Kinder Zeit, die benutzten Geräte zu spülen, die Küche aufzuräumen und den Tisch zu decken.
Nach 20 Minuten ist die Suppe soweit. Die Kinder „fischen" die gespickten Knoblauchzehen und auch die Lorbeerblätter heraus. Sie prüfen, ob das Gemüse gar ist, ob die Suppe nicht zu „dick" ist oder zu fade schmeckt; eventuell mit Wasser verdünnen und mit Salz abschmecken. Sie geben auch noch ein Stückchen Butter zu.

Die Kinder setzen sich an die Tische. Nach Wunsch nehmen sie noch von der kleingeschnittenen Petersilie auf ihren Teller. Die Suppe wird ausgeteilt. Alle lassen es sich gut schmecken.

Singvers

Text: Hanna Hanisch Melodie: Hans Poser

aus:
H. u.R. Hanisch (Hrsg.), Das Kinderjahr – Nun blase, Herbstwind, blase! Heft 3
Deutscher Theaterverlag, Weinheim 1968

Einfache Kartoffelrezepte

Pellkartoffeln

pro Kind 2 kleine Kartoffeln (fest- oder mehligkochende Sorte)

Die Kartoffeln gründlich waschen und bürsten. Die Kartoffeln im Topf mit Wasser ca. 20 Minuten kochen. Das Kochwasser abgießen. Die heißen Kartoffeln pellen und wahlweise mit etwas Butter oder Kräuterquark servieren.
Frisch geerntete Kartoffeln dürfen auch mit der Schale gegessen werden!

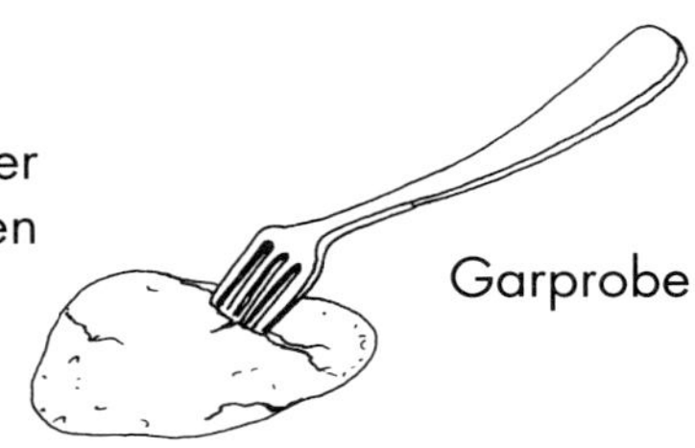
Garprobe

Kartoffeln vom Blech

pro Kind 1-2 mittelgroße Kartoffeln (fest- oder mehligkochende Sorte)

Die Kartoffeln gründlich waschen und bürsten. Die Kartoffeln halbieren und die feuchte Schnittfläche mit kleingeschnittenem Rosmarin und etwas Kräutersalz bestreuen. Die Kartoffelhälften mit der Schnittfläche auf ein mit Backpapier ausgelegtes Blech legen. Die Schalen der Kartoffeln mit Öl einpinseln. Im vorgeheizten Ofen ca. 30 Minuten backen.

„... Wir sind die Kartoffeln,
kommen auf den hellen Teller.
Hier singen wir Lieder:
Erkennst du uns wieder in ...“

Bratkartoffeln

pro Kind 1-2 mittelgroße Kartoffeln (festkochende Sorte)

Die Kartoffeln waschen und schälen, auf einem Küchenbrett vierteln, in dünne Scheiben schneiden und mit einem frischen Küchentuch „trocken" tupfen. In einer großen Pfanne Margarine auslassen und die Kartoffscheiben bei heißer Flamme ca. 15 Minuten knusprig anbraten, dabei öfter wenden. Eine Prise Salz und kleingeschnittenen Schnittlauch darüberstreuen.

Kartoffelpüree

pro Kind 1-2 Kartoffeln (mehligkochende Sorte)

Die Kartoffeln waschen, schälen und die großen einmal durchschneiden. Die Kartoffeln im Topf mit leicht gesalzenem Wasser gut 20 Minuten kochen lassen. Das Kochwasser abgießen. Mit einem Kartoffelstampfer die heißen Kartoffeln zerdrücken und mit heißer Milch und einem Stückchen Butter zu einem lockeren Püree schlagen. Mit Salz abschmecken. Kleingeschnittene Petersilie darüberstreuen.

Einfache Reisrezepte

Brühreis (Grundrezept)

2 Tassen Langkornreis
5 Tassen Wasser
eine Prise Salz

Den Reis in ein Sieb schütten und waschen. Leicht gesalzenes Wasser zum Kochen bringen. Den Reis hineingeben, umrühren und aufkochen lassen. Den Topf mit dem Deckel schließen und den Reis bei kleiner Flamme quellen lassen: Vollkornreis ca. 25 Minuten; geschälter Reis ca. 15 Minuten. Den gekochten Reis ins Sieb schütten und kurz mit kaltem Wasser übergießen.

Garprobe

Tomaten-Reis

Brühreis nach dem Grundrezept
5 reife Tomaten
1 Zwiebel
Butter zum Andünsten
je eine Prise Salz, Zucker und Pfeffer
Petersilie

Die Tomaten waschen und in Stücke schneiden, die Zwiebel schälen und achteln. Butter auslassen, darin die Tomaten- und Zwiebelstücke kurz dünsten und anschließend durch ein Sieb streichen. Die Soße mit den Gewürzen mild abschmecken und unter den gekochten Reis geben. Den Tomatenreis heiß werden lassen und ihn mit gehackter Petersilie anrichten.

Ananas-Birnen-Reis

Brühreis nach dem Grundrezept
3 reife Birnen
3 Eßlöffel Zitronensaft
1 Becher süße Sahne
etwas Honig
1 frische Ananas (oder 1 kleine Dose Ananas)

Die Birnen waschen und schnitzeln, den Zitronensaft, etwas Honig und die gewürfelte Ananas zugeben und die Sahne einrühren. Diese Fruchtsoße unter den gekochten, abgekühlten Reis mischen.

Mit Stäbchen „Klebereis" essen: Statt Langkornreis Rundkornreis nach dem Brühreis-Grundrezept verwenden. Die Kochzeit ist etwas kürzer.

Wir kochen Brei

Text: Rudolf Schröter Melodie: Richard Rudolf Klein

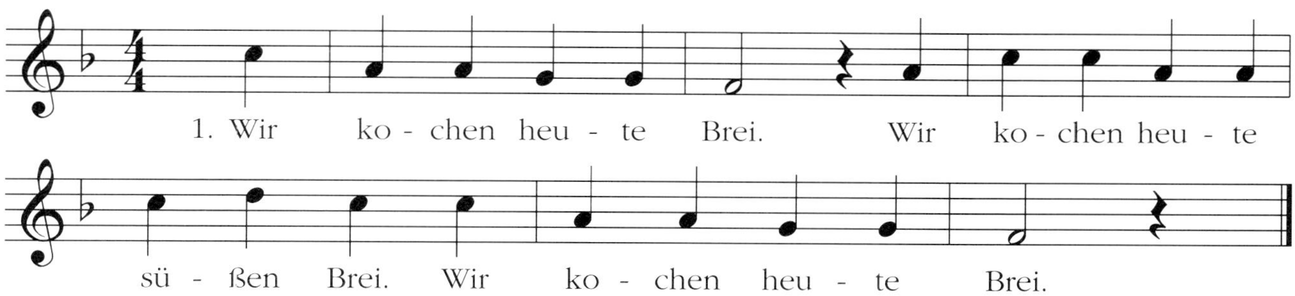

2. Wir holen schon die Milch.
   Wir holen schon die gute Milch.
   Wir holen schon die Milch.

3. Wir bringen nun den Reis.
   Wir bringen nun den weißen Reis.
   Wir bringen nun den Reis.

4. Der Zucker ist nicht da.
   Der süße Zucker ist nicht da.
   Schau her! Da ist er ja.

5. Wir haben alles da.
   Ja, Zucker, Milch und Reis sind da.
   Wir haben alles da.

6. Wir rühren, rühren Brei.
   Wir rühren, rühren süßen Brei.
   Wir rühren, rühren Brei.

7. Wir essen heute Brei.
   Auch alle Puppen essen Brei.
   Wir essen heute Brei.

aus:
R. R. Klein, Willkommen, lieber Tag, Band 1
Verlag M. Diesterweg, Frankfurt 1964

Milchreis (Grundrezept)

1 l Milch
250 g Rundkornreis
eine Prise Salz
etwas Butter

Den Reis in ein Sieb schütten, waschen und abtropfen lassen. Den Milchtopf mit Wasser ausspülen, die Milch einfüllen und zum Kochen bringen. Den Reis einschütten und bei kleiner Flamme ca. 20 Minuten bei offenem Topf kochen; mit dem Kochlöffel immer wieder gut umrühren, um ein Anbrennen zu verhindern. In den Milchreis noch etwas Butter geben und nach Belieben mit Zimt-Zucker, frischen Früchten oder Kompott servieren.

Anregungen zum Erleben

- Unterschiedliche Früchte und Gemüse mitbringen, auch solche, die in fremden Ländern wachsen, unter anderem auch Reis.
  Die Kinder finden heraus, was wohl bei uns im Land und was wohl in anderen Ländern gewachsen ist.
- Durch ein Reis-Poster die Aufmerksamkeit der Kinder auf den Reis lenken.
- Verschiedene Reissorten in die Gruppe bringen:

  – Rohrreis (Reiskörner mit Spelzen, auch Paddyreis genannt) (braun)
  – Langkornreis, unbehandelt (beige)
  – Langkornreis, poliert (weiß)
  – Rundkornreis, unbehandelt (beige)
  – Rundkornreis, poliert (weiß)
  in verschiedenen Korngrößen

  Die Kinder schauen den Reis an und vergleichen die Sorten. Vom Rohrreis lösen sie die Spelzen.
- Den Kindern aus dem Buch vorlesen: Michael Ende „Jim Knopf und Lukas der Lokomotivführer", dtv junior, S.51ff oder die entsprechende Stelle der gleichnamigen Kassette vorspielen.
- Die Kinder erzählen von Reisgerichten, wie bei ihnen zu Hause der Reis zubereitet wird.
- Mit den Kindern eine kleine Reistafel bereiten. Alle probieren und lassen sich den Reis gut schmecken.
- Die Kinder lernen Reisschalen und Eßstäbchen kennen und auch verschiedene „fremde" Gewürze. Sie essen auch einmal Klebereis (Rundkornreis) mit Stäbchen.

- Die Kinder schauen sich Artikel aus Reisstroh an: Reisstrohmatten, -hüte, -papierbögen, -ballonlampen (erhältlich in Dritte-Welt-Läden und in Asienläden).
- Die Kinder hören vom Reisanbau und den Menschen, die den Reis säen, ernten und als wichtigstes Nahrungsmittel täglich essen (siehe Seite 167ff).

  Auch das Sach-Bilderbuch „Reis", Peters Verlag mit den Kindern anschauen und besprechen.
- Die Kinder säen Reiskörner in Pflanztöpfe und lassen sie im Gruppenraum wachsen.

Reis wachsen lassen

- Paddyreis besorgen (Reis mit Spelzen: erhältlich in Samen- und Tierhandlungen).
- Blumenerde in einen Topf geben, Reiskörner dicht aussäen, mit Erde bedecken.
- Den Tontopf im warmen Raum ans Fenster stellen und die Erde immer feucht halten.
- Beobachten, wie die Pflanzen wachsen: nach etwa sechs Tagen sind kleine Spitzen sichtbar, nach vierzehn Tagen sind die Halme bereits ca. 5 cm lang.
- Gelegentlich mit einem Zerstäuber Wasser auf die Halme sprühen. Morgens kleine Wassertropfen an den Blattspitzen entdecken.
- Den Tontopf in einen größeren Übertopf stellen, Wasser einfüllen und den Tontopf unter Wasser setzen. Ab und an das stehende Wasser erneuern.
- Einzelne Reispflanzen herausziehen, das gesäte Reiskorn und die kleinen Wurzeln entdecken.
- Vielleicht nach drei bis vier Wochen einen Teil der Reispflanzen in eine größere Pflanzschale in bestimmten Abständen auspflanzen. Da den Reispflanzen in unseren Gruppenräumen ihre natürlichen Bedingungen zum Wachsen fehlen, werden sie nicht zur Reife kommen. (Eine Reispflanze wird bis zur Reife ca. 1,5 m hoch, natürlich nur unter ihren natürlichen klimatischen Bedingungen.)

Für Kinder ist die Erfahrung wichtig, daß sich aus den Reiskörnern, die wir essen, große Reispflanzen entwickeln können, die hundertfältige Frucht bringen.

Fotos: Hubertus Vorholt

*„Warum muß man wissen, was in anderen Ländern geschieht?
Weil die Menschen in anderen Ländern genauso wichtig sind wie wir selbst … Und weil alle Menschen in allen Ländern einander brauchen … Die Länder müssen sich gegenseitig helfen." 1)*

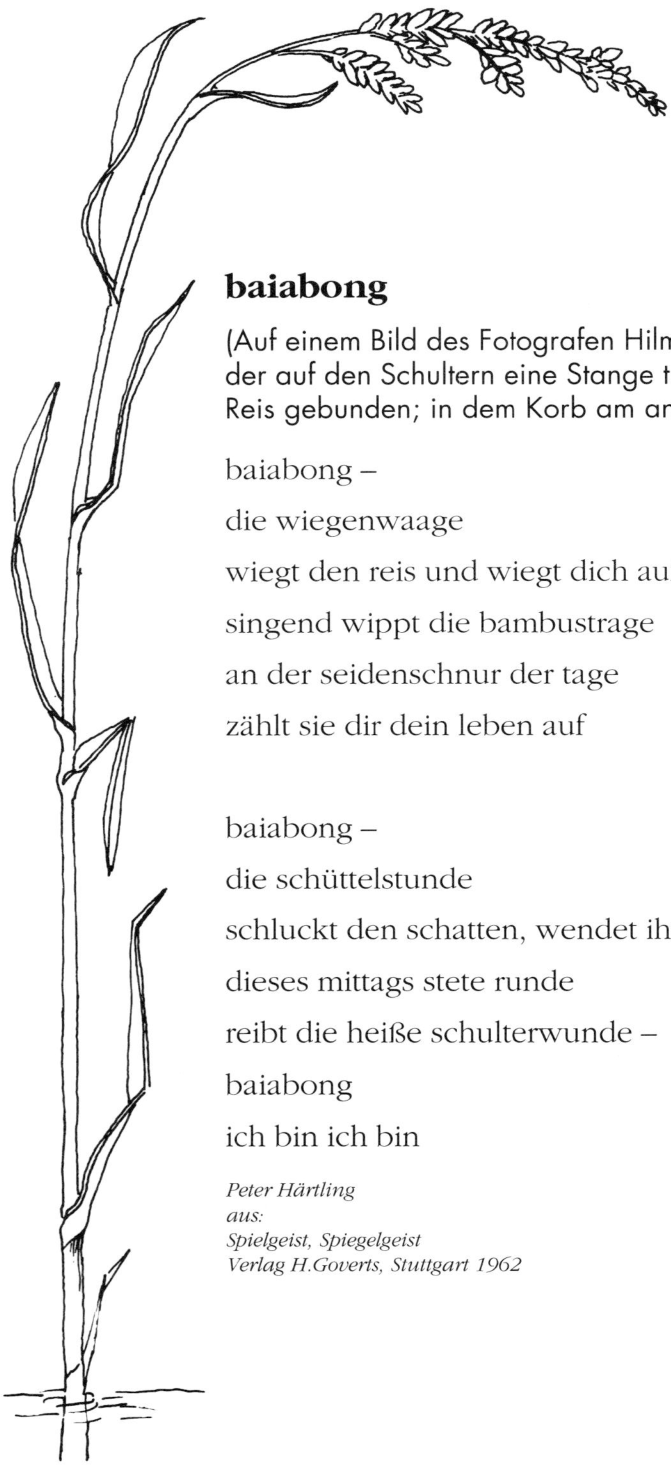

baiabong

(Auf einem Bild des Fotografen Hilmar Pabel ist zu sehen: Ein chinesischer Vater, der auf den Schultern eine Stange trägt. An das Ende der Stange ist ein Korb mit Reis gebunden; in dem Korb am andern Ende sitzt der kleine Sohn.)

baiabong –
die wiegenwaage
wiegt den reis und wiegt dich auf
singend wippt die bambustrage
an der seidenschnur der tage
zählt sie dir dein leben auf

baiabong –
die schüttelstunde
schluckt den schatten, wendet ihn
dieses mittags stete runde
reibt die heiße schulterwunde –
baiabong
ich bin ich bin

*Peter Härtling
aus:
Spielgeist, Spiegelgeist
Verlag H.Goverts, Stuttgart 1962*

1) Ursula Wölfel: Länder, in: U.Wölfel, Sechzehn Warum-Geschichten von den Menschen, S.68, Hoch-Verlag, Stuttgart 1971

Bericht:
Der Reisbauer Kruschna Jena erzählt

Der Reis, den wir essen, kommt meist aus fernen Ländern. Für viele Millionen Menschen ist der Reis so wichtig, wie für uns Brot und Kartoffeln zusammen.
In den verschiedenen Reis-Anbauländern haben sich unterschiedliche Reiskulturen entwickelt.
Der Bericht des Reisbauern Kruschna Jena aus Ostindien und der Brief des Jungen Banya aus Thailand können nur beispielhaft Ausschnitte zeigen zum Gesamtthema Reis.
Während der Brief Banyas sich auch zum Vorlesen eignet, soll der Bericht Kruschna Jenas als Hintergrundgeschichte informieren. Kruschna Jena erzählt von seinem Leben im Tagesablauf und im Jahresablauf – ganz geprägt vom Reisbau. Von der schweren körperlichen Arbeit heißt es da: „Und wenn man immer mit der Erde arbeitet, wird man selber zu Erde." Glücklich ist er dann und stolz, wenn er die Reisbündel auf dem Kopf nach Hause trägt: „Wenn die Ernte gut ist, lächelt das ganze Dorf."
Die Kinder werden vom Foto dieses Mannes beeindruckt sein, von seinem ernsten Blick, von seinen großen Händen. Aus dem Bericht läßt sich sicherlich einiges zum Foto erzählen: von seinen Kindern, von seiner Frau, von seiner Mutter, von ihren Mahlzeiten, von ihren Festen und Feiern, von seinen Tieren und vor allem vom Reisanbau.

Foto: Prafulla Mohanti, Nanpur

Bauer Kruschna sitzt mit seinem Sohn vor der Haustür.
Neben ihm liegt ein Sack Reis.

Der Reisbauer Kruschna Jena erzählt

Mein Name ist Kruschna Jena. Unsere Familie gehört zu einer Bauerngemeinschaft im Dorf Nanpur in Ostindien. Hier wird hauptsächlich Reis angebaut.
Mit meiner Frau und meinen fünf Kindern, drei Jungen und zwei Mädchen, wohne ich in einem Lehmhaus mit einem Strohdach. Meine Mutter, die fünfundsiebzig Jahre alt ist, lebt auch hier bei uns.
Im Alter von zwölf Jahren habe ich die Schule verlassen, um meinem Vater auf den Feldern zu helfen. Nun bin ich fast fünfzig Jahre alt. Meine Haut ist von Sonne und Regen gegerbt und runzlig. Ja, der Reisanbau ist eine sehr harte Arbeit. Und wenn man immer mit der Erde arbeitet, wird man selber zu Erde. Wir Bauern sind wegen der schweren körperlichen Arbeit nicht sehr angesehen. Die Leute, die länger die Schule besuchen und andere Berufe haben, schauen verächtlich auf uns herab.
Mein Land, das ich besitze, ist zusammen nur etwa eineinviertel Hektar (12500 m2) groß, aber es liegt in kleinen Feldern verstreut, einige sogar drei Kilometer vom Haus entfernt.
Mitte April fängt bei uns der Sommer an. Dann spanne ich die Ochsen vor den hölzernen Pflug und beginne, die Felder zu pflügen. Für Traktoren sind die Felder viel zu klein.
Das Pflügen mit den Ochsen und dem hölzernen Pflug ist eine Kunst, die ich von meinem Vater gelernt habe. Wenn es heiß ist und der Boden trocken und rissig wird, ist kaum durchzukommen. Dann muß es erst wieder regnen, damit der Boden aufweicht.
Zwei Monate später – Mitte Juni – sind alle Felder für die Aussaat bereit. Dann säen wir Bauern die Samen aus und beten, es möge regnen. Drei Tage ruhen wir von der Arbeit aus und feiern das Volksfest Raja. Wir essen gut und vergnügen uns. Die jungen heiratsfähigen Mädchen freuen sich besonders. Sie tragen neue Saris, schminken sich mit Sandelholzpaste und schmücken ihr Haar mit süßduftenden Blumen. Sie wohnen zusammen, singen Volkslieder und wiegen sich auf Schaukeln.
Meine alte Mutter betet unablässig zu den Göttern, damit im richtigen Moment die richtige Menge Regen fällt.
Meine Tage sind mit Arbeit gefüllt. Vor dem Morgengrauen stehe ich auf, wasche mein Gesicht, füttere das Vieh mit Stroh, Spreu und mit Reiswasser, das meine Frau gewöhnlich in einem irdenen Topf aufbewahrt. Sie fegt den Hof und bereitet das Frühstück für die Familie zu: Wasserreis mit Chutney (einer Paste aus Früchten, Gemüsen und Gewürzen) und dazu rohe Zwiebeln.
Nach dem Morgenessen gehe ich auf meine Felder, wo es im Laufe des Jahres immer viel zu tun gibt. Am Mittag höre ich auf zu arbeiten und gehe heim. Unterwegs bade ich im Fluß, wasche meine Ochsen und plaudere mit meinen Freunden über die Arbeit auf den Feldern. Mittags essen wir gekochten Reis, Linsen und Gemüse. Was vom Reis übrig bleibt, schüttet meine Frau nach der Mahlzeit in einen irdenen Topf, bedeckt es mit Wasser und läßt es gären. Dieses nahrhafte Gericht ist sehr beliebt im Sommer. Mit Joghurt und Zitronensaft vermischt ist es eine köstliche Beilage zu getrocknetem Fisch und gebackenem Spinat.
Nach dem Mittagessen ruhe ich mich aus, bis die Sonne an Kraft verloren hat. Gegen drei Uhr kehre ich auf die Felder zurück und arbeite bis es dunkel wird, bis etwa sechs Uhr. Dann zündet meine Frau eine Öllampe an, um den Einbruch der Dunkelheit zu begrüßen. Ich hole Wasser vom Ziehbrunnen, füttere die Tiere und binde sie in ihrem Pferch an.
Dann setze ich mich hin, trinke langsam ein Glas Tee, der mit geröstetem Reis überstreut ist, und erzähle meiner Frau von meinem Tagewerk und höre Musik vom Radio. Manchmal verbringen einige Freunde den Abend bei mir. Wir sprechen über die Hochzeit unserer Tochter. Sie ist siebzehn und hat eben die Schule verlassen. Und wenn nur mein Sohn eine Arbeit finden könnte. Ich habe ihm eine Ausbildung ermöglicht und

nun sitzt er zu Hause herum und tut nichts. Es ist schwierig für mich, zu Geld zu kommen. Es bleibt nicht viel übrig, das verkauft werden könnte.

Es bringt uns Bauern fast zur Verzweiflung, wenn der Regen nicht zur rechten Zeit fällt und den Samen zum Keimen bringt. Dann ist die Aussaat umsonst gewesen. Aber auch zuviel Regen schadet. Wenn es regnet und die Flüsse über die Ufer treten und das Wasser eine Woche lang auf den Reisfeldern steht, dann bleibt fruchtbarer Schlamm zurück, der das Unkraut erstickt und den Reis wachsen läßt. Wenn aber das Hochwasser länger als eine Woche dauert, auch dann ist der Reis vollständig verloren.

Wenn die erste Aussaat umsonst war, fehlt es uns an Reis. Wir essen ja zu jeder Mahlzeit Reis. Und wenn wir nicht vorsichtig sind, fressen Ratten und Insekten von unseren Vorräten. Manchmal muß ich dann für teures Geld neues Saatgut kaufen.

Damit die Samen schneller zum Wachsen kommen, werden sie einen Tag lang in Wasser eingeweicht. Dann fülle ich sie in Bambuskörbe, bedecke sie mit Stroh, besprühe sie mit lauwarmem Wasser und breite Jutesäcke darüber. Nach drei bis vier Tagen beginnen die Samen zu keimen.

Inzwischen habe ich besondere Beete vorbereitet, in die ich die Sämlinge einpflanze. Wieder bereite ich die Felder vor. Der Boden muß wie Schlamm sein.

Nach drei Wochen sind die kleinen Pflänzchen etwa 10 cm hoch. Nun nehmen wir sie aus den Beeten und pflanzen sie einzeln im Abstand von ungefähr 15 cm in den schlammigen Boden. Ständig müssen wir nun die Felder gut bewässern, vier Monate lang. Der Wind darf in der Blütezeit nicht zu stark wehen. Gegen Insekten, die junge Pflanzen fressen, muß ich Insektizid spritzen.

Die Pflanzen wachsen immer höher. Wie grüne Wellen wogen sie im Wind. Ihre Farbe wird immer dunkler. Schließlich lassen wir die Felder abtrocknen. Das Grün verwandelt sich in Goldgelb.

Der Anblick der mit reifem Reis bedeckten Felder ist ein großes Vergnügen für mich. Ich bin froh, daß ich meine Familie mit gesunden Nahrungsmitteln versorgen kann, die ich selbst anbaue.

In den Wintermonaten pflanze ich Linsen, Kartoffeln und Gemüse und verkaufe einiges davon auf dem Markt. Ich habe die Markttage gern, weil ich dann meine Freunde aus den anderen Dörfern sehe.

Wenn ich im November den Reis ernte, ist der Himmel blau und die Sonne golden. Ich schneide den Reis und lasse ihn einige Tage lang auf den Feldern trocknen. Dann binde ich ihn zu Bündeln zusammen, die ich auf dem Kopf nach Hause trage. Dies macht mich sehr stolz. Wenn die Ernte gut ist, lächelt das ganze Dorf.

Während der Erntezeit putzt meine Frau jeden Donnerstag das Haus, tüncht die Wände und Böden mit einer neuen Lage Strohlehm und schmückt sie mit Reispaste, um Lakshmi, die Göttin des Wohlstandes, willkommen zu heißen. Meine Töchter flechten aus Reisähren Girlanden, die sie im ganzen Haus aufhängen. An diesen Tagen bleibe ich zu Hause und gehe nicht arbeiten. Meine Frau errichtet ein Bildnis der Göttin Lakshmi, indem sie eine Schale Reis in die Mitte des Zimmers stellt und sie mit Münzen und Blumen schmückt. Wenn der erste Reis geerntet ist, wird er der Göttin geopfert und dann unter den Familienmitgliedern verteilt. In dieser Nacht kann ich gut schlafen, obwohl meine Probleme nicht gelöst sind.

Was ich aus dem Boden heraushole, genügt kaum, um meine Familie zu ernähren. Ich muß für acht Personen aufkommen, Kleider und Medikamente kaufen und die Ausbildung meiner Kinder bezahlen. Ich kann es mir nicht leisten, für mich selbst ein neues Hemd zu kaufen. Die Überschwemmungen und Dürreperioden, die regelmäßig auftreten, bringen mich um die Früchte meiner Arbeit.

Nach einem Bericht von Prafulla Mohanti: Der Reisbauer Kruschna in: Unesco Kurier 12/84: „Reiszivilisation"

Prafulla Mohanti, indischer Schriftsteller und Maler, stammt, wie sein Jugendfreund Kruschna Jena, aus dem Dorf Nanpur in Ostindien.

Banya erzählt von seinen Geschwistern und ihren Spielen, von seinen Eltern, ihren Sorgen und ihrer Arbeit im Reisanbau.
Durch solche Erzählungen werden das Interesse und die Neugier der Kinder geweckt, wie anders Kinder in einem anderen Land leben – und doch so gleich empfinden.

Banya erzählt

Liebe Kinder in Deutschland!

Ich wohne auf dem Land. Unser Haus steht an einem Fluß, den wir „Mutter des Wassers" nennen. Dieser Fluß führt kühles Wasser und fließt träge dahin.

Das sind drei von meinen Geschwistern: Noi, Tschang und Nong. Wir alle mögen den Fluß, weil er unserer Mutter Wasser zum Reiskochen gibt und weil wir in ihm schwimmen und spielen können. Es macht uns sogar Spaß, uns zu waschen, wenn wir uns dabei mit den Schöpfschüsseln gegenseitig bespritzen.
Am Ufer des Flusses wachsen viele große und bunte Wasserblumen. Wenn wir spielen, können wir uns gut darin verstecken. Wir müssen aber vorsichtig sein, weil dort Wasserschlangen lauern. Am Flußrand stehen auch große Bäume, auf die wir klettern, wenn wir uns saftige und süß schmeckende Früchte holen wollen.

Unser Vater sagt uns manchmal, daß wir aber auch wissen sollten, daß der Fluß nicht nur zum Spielen für uns Kinder gut ist. Der Fluß gibt uns Fische, die gut schmecken und wichtig sind, damit wir groß und kräftig werden. Vater meint: „Der Reis macht uns satt, aber der Fisch gibt uns Kraft und macht uns munter." Deshalb geht Vater nach der Arbeit im Reisfeld oft mit Mutter zum Fischfang. Wir Kinder schauen dann gebannt zu und hoffen, daß sich ein glitzernder Fisch im Netz verfängt.

Einmal in der Woche fahren Vater und Mutter mit unserem Boot in das nächstgelegene Dorf. Der Fluß ist die Straße dorthin. Dort verkaufen sie Gemüse aus unserem Garten und nach der Ernte den Reis, den wir nicht selbst zum Leben brauchen. Dafür kaufen sie dann beim Händler Salz, Fischsoße zum Würzen, Töpfe, Handwerksgeräte und weitere Gegenstände, die für den Haushalt und die Feldarbeit gebraucht werden.

Manchmal müssen die Eltern auch ins Dorf fahren, ohne von unserem Hof etwas zum Verkauf mitnehmen zu können, weil nichts übrig ist. Dann müssen sie beim Händler Schulden machen, um die notwendigen Dinge zu erhalten. Wenn sie dann zu uns zurückkehren, sehen sie ganz betrübt und besorgt aus.

Alle Menschen in Thailand lieben den Reis. Wenn sie sich Reis leisten können, essen sie ihn zu jeder Mahlzeit. Deshalb ist mein Vater Reisbauer. Wenn die Regenzeit gut ausfällt und der Fluß genügend Wasser mit sich führt, dann können die Reisfelder reichlich mit Wasser eingeschwemmt werden, und die Eltern freuen sich auf die Ernte. Dann werden wir nicht hungern müssen. Vater sagt oft ganz nachdenklich: „Unser Land ist so fruchtbar – und doch müssen viele von uns oft Not leiden ..." Ich verstehe noch nicht, was er damit meint, aber es macht mich unruhig.

Das ist Kuay, unser Wasserbüffel. Er ist sehr stark! Aber trotzdem kann er nicht länger als vier Stunden am Tag das Reisfeld pflügen, weil die Arbeit im Schlamm sehr schwer ist.
Nachmittags muß ich ihn immer hüten, und weil er so ruhig und freundlich ist, liege ich manchmal auf seinem Rücken und schlafe, während er Gras frißt.
Vater hat immer Angst, daß Kuay krank wird oder von einer Schlange gebissen wird. In unserer Gegend gibt es keinen Tierarzt. – Und ohne den Wasserbüffel können wir keinen Reis mehr anbauen.

Das ist unsere Mutter! Sie ist noch fleißiger als der Vater. Sie arbeitet wie er auf dem Feld, aber sie steht jeden Tag noch eine Stunde früher auf als er und kocht das Essen für den ganzen Tag. Und abends näht sie noch oder macht Körbe und andere Dinge, die wir selbst brauchen oder die verkauft werden. Und dann kümmert sie sich natürlich auch um die Kinder!
Allerdings helfen Großmutter und ich ihr dabei tüchtig.

Unsere Eltern haben fünf Kinder. Wenn zwei Kinder nicht gestorben wären, hätten sie sieben.
Die meisten Familien, die ich kenne, haben auch so viele Kinder, manche sogar mehr. Eine Familie hat zwölf Kinder, aber alle müssen Hunger leiden.

So, ich muß jetzt Schluß machen, weil ich noch Futter für unser Schwein suchen muß.

Jetzt kennt ihr mich und wißt, wie ich lebe. (gekürzt)

Viele Grüße
Euer Banya

Gerd Simon
aus:
Banya aus Thailand schreibt Briefe an die Kinder in Deutschland
Verlag G. Simon & C. Magiera, Nördlingen, 2. verbesserte Auflage 1980
Die Briefe sind in Schreibschrift geschrieben und mit Fotos und Zeichnungen illustiert. Sie berichten auch von den ungerechten Zuständen in der Dritten Welt. Das Buch ist vergriffen und wird nicht mehr aufgelegt.

Der Reis braucht zum Wachsen viel Wasser und Sonnenwärme. Frauen und Männer stehen mit gebeugtem Rücken im Wasser und setzen einzeln die Reispflanzen in den schlammigen Boden.

Vor der Reisernte wird das Wasser abgelassen. Der Boden trocknet ab. Die reifen Reisähren sind ganz gelb und hängen voller Körner.

Mit Schneidemessern oder Sicheln schneiden die Bauern die Rispen ab und bündeln sie zu Garben.

Auf dem Kopf oder an langen Bambusstangen auf der Schulter tragen die Bauern die Garben nach Hause. „Wenn die Ernte gut ist, lächelt das ganze Dorf."

Am Ende der beiden Themen

Jede Kindergartengruppe wird auf ihre Weise eine Auswahl aus den vorgegebenen „Bausteinen" treffen, Schwerpunkte setzen und weitere eigene Ideen entwickeln. Am Ende könnte ein gemeinsames Fest mit Eltern stehen, bei dem vieles zum Tragen kommt: eine Projektausstellung, Kinderzeichnungen, Geschichten, Lieder, Spiele und ein gemeinsames Essen.

Wir feiern ein Reisfest

Einladung
zum
Reisfest

am ...
um ... Uhr
im Kindergarten

Die Familien ... und ... bereiten eine *Riesen-Paella* zu und laden uns herzlich zum Essen ein.

Unsere Kinder singen und spielen *„Im Land der Buntgemischten"*.

Wir feiern ein Kartoffelfest

Die Kartoffeln sind geerntet

Grund für ein Fest

Aus unserem Programm

Märchen:	Vom guten Kartoffelkönig
Fingerspiel:	Die Kartoffelernte
Lieder:	Wir sind die Kartoffeln Bringt mir mal Kartoffeln her
Festessen:	Grillkartoffeln und was dazu schmeckt
Wettspiele:	Sackhüpfen und Kartoffellauf
Prämiert wird,	wer die dickste, wer die kleinste und wer die lustigste Kartoffel mitbringt.

Anmerkungen:
Kartoffeln im Schnellkochtopf kurz vorkochen und in Alufolie einwickeln, um die Garzeit im Grillfeuer zu verkürzen.
Zur Prämierung der „Könige" goldene Papierkronen vorbereiten.

Märchen: Der süße Brei

Das Märchen „Der süße Brei" erzählt äußerst verdichtet von einem Kind, durch das äußerste Not der Entbehrung und äußerste Not des Überflusses beendet wird, und von der Mutter, die den „süßen Brei" kochen läßt und dann das Einhalt gebietende Wort nicht weiß. Die Folgen der Katastrophe müssen bewältigt werden.
„Das Beeindruckende für Kinder an dieser Geschichte ist wahrscheinlich die Ambivalenzerfahrung als eine Grundwahrheit in unserer Welt. Alle Dinge haben zwei Seiten – eine helle und eine dunkle. Das eindeutig Gute, Spendende, Nährende kann an einem bestimmten Punkt „umkippen" und sich ins Gegenteilige, ins Böse, Hemmende, Erstickende, Tötende verkehren. Das Märchen beginnt damit, daß nichts zu essen da ist und schließt damit, daß man sich durchessen muß. Es umfaßt so die äußersten Gegensätze. So nehmen schon die kleinen Kinder im Bild des die Nahrung hergebenden Topfes, der schließlich ohne Aufhören überfließt, in ihr Bewußtsein auf, daß die Dinge nicht ein-deutig sind auf unserer Welt. Sie lernen unterschwellig, daß vieles nicht eindeutig gut oder böse ist, sondern eine Wertung sich erst aus dem Zusammenhang ergibt." 1)

Ambivalente Empfindungen und Gefühle im Märchen:

arm sein	– *genug haben*
in großer Not leben	– *im Überfluß leben*
nichts zu essen haben	– *„süßen Brei" essen, so oft man will*
hungrig sein	– *satt sein*
hinausgehen	– *in seinen vier Wänden bleiben*
das entscheidende Wort „vergessen"	– *das entscheidende Wort sagen*

Bewährung und Lebensbewältigung im Märchen:

- in der Not nicht verharren, sich mit Vertrauen aufmachen
- für Hilfe offen sein – Hilfe, die als Geschenk zukommt
- „den Topf" in rechter Weise in Anspruch nehmen
- sich nicht abhängig machen, frei sein
- um die Gefahr wissen, die im Überfluß liegt
- das befreiende Wort sagen
- was angerichtet wurde, bewältigen

1) Felicitas Betz: Der süße Brei, in: Betz, Märchen als Schlüssel zur Welt, S.53, Verlag E.Kaufmann, Lahr 1977
Vgl. die dort gegebenen methodischen Anregungen.

„Für unser Erleben heute ist die Vorstellung von Armut meist zu etwas Relativem, rein Soziologischem geworden: arm ist, wer weniger besitzt als der Durchschnitt der Gesellschaft. Die Armut hingegen, von der die Märchen erzählen, ist absolut: sie kann so schlimm sein, daß Eltern nicht mehr wissen, wie sie ihre Kinder ernähren sollen, und unter dem Druck einer solchen Armut ist der tragische Konflikt fast unvermeidbar, daß selbst die liebsten Kinder ihren Eltern zu viel werden. Nicht wenige Märchen erzählen davon, daß Eltern in ihrer Not sich nicht anders zu helfen wissen, als ihre Kinder fortzujagen ..." 1)

Im Märchen „Der süße Brei" ist die Situation anders: Auch hier ist die Armut absolut. Die Mutter erstarrt angesichts der Not in Untätigkeit, aber das Kind macht sich auf und geht „in den Wald".

Bilder im Märchen:

das arme, fromme Mädchen, das mit seiner Mutter allein lebt	*in Armut leben*
nichts mehr zu essen haben	*von Hungersnot bedroht sein*
das Kind, das hinausgeht in den Wald	*„das Kind" verharrt nicht, es macht sich auf den Weg – dorthin, wo es sich verirren kann, wo es aber auch der unerschöpflichen Natur begegnet*
die alte Frau im Wald	*„die Mutter Welt", sie weiß um die Not und schenkt Hilfe*
das Töpfchen, das auf ein Wort hin „kocht" oder „steht"	*der unerschöpfliche Reichtum der Natur, und wie der Mensch damit umgeht*
„süßen Brei" essen, so oft man will	*in Fülle – „süßer" Überfülle – zu essen haben*
das Mädchen, das auf eine Zeit ausgeht	*das Mädchen wahrt bei aller angebotenen Fülle seine Freiheit*
die Mutter, die das Töpfchen kochen läßt und sich satt ißt, aber nicht mehr das Wort zum Aufhören weiß	*die Mutter gerät in Abhängigkeit von der Fülle und vergißt das Einhalt gebietende Wort*
das Töpfchen, das immerzu weiter kocht; der Brei, der überquillt und sich bedrohlich ausbereitet.	*die Überfülle wird zum erstickenden Überfluß, der lebenserhaltende Topf wird zum lebensbedrohenden Topf;* *die geschenkte Hilfe verwandelt sich in Not und Hilflosigkeit*
das heimkehrende Kind, das das richtige Wort sagt	*„das Kind" sagt das erlösende Wort*
„wer wieder in die Stadt wollte, der mußte sich durchessen"	*... der muß die angerichtete „Geschichte" bewältigen*

Das Bild vom „Kind" im Märchen „Der süße Brei" richtet sich an den Erwachsenen. „Das Kind" ist nach C.G.Jung ein archetypisches Bild für das Selbst des Menschen, seine Personmitte, für das Ganzwerden und Einswerden mit sich, mit der Schöpfung, mit den Menschen und mit Gott.
Nach dem Bibelwort: „Wahr ists, ich sage euch: Wer nicht wie ein Kind das Königtum Gottes aufnimmt, kommt nimmermehr hinein" (Mk 10,15) sind Kinder „ein Bild, wie man zu Gott hinfinden kann, ja muß."2)
Und dann sagt Drewermann: „'Kind' zu werden bedeutet im psychologischen Sinne 'erwachsen' zu werden." Ein Kind stellt mit Selbst-Verständlichkeit Ansprüche und geht mit Selbst-Verständlichkeit richtig mit dem Geschenkten um; es ist ganz im Kontakt mit sich selbst. Es ist ganz, was es ist.

1) Eugen Drewermann, Das Marienkind, S.24, Walter-Verlag, Olten 1984
2) vgl. dazu Eugen Drewermann, Mk 10,13-16: Der Mensch wird in Gott geboren oder: Jesus und die Kinder, in: E.Drewermann, Das Markusevangelium Zweiter Teil, S.104ff, a.a.O.

Der süße Brei

Es war einmal ein armes, frommes Mädchen, das lebte mit seiner Mutter allein, und sie hatten nichts mehr zu essen.
Da ging das Kind hinaus in den Wald, und begegnet ihm da eine alte Frau, die wußte seinen Jammer schon und schenkte ihm ein Töpfchen, zu dem sollt' es sagen: „Töpfchen koche“, so kochte es guten, süßen Hirsebrei, und wenn es sagt: „Töpfchen steh“, so hörte es wieder auf zu kochen.
Das Mädchen brachte den Topf seiner Mutter heim, und nun waren sie ihrer Armut und ihres Hungers ledig und aßen süßen Brei, so oft sie wollten.
Auf eine Zeit war das Mädchen ausgegangen, da sprach die Mutter: „Töpfchen koche“, da kochte es, und sie ißt sich satt;
nun will sie, daß das Töpfchen wieder aufhören soll, aber sie weiß das Wort nicht. Also kocht es fort, und der Brei steigt über den Rand hinaus und kocht immerzu, die Küche und das ganze Haus voll, und das zweite Haus und dann die Straße, als wollt's die ganze Welt satt machen, und ist die größte Not, und kein Mensch weiß sich da zu helfen.
Endlich, wie nur noch ein einziges Haus übrig ist, da kommt das Kind heim und spricht nur: „Töpfchen steh“, da steht es und hört auf zu kochen; und wer wieder in die Stadt wollte, der mußte sich durchessen.

Grimm Nr.103

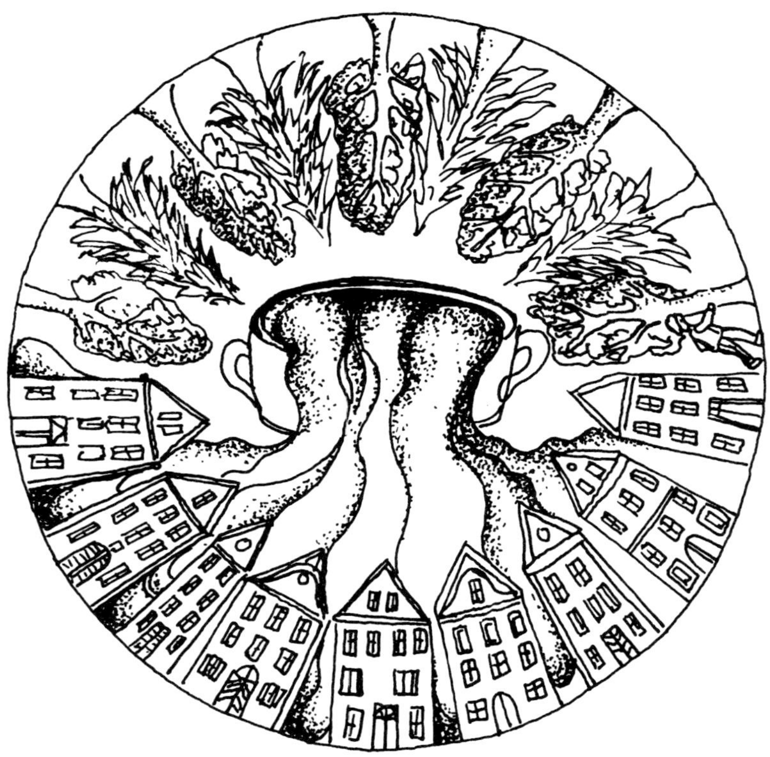

Es ist ein blasphemisches, fast ein lächerliches Bild Gottes, das den Menschgewordenen in der Armut zeigt. Gott, der Himmelsrichter, der Allmächtige, der strahlend Starke. In diesen Bildern haben wir gelernt, „Gott" zu sehen. Schon die jüdischen Zeitgenossen des Nazareners fühlten sich von dem armen Menschensohn im Stich gelassen, um ihre Befreiungshoffnungen betrogen: Wenn du der Sohn Gottes bist, dann demonstriere uns deine weltpolitische Macht. Verwandle die Steine in Brot, beende die Hungerkatastrophen, steig herab von deinem Kreuz. Und wir, die Erben? Die geborenen Christen von heute, sie stellen ihren Gott mühelos dar als leidenden, als liebenden Menschen. „Sie selbst aber" notiert Heinrich Böll entsetzt, „sie selbst aber gebärden sich unmenschlich; sie weigern sich, zu dem zu werden, was der von ihnen angebetete Gott freiwillig geworden ist: zu Menschen." Hans-Eckehard Bahr 1)

Jesus hat uns in der Speisung der Fünftausend einen Weg gezeigt

Als er ausstieg, sah er viele Leute. Da ward ihm weh um sie, und er machte die Elenden unter ihnen heil. Als es Abend geworden, traten die Jünger zu ihm und sagten: Öd ist der Ort, und die Stunde ist schon vorgerückt; entlaß nun die Scharen, daß sie in ihre Dörfer gehen und sich Essen kaufen. Aber Jesus sprach zu ihnen: Sie brauchen nicht wegzugehen, gebt ihr ihnen zu essen! Und sie sagten zu ihm: Wir haben nur fünf Brote und zwei Fische hier. Er sprach: Bringt sie her zu mir! Und er gebot den Scharen, sich auf dem Gras zu lagern. Er nahm die fünf Brote und die zwei Fische, blickte zum Himmel auf, sprach die Preisung, brach und gab den Jüngern die Brote, die Jünger aber den Scharen. Und alle aßen und wurden satt. Und den Überschuß der Brocken hoben sie auf – zwölf Körbe voll. Die gegessen hatte, waren an die fünftausend Männer, ohne Frauen und Kinder.

Mt 14,14-35
Übersetzt von Fridolin Stier: Das Neue Testament, Verlage Kösel und Patmos 1989

An jenem Abend hält Jesus selber in seinen Händen gar nichts, um die Scharen zu sättigen, aber er wirkt ein Wunder der Verwandlung in den Menschen: Sie geben einander die Frohbotschaft weiter und die, die noch etwas in den Händen halten, teilen mit denen, die ihre leeren Hände dankend aufhalten. Jenseits von Angst und Enge beginnt eine Weite des Herzens.
In vielen Ländern müssen Menschen mit einer Handvoll Reis und einigen Schluck Wasser am Tag auskommen. Unsere Kinder sehen in den Medien Bilder hungernder Kinder und beginnen zu fragen. Vielfach können wir nur fragend antworten – mit unserem wachen Betroffensein.

Das folgende „Spiel", das nur behutsam durchgeführt werden kann, wird die Kinder nachdenklich machen:

Für alle beteiligten Kinder einen Teller bereitstellen. Ein Reisgericht vorbereiten und ganz selbstverständlich auf die Teller verteilen, doch einige Teller bleiben dabei leer. Die Namen der Kinder wurden auf einen Zettel geschrieben und liegen gemischt in einem kleinen Korb. Die Zettel nun nacheinander herausnehmen und dem betreffenden Kind den nächsten Teller hinstellen. Wenn alle Teller aufgeteilt sind ...

1) gefunden in: Daniel Kleinworth (Hrsg.), Von des Winters Dunkelheit zum Licht, Droemersche Verlagsanstalt Th. Knaur, München 1988

Käthe Kollwitz: Deutschlands Kinder hungern, 1924
Käthe Kollwitz Museum, Köln

Gib denen, die hungern,
von deinem Reis.
Gib denen, die leiden,
von deinem Herzen.

Aus China

Kindergedicht

Honig, Milch und Knäckebrot -
manche Kinder sind in Not.

Zucker, Ei und Früchtequark -
macht nur manche Kinder stark.

Götterspeise, Leibgericht -
kennen manche Kinder nicht.

Wurst und Käse, Vollkornbrot -
manche Kinder sind schon tot.

Jürgen Spohn
aus:
H. J. Gelberg (Hrsg.), Geh und spiel mit dem Riesen
Erstes Jahrbuch der Kinderliteratur
Beltz Verlag, Weinheim und Basel 1971
Programm Beltz & Gelberg, Weinheim

Der Traum wird wahr

Dort gibt es keinen Säugling mehr, der nur wenige Tage lebt, und keinen Greis, der nicht das volle Alter erreicht. Die Einwohner werden Häuser bauen und selbst darin wohnen. Was meine Auserwählten mit eigenen Händen erarbeitet haben, werden sie selber verbrauchen. Sie arbeiten nicht vergebens, sie bringen nicht Kinder zur Welt für einen jähen Tod. Ihre Kinder wird man auf den Armen tragen und auf den Knien schaukeln.

Jesaja 65,20-23; 66,12

WIR DANKEN UNSERER MUTTER, DER ERDE, die uns ernährt. Wir danken den Flüssen und Bächen, die uns ihr Wasser geben. Wir danken den Kräutern, die uns ihre heilenden Kräfte schenken. Wir danken dem Mais und seinen Geschwistern, der Bohne und dem Kürbis, die uns am Leben erhalten. Wir danken den Büschen und Bäumen, die uns ihre Früchte spenden. Wir danken dem Wind, der die Luft bewegt und Krankheiten vertreibt. Wir danken dem Mond und den Sternen, die uns mit ihrem Licht leuchten, wenn die Sonne untergegangen ist. Wir danken unserem Großvater Hé-no, der uns, seine Enkelkinder, schützt und uns seinen Regen schenkt. Wir danken der Sonne, die freundlich auf die Erde herabschaut. Vor allem aber danken wir dem Großen Geist, der alle Güte in sich vereint und alles zum Wohl seiner Kinder lenkt.

Hé-no ist ein Schutzgeist, der den lebenspendenden Regen schenkt und mit Ehrentitel „Großvater" angerufen wird.

Gebet der Irokesen
aus:
K. Recheis und G. Bydlinski, Weißt du, daß die Bäume reden
Weisheit der Indianer
Verlag Herder, Wien 1984

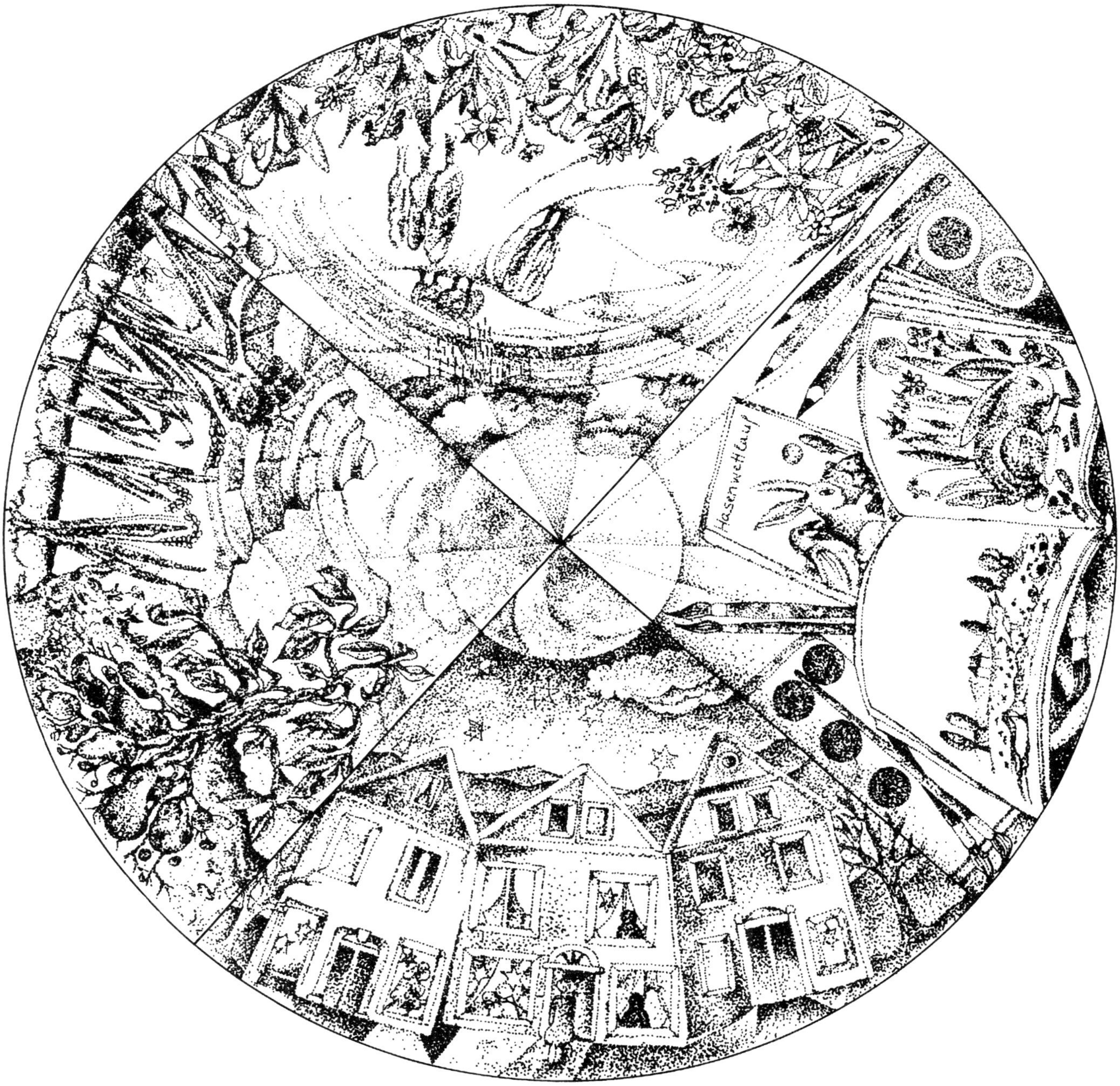

Türen und Fenster sind Schwellen zwischen dem Drinnen und dem Draußen.

Erfahrungsfeld der Kinder

Türen und Fenster als Möglichkeiten von Durchgang und Durchblick haben bei den Kindern im Kindergartenalter längst tiefenwirksame Spuren geprägt:
Bei der Geburt verläßt das Kind die hüllende und wärmende Geborgenheit der Mutter, erleidet einen mehr oder weniger schwierigen Durchgang durch das Geburtstor und ist dann dem Wechselbad vielfältiger Umsorgungen ausgesetzt.
Schon nach wenigen Monaten achtet das Kind auf die Tür: es strahlt, wenn die Tür aufgeht und Mutter oder Vater, Geschwister oder andere vertraute Personen hereinkommen, es weint, wenn es verlassen wird und die Tür sich schließt.
Sobald es krabbeln kann, versucht es, Türen aufzudrücken, und kaum kann es stehen, versucht es, die Klinke zu erreichen. Immer möchte es in die Gemeinschaft hinein; hier macht es seine guten und auch seine traurigen Erfahrungen.
Dem Kindergartenkind ist die Haus- oder Wohnungstür bereits vertraut, und auch die Tür zum Kindergarten, vielleicht auch die Tür zum Freund oder zu den Großeltern. Es weiß: wenn ich läute, wird mir geöffnet, ich bin willkommen. Umgekehrt wartet es ungeduldig an der Tür, wenn es jemanden erwartet. Vielleicht hat es auch schon einmal erfahren, daß es vor einer Tür stand und nicht hinein konnte, kein Schellen, Klopfen oder Rufen half.
Wie Kinder Türen erleben, hängt immer auch ab von den inneren zwischenmenschlichen Beziehungen: ob sie ihre Türen auch weit genug geöffnet haben oder ob sie zwischen sich und anderen die Tür fest verschließen möchten, wo sich tiefgreifende Ängste entwickeln in der Furcht, die Tür geht auf ...
Es gibt auch die heimlichen Türen, die Kinder neugierig machen, wo sie gerne stöbern möchten. Meist sind es die Türen von Schränken, die ihnen verboten werden.
Es können auch die Türen selbst sein, daß Kinder sie fürchten, weil sie im Dunkeln liegen, weil sie ihnen fremd sind, weil sie sich nur schwer öffnen lassen oder weil sie sich an ihnen verletzt haben. Müssen Kinder nicht oft das Gefühl haben, Türen sind von Erwachsenen für Erwachsene gemacht?
Zum besonderen Erleben von Draußen und Drinnen wird für Kinder das Durchschreiten großer Türen, wo sich ihnen der Eindruck aufdrängt, von einer Welt in eine andere zu kommen, zum Beispiel bei einer Kirche, bei einer alten Burg, bei einem Krankenhaus, bei großen Kaufhäusern ...
In Kinderzeichnungen gehört das Haus mit Türen und Fenstern zu den immer wiederkehrenden – vom Unbewußten kommenden – Gestaltungselementen.
Im Vergleich zu den Türerfahrungen sind die Kinder vom Fenster-Erleben viel weniger entscheidungsschwer betroffen. Fenster sind für sie selbstverständlich da, wie das Licht, das durch sie hindurchfällt.
Gerne stehen sie am Fenster und beobachten, was sich draußen ereignet. Je nach Wohnlage sind Aussicht und Eindrücke sehr unterschiedlich: mal mehr belebte Geschäftigkeit und Straßenverkehr, mal mehr Naturgeschehen im Wechsel der Jahreszeiten.
Im Winter wird den Kindern in besonderer Weise das Haus erfahrbar: erleuchtete Häuser in den Dämmerstunden am Morgen und am Abend; Wärme und Heimeligkeit hinter der geschlossenen Tür; am Fenster stehen, weil es schneit ...
Die Kinder öffnen täglich ein Türchen an ihrem Adventskalender, sie basteln Sterne und schmücken damit Fenster und Türen. Am Vorabend zum Nikolaustag stellen viele Kinder einen Teller vor die Tür und lassen sich am nächsten Morgen überraschen; im Kindergarten warten sie gespannt, bis es klopft und Sankt Nikolaus eintritt.
Bald heißt es: Weihnachten steht vor der Tür. Die Kinder freuen sich, wenn sich die Tür zum Weihnachtszimmer öffnet. Wenige Tage später erleben sie vielerorts den Brauch, daß die Sternsinger kommen und über die Haustür den Segenswunsch für das neue Jahr schreiben.
Die Kinder nehmen über die adventlichen, weihnachtlichen und winterlichen Lieder, Gedichte und Geschichten unbewußt Tür, Tor und Fenster als Symbole in sich auf, als Zeichen einer Frohbotschaft.

Dimension des Themas

Türen und Fenster gehören zum ganz elementaren Erleben der Kinder. Viele Male gehen sie durch eine Tür oder schauen durch ein Fenster. Vieles wirkt dabei auf die Kinder ein. Mit dem Thema „Von Türen und Fenstern" wird den Kindern Gelegenheit gegeben, sich mit den eigenen Erfahrungen auseinanderzusetzen und Unbewältigtes auszusprechen. Türen und Fenster bedeuten mehr als fehlende Mauerstücke ...

Türen und Fenster sind Schwellen zwischen dem Drinnen und dem Draußen, verbunden mit den zu unserem Leben gehörenden ambivalenten Lebenserfahrungen
von Zugang und von Unzugänglichkeit
von Freiheit und vom Gefangensein
von Geborgenheit und von Bedrohung
von Gemeinschaft und von Einsamkeit
von Willkommen und von Abschied
vom Willkommensein und vom Abgelehntwerden
vom Zuhausesein und vom Obdachlossein
von Kälte und Wärme
von Licht und Dunkel
von Aussicht und von Aussichtslosigkeit
von Klarheit und von Verschwommenheit.

Wir können anderen Türen öffnen oder verschließen. Türen können uns verschlossen sein oder werden uns geöffnet, und wir können hindurchschreiten. Ob dies nun wörtlich gemeint ist oder im übertragenen Sinne, ganz gewiß können wir hier bei einem bereits vielschichtigen Erleben der Kinder ansetzen.

Durch Anschauen, Erleben, Beobachten und über Erzählungen, Lieder, Verse und Spiele werden kindliche Erfahrungen vorbereitet oder wiederentdeckt, wird aufmerksames Wahrnehmen und Nachdenken gefördert und ständig erweitert, wird Wirklichkeit durchschaut und zugleich in ihrer Vielfalt erfahren. Vertraute Bilder der äußeren Welt verbinden sich tief mit dem Ich. Im Kindergarten ergeben sich Möglichkeiten, Erfahrungen aufzudecken, bei anderen wiederzuentdecken, zu bestätigen, aufzuarbeiten, zu überhören und neue Erfahrungen zu machen.

In Geschichten, Märchen und biblischen Erzählungen wird immer wieder unter dem Bild von Tür und Fenster dargestellt, in welcher Situation wir uns befinden: Wir möchten, sollen oder müssen anklopfen, aber wir wissen nicht, wer und was uns erwartet; bei uns wird angeklopft, und wir wissen nicht, ist es ein Hilfesuchender, ein Freund oder ein Bösewicht. Da führen – im Märchen – Türen ins Ungewisse, ins Dunkel; durch Bewährung oder geschenkte Hilfe kann Erlösung zuteil werden und können sich Tore öffnen zum hellen Licht. Um diese Spannung auszuhalten, brauchen unsere Kinder Vertrauen, Hoffnung, liebevolle Zuwendung.

In der Advents- und Weihnachtszeit wird in Kindergärten verstärkt situativ gearbeitet. Festtage, Brauchtum und Winterzeit bestimmen mehr als sonst im Jahr die Kindergartenarbeit. Türen und Fenster sind in dieser Zeit in besonderer Weise bildhafte, anschaulich wirkungsvolle Zeichen, in denen sich geschichtliche und religiöse Tiefen unseres menschlichen Daseins enthüllen – denen, die sich mit allen ihren Sinnen öffnen.

Modellziel

Fähigkeit entwickeln,

- sich Gedanken zu machen über die Unentbehrlichkeit von Türen und Fenstern;
- zu verinnerlichen, vor einer großen Tür zu stehen und sie dann von außen nach innen zu durchschreiten;
- einzelne Türarten im mimischen Spiel darzustellen;
- im Rollenspiel Inhalte darzustellen und zu verarbeiten, in denen Türen und Fenster eine besondere Bedeutung haben;
- das Öffnen von Türen und Fenstern ein wenig zu begreifen als Möglichkeit für Begegnungen mit anderen;
- sich Phantasiehäuser vorzustellen und kreativ zu gestalten;
- in Märchen die symbolische Bedeutsamkeit von Türen und Fenstern zu entdecken;
- in der Vorfreude auf Weihnachten Fenster und Türen zu schmücken – sie als Symbole auf die Weihnachtsbotschaft hin zu verstehen;
- wie Sankt Nikolaus anderen heimlich etwas durchs Fenster zu werfen oder vor die Tür zu legen;
- etwas von der Herbergssuche in unsere Zeit zu übertragen;
- die Tür, durch die die Hirten und Könige gegangen sind, für sich selber zu öffnen;
- durchs Fenster hindurch zu beobachten, was sich draußen in der Natur oder sonst ereignet.

Elternbrief

Liebe Eltern!

Türen und Fenster spielen im Leben der Kinder eine große Rolle: Wenn ich anklopfe oder läute, wird mir geöffnet – ich werde erwartet ... Wenn es klopft oder läutet, wird geöffnet ... Ich stehe vor einer Tür, sie ist verschlossen ... Die Tür ist zu schwer, ich kann sie nicht öffnen ... Ich bin gespannt, was hinter der Tür ist ... Ich traue mich nicht, durch die Tür zu gehen ... Ich stehe am Fenster und warte, bis Mamas Auto kommt, dann laufe ich Mama entgegen ... Ich schaue aus dem Fenster und beobachte, wenn es schneit ... Ich schlafe am liebsten, wenn die Tür ein bißchen offen steht ... Bald darf ich das erste Türchen am Adventskalender öffnen ...
Solche Erlebnisse und Erfahrungen haben alle Kinder. Das gibt uns die Gelegenheit, in der winterlichen Jahreszeit und vorweihnachtlichen Festzeit in besonderer Weise „Türen und Fenster" im Kindergarten zu thematisieren:

– In Rollenspielen, Spielliedern und Geschichten wird von Türen und Fenstern die Rede sein, und es kann verarbeitet werden, was die Kinder dazu so mit sich herumtragen.

– Durch das Erleben besonderer Türen und durch Beobachtungen am Fenster möchten wir den Kindern zu eigenen Erfahrungen verhelfen.

– In Märchenrätseln kann die unterschiedliche symbolische Bedeutung von Türen und Fenstern deutlich werden.

– Wir schmücken Fenster und Türen und zeigen damit, daß wir uns auf Weihnachten freuen.

– Selbst die Nikolausgeschichte ist diesmal eine Fenstergeschichte. – Und Hirten und Könige gingen in Bethlehem durch die Tür in den Stall.
Vielleicht achten nun auch Sie eine Weile auf die Zeichen von Tür und Fenster und greifen auf, was Ihr Kind darüber zu Hause äußert.

Wir freuen uns auf unser neues Thema und grüßen Sie herzlich

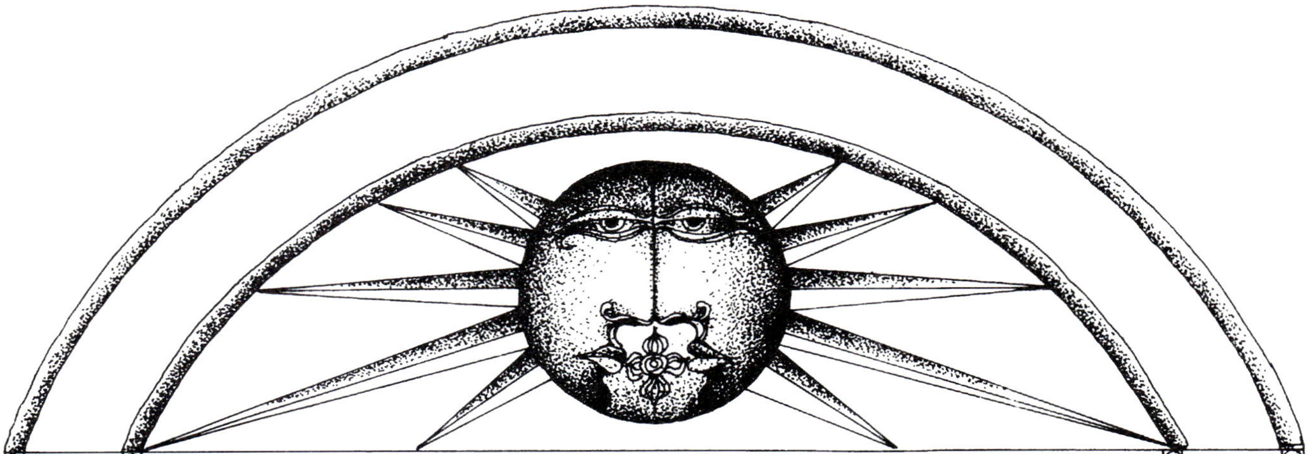

Sprichwörter und Redeweisen

Wer den richtigen Schlüssel hat, kann die Tür öffnen
Jemandem die Tür offenhalten
Jemandem die Tür vor der Nase zuschlagen
Mit der Tür ins Haus fallen
Offene Türen einrennen
Überall offene Türen finden
Jemanden vor die Tür setzen
Freunden ist keine Tür verschlossen
Wer durchs Fenster ins Haus kommt, ist ein Dieb
Wer zu spät kommt, steht vor verschlossener Tür
„Draußen vor der Tür" (W.Borchert)
Wer durch eine niedrige Tür will, muß sich bücken
Angst verriegelt Türen
Wer sich einschließt, schließt sich aus
Wer zur Tür hinaus ist, hat die Hälfte der Reise getan
Jeder kehre vor seiner eigenen Tür
Eine gute Nachricht geht durch geschlossene Türen
Wenn eine Tür sich schließt, tut eine andere sich auf
Wer anklopft, dem wird geöffnet (Lk 11,10)
Weihnachten steht vor der Tür
„Macht hoch die Tür, die Tor macht weit"
Gemalte Fenster machen das Haus nicht hell
Wer trübe Fenster hat, dem erscheint alles grau
Geld zum Fenster hinauswerfen
„Blumen" durchs Fenster werfen
Die Augen sind Fenster nach außen und innen
Ein gütiger Mensch ist wie ein Fenster zum Himmel

Tür und Tor

Es gibt
Haustüren
Zimmertüren
Kellertüren
Hintertüren
Bodentüren
Gartentüren
Stalltüren
und
Schranktüren
Safetüren
Ofentüren
und
Kindergartentüren
Schultüren
Kirchentüren
Theatertüren
Krankenhaustüren
Rathaustüren
Gasthaustüren
Kaufhaustüren

Türen haben auch
Autos
Busse
U-Bahnen
Züge
Schiffe
Flugzeuge

Wir kennen
Flügeltüren
Pendeltüren
Drehtüren
Schiebetüren
Scherengittertüren
Harmonikatüren
Hubtüren
manche gehen automatisch

Es gibt Tore und Portale:
Stadttore
Kirchenportale
Burgtore
Schloßtore
Hoftore
Scheunentore
Garagentore

Es gibt auch heimliche Türen und Tore:
Sie sind versteckt, z.B.
Falltüren und Falltore

Es gibt auch Blendtüren:
Das sind vorgetäuschte Türen,
man kann sie nicht öffnen

Und es gibt Türchen, z.B.
Adventskalendertürchen:
Hinter jeder Tür ist etwas Schönes,
hinter der größten Tür ist die Krippe

Türen und Tore sind oft aus Holz,
aber auch aus Eisen, Bronce oder Glas,
oder sie haben von allem etwas

Türen und Tore haben Angeln,
manche quietschen oder knarren

Türen und Tore gehen nach innen auf
oder nach außen

Jedes Haus hat eine Haustür
mit einer Schwelle

Zu jeder Haustür gehören
eine Türklinke
ein Schloß mit Schlüsseln
ein Namensschild oder mehrere
ein Briefkasten oder mehrere
ein Klingelknopf oder mehrere oder
eine Türglocke oder ein Türklopfer

Manche Haustüren haben
ein Fenster oder ein Guckloch oder
eine Sprechanlage

Wenn ein Fest ist,
wird die Haustür schön geschmückt

An der Haustür steht man
beim Willkommen und
beim Abschied –
drinnen oder draußen

Türen schließen das Drinnen ab
vom Draußen, von Kälte, Hitze, Nässe,
Sturm, Dunkelheit und allem Fremden

Wir können Türen öffnen und
schließen und abschließen

Wir können an Türen anklopfen:
Die Türen werden aufgemacht oder
sie bleiben verschlossen

Es gibt eine Tür zum Herzen

Fenster

Jedes Haus hat Fenster

Fenster sind die „Augen“ des Hauses

Fenster haben Fensterscheiben,
die sind aus Glas und
können zerbrechen

Es gibt große Fenster, z.B.
im Kindergarten

Es gibt kleine Fenster, z.B.
im Gartenhäuschen

In der Stadt sind Schaufenster

Fenster gewähren
Einblicke
Ausblicke
Durchblicke

Fenster lassen Licht durch,
sie sind durchsichtig

Fenster machen Räume weit,
sie holen „die Welt“ herein

Man kann sie öffnen und
frische Luft hereinlassen

Durch Fenster kann man
schauen, winken, rufen

Am Fenster kann man
sitzen und warten

Manche Fenster lassen sich
nicht öffnen

Es gibt auch Blendfenster:
Das sind vorgetäuschte Zierfenster

Oft haben die Fenster Gardinen, und
auf der Fensterbank stehen Blumentöpfe

Viele Fenster haben auch
Rolläden oder Fensterläden

Manche Fenster haben Gitter

Die Kirchenfenster sind
besonders schöne Fenster:
Sie haben leuchtende farbige Bilder

Wenn die Sonne scheint,
kommt sie auch durchs Fenster

In der Nacht
leuchten Mond und Sterne durchs Fenster

Im Sommer
blühen bunte Blumen vor dem Fenster

Wenn es nebelig ist,
kann man auch durchs Fenster nichts sehen

Wenn es regnet,
klatschen Regentropfen gegen das Fenster

Und wenn es schneit,
hocken Schneeflocken auf der Fensterbank

Wenn es kalt ist,
beschlagen die Fensterscheiben:
Dann lassen sich mit den Fingern
Gesichter oder Herzen malen

Im sehr kalten Winter
kann es Eisblumen am Fenster geben

Vor Weihnachten
leuchten an vielen Fenstern Sterne

Und Weihnachten
leuchten die Kerzen von vielen Tannen-
bäumen durch die Fenster nach draußen

Es gibt auch Wolkenfenster:
So sagt man, wenn die Wolken sich
ein bißchen öffnen und
blauer Himmel zu sehen ist

Man kann auch sagen:
Augen sind Fenster

Geschichte:
Von der Tür

Knirps kommt von einem großen Ausflug in die weite Welt wieder nach Hause. Sonne und Mond, Laterne und Lampe, Regen und Pfütze, See, Fluß und Meer, Acker und Luft, Straße und Brücke haben ihm ihre Geheimnisse verraten. Auf der Schwelle der Haustür bleibt er stehen, dann setzt er sich hin, um nachzudenken ... über die Tür.

gGg

- Die Kinder, falls sie „den Knirps" nicht kennen, in die kleinen „Geschichten von großen Dingen" einführen, vielleicht mit der Einleitung – „Der Anfang" – beginnen.
- Den Kindern die Geschichte „Von der Tür" vorlesen bis zu der Zeile „Bitteschön, sagte die Tür."
  Die Kinder überlegen und sagen lassen, was sie über die Tür denken und an welche Türerlebnisse sie sich erinnern: ... Als sie einmal vor verschlossener Tür standen ... Als einmal die Tür ins Schloß fiel ... Als sie einmal eine Tür nicht aufbekamen ... Welche Tür sie am schönsten finden ...
- Den Kindern das Gespräch zwischen dem Knirps und der Haustür zu Ende vortragen.

Der Anfang

Es war einmal ein Kind. Das war sehr klein. Man nannte es deshalb einfach Knirps.

Der Knirps lebte in einem großen Haus. Alles um ihn herum war groß und fremd. Alle Dinge waren vor dem Knirps auf der Welt.

Der Knirps wollte die Dinge kennenlernen.

Von der Tür

Der Knirps kam nach Hause. Er ging durch die Tür. Doch auf der Schwelle blieb er stehen.
Dann setzte er sich hin und stützte seinen Kopf auf den Arm.
„Laß mich nachdenken“, sagte der Knirps zur Tür.
„Worüber?“ fragte die Tür.
„Dumme Frage“, sagte der Knirps. „Über dich natürlich. Den ganzen Tag bekam ich Geschichten erzählt. Jetzt will ich dir was erzählen.“
„Bitteschön“, sagte die Tür.
„Also -“, sagte der Knirps. „Du bist dazu da, damit ich durch dich hindurchgehe. Immer wenn ich durch eine Tür gegangen bin, sieht alles anders aus. Dann komme ich in ein anderes Zimmer – oder nach draußen. Am Morgen sause ich durch dich – in die Schule. Und mein Vater geht durch dich zur Arbeit.“
„Richtig“, sagte die Tür. „Und wenn ihr abends die Tür aufmacht, freut ihr euch, daß ihr wieder zu Hause seid.“
„Du sollst still sein“, sagte der Knirps. „Ich will es selbst rauskriegen. Dich gibt es auch, damit wir alleine sein können. Damit einen niemand sieht.“
„Ja“, rief die Tür. „Und im Winter lasse ich die Kälte nicht rein und halte die Wärme in der Stube.“
„Darauf bilde dir nur nichts ein“, sagte der Knirps. „Das tun die Fenster und die Mauern schließlich auch.“

Max Kruse
aus:
Warum ... Kleine Geschichten von großen Dingen
Deutscher Taschenbuch Verlag, München 1980

Geschichte:
Die Schildbürger bauen ein Rathaus

Die den Schildbürgern zugeschriebenen törichten Streiche sind alte Volkserzählungen, die erstmals im Lalebuch von 1598 gesammelt wurden. Die Torheiten und Streiche vieler Gemeinden wurden auf einen Ort, Schilda in Sachsen (heute Schildau), übertragen. Eine dieser Geschichten erzählt, wie die Schildbürger ihr Rathaus bauten, aber vergaßen, Fenster einzubauen, und wie sie auf den Gedanken kamen, das Licht der Sonne mit Gefäßen in ihr Rathaus zu tragen.

Wenn diese Schildbürgergeschichte den Kindern als Rätselgeschichte vorgetragen wird, werden sie bald darauf kommen, welche Dummheiten die Schildbürger machten und sich köstlich amüsieren.

Die Geschichte gibt Gelegenheit, mit den Kindern zu überlegen, welche Bedeutung Fenster für uns haben und an welche besonderen Fenstergerlebnisse sie sich erinnern.

Wie die Schildbürger dann mit Kerzen auf ihren Hüten in ihrem Rathaus Rat hielten und wie sie dann doch noch dahinter kamen, was sie beim Rathausbau vergessen hatten, läßt sich nachlesen in dem hummorvoll von Otfried Preußler erzählten Büchlein „Bei uns in Schilda“, dtv junior, S.28-53.

Die Schildbürger bauen ein Rathaus

Eines Tages beschlossen die Schildbürger, in ihrer Stadt Schilda ein Rathaus zu bauen. Weil sie etwas Besonderes haben wollten, sollte das Haus dreieckig werden. So holten sie Holz aus dem Wald und schafften Steine, Sand und Kalk herbei. Mit großem Eifer halfen alle Schildbürger mit. In wenigen Tagen hatten sie die drei Hauptmauern hochgemauert. Das Bauholz für das Dach wurde zusammengefügt und gezimmert und das Dach mit Ziegeln eingedeckt.
Nun versammelten sich die Schildbürger, um das neue Rathaus einzuweihen und zu sehen, wie es sich dort arbeiten lasse. Kaum aber waren sie alle eingetreten – siehe, da war es ganz dunkel um sie her, so dunkel, daß einer den anderen nicht erkennen konnte. Darüber erschraken sie sehr. Sie konnten sich nicht erklären, welchen Grund das haben sollte. Ob sie denn vielleicht beim Bauen einen Fehler gemacht hätten, weshalb das Licht aufgehalten würde?
So gingen sie denn alle wieder hinaus und betrachteten die Mauern. Aber alle drei standen vollkommen da, und das Dach saß ordentlich obenauf. Auch an Licht fehlte es draußen nicht. Sobald sie aber wieder ins Rathaus hineingingen, war es dunkel wie zuvor. So sehr sie sich auch den Kopf zerbrachen, sie konnten weder finden noch raten, warum es im Rathaus so dunkel blieb.
Schließlich sagte ein Schildbürger: Wer weiß denn, ob sich das Licht nicht in einem Sack tragen läßt, so wie Wasser in einem Eimer getragen wird. Keiner von uns hat es jemals versucht. Laßt uns darangehen. Gefäße haben wir genug. Wir werden als Erfinder dieser Kunst großes Lob ernten.
Dieser Vorschlag gefiel allen Schildbürgern. Deshalb kamen sie am Mittag, wo die Sonne am besten scheint, vor das neue Rathaus. Sie ließen die Sonne in ihre langen Säcke scheinen, knüpften sie eilig zu und rannten damit in das Rathaus, um das Licht dort auszuschütten. Andere schaufelten das Licht in Töpfe und Fässer und trugen es ins Rathaus. Ein Schildbürger wollte sogar das Licht mit einer Mausefalle fangen und so ins Haus tragen. Alle arbeiteten mit einem solchen Eifer, daß sie vor Hitze fast verdursteten und vor Müdigkeit umfielen.
Im Rathaus aber blieb es dunkel. So sprachen sie: Nun, es wäre doch eine feine Kunst gewesen, wenn es geglückt wäre. Nun, die wahre Ursache aber war?

Nach der Überlieferung
frei erzählt von Hubertus Vorholt

„Die Tür ermöglicht, einen abgegrenzten Bereich dennoch zu betreten. Sie ist dazu da, daß man hineingelangt. Wenn es irgendwo eine Tür gibt, dann ergibt sich der Wunsch und das Ziel, diese Tür zu durchschreiten und zu entdecken, in welche Räume sie führt. Eine Tür kann geschlossen sein. Dann ist es nicht ohne weiteres möglich, hineinzugelangen. Man muß unter Umständen draußen bleiben. Das ist immer ein katastrophales Erleben. Vor verschlossener Tür stehenbleiben müssen und nicht hineinzukönnen, das bringt zur Verzweiflung. Wer auf andere Weise eindringen wollte – durch Fenster oder sonstige Schlupflöcher – benähme sich kriminell. Wer es versucht, gelangt doch nicht ans Ziel. Denn er wird als 'Dieb und Räuber' hinausgeworfen. Ein- und ausgehen können, das ist die Freiheit, die durch eine Tür ermöglicht wird." (Felicitas Betz, a.a.O.)

Ein Tür- Torerlebnis

Ziel unserer meditativen Bemühung mit Kindern im Vorschulalter wird sein, ihnen die Tür oder das Tor als eine Schwelle erlebbar zu machen, die den Reiz in sich birgt, durchschritten zu werden. Daß dieser Reiz gestillt wird, ist der springende Punkt. Deshalb sind verschlossene Türen so enttäuschend. Deswegen begleitet das Durchschreiten eines geöffneten Tores ein angenehmes Gefühl: es ist gelungen, erreicht, es kann der neue Raum erobert werden. – In unserer schnellebigen Zeit, die kein Verweilen fördert, in der alle Hindernisse möglichst schnell beseitigt werden, wird auch das Erlebnis „Tür als Durchgang" – der nicht selbstverständlich ist – verwischt und verhindert: Türen öffnen und schließen sich selbst. Türen sind auch für Kinder schon bequem zu öffnen, die Schlösser klein, die Schlüssel handlich.
Das ist alles sehr zweckmäßig und bequem für uns, bringt uns aber um das starke Erleben. Ein großes, schwer zu öffnendes Haustor übt eine ganz andere Wirkung aus. Also müssen wir dafür sorgen, daß die Kinder Gelegenheit bekommen, den Symbolwert von Tür und Tor einmal intensiv zu erleben. Das ist für sie wichtig, wenn ihnen nämlich dieses Erleben vorenthalten wird, entgeht ihnen ein wichtiger Lebensvorgang. Lebt doch im Dämmer ihrer Seele noch die Erinnerung an ihren Eintritt in das Leben. Dieses Durchschreiten des Geburts-Tores ist für sie schon gefühlsbesetzt gewesen und hat Erinnerungsspuren hinterlassen. Vielleicht war dieses Tor für sie schwer zu passieren (im Gegensatz zu der Leichtigkeit, die sie in ihrer Umwelt beim Türenöffnen feststellen), vielleicht sind ihnen von diesem Vorgang traumatische Erlebnisse übriggeblieben.
Nicht zufällig gibt es eine Reihe von Kinderspielen und Liedern, die das Durchkommen durch ein Tor zum Inhalt haben, denn sie bergen Spieltherapien in sich: „Machet auf das Tor, machet auf das Tor, es kommt ein goldner Wagen ..." oder „Krieche durch, krieche durch, durch die goldene Brücke ..." Die gleiche Wirkung haben Kreisspiele, die das Gefangensein symbolisieren und den Gefangenen zum Ausbrechen anleiten – oder auch umgekehrt: ein Ausgeschlossener möchte in die Geborgenheit eindringen und sucht ein Durchgangsloch. Zur meditativen Erarbeitung von Tür und Tor gehört das Vertrautmachen mit solchen Liedern, Versen, Spielen.
Wenn eine Erzieherin eine Zeitlang so etwas in Gang gebracht hat, dann wird sie sich nach einer Möglichkeit umsehen, den Kindern ein eindrucksvolles Tor-Erleben zu verschaffen. Sie wird zunächst Ausschau halten nach ungewöhnlichen Türen und Toren, diese den Kindern zeigen oder die Kinder solche Tore suchen lassen, z.B. durch die Anregung, auf dem Heimweg aufmerksam zu sein, ob es nicht ein großes Tor zu entdecken gibt, an dem man sonst achtlos vorbeigeht. –
Der Höhepunkt des pädagogischen Elements „Tür und Tor" sollte dann das Durchschreiten eines Portals sein, das zuerst verschlossen war und im Beisein der Kinder für sie geöffnet wird. Vielleicht läßt sich das am besten und einfachsten mit einem Kirchenportal bewerkstelligen. Ein Vorgespräch mit dem Pfarrer könnte darauf abzielen, ihn zur Mitarbeit zu gewinnen: Zu einem bestimmten Zeitpunkt finden sich die Kindergartenkinder mit ihrer Erzieherin – auch Eltern könnten eingeladen werden – vor der Kirche ein: das Tor ist verschlossen. Die Kinder klopfen an. Von drinnen kommt die Stimme des Pfarrers: „Wer ist da?" Der Pfarrer öffnet: „Die Tür ist auf – tretet ein!"
Nun sollten alle mit einem Lied einziehen. Man könnte ein Lied singen, das vorher mit den Kindern erfunden und erarbeitet worden ist, mit einem einfachen Text, wie die Kinder ihn bringen, zum Beispiel:

Kinder dieses Alters haben einen ausgesprochenen Sinn für Umgänge und Prozessionen. Mit einem Lied, vielleicht auch mit einer Fahne als sichtbarem Zeichen ... könnte durch den Mittelgang in die Kirche eingezogen und dann der ganze Raum einmal umgangen werden.
Zuletzt läßt man die Kinder sitzend noch ein wenig verweilen und den Raum nachempfinden: wie hoch er ist und wie weit ... Wenn es beginnt, unruhig zu werden, könnte noch einmal ein Lied aufgenommen werden oder ein kurzes Gebet das Ganze beschließen.

Zur Vertiefung des Erlebten könnte an einem anderen Tag im Kindergarten der Vorgang des Toröffnens pantomimisch noch einmal nachgespielt werden.

Felicitas Betz: Meditative Übungen im Kindergarten – Tür-Tor, in: H.König (Redaktion) Welt des Kindes, Heft 2/80, S.159ff, Kösel-Verlag, München
(Rechte bei der Autorin)

So öffnen und schließen wir Türen

Pantomimisch darstellen, wie wir Türen öffnen und schließen:
Flügeltüren
Schiebetüren
Drehtüren
Bodentüren
Pendeltüren

Pendeltüren

Text: Marina Palmen Melodie: Ludger Edelkötter

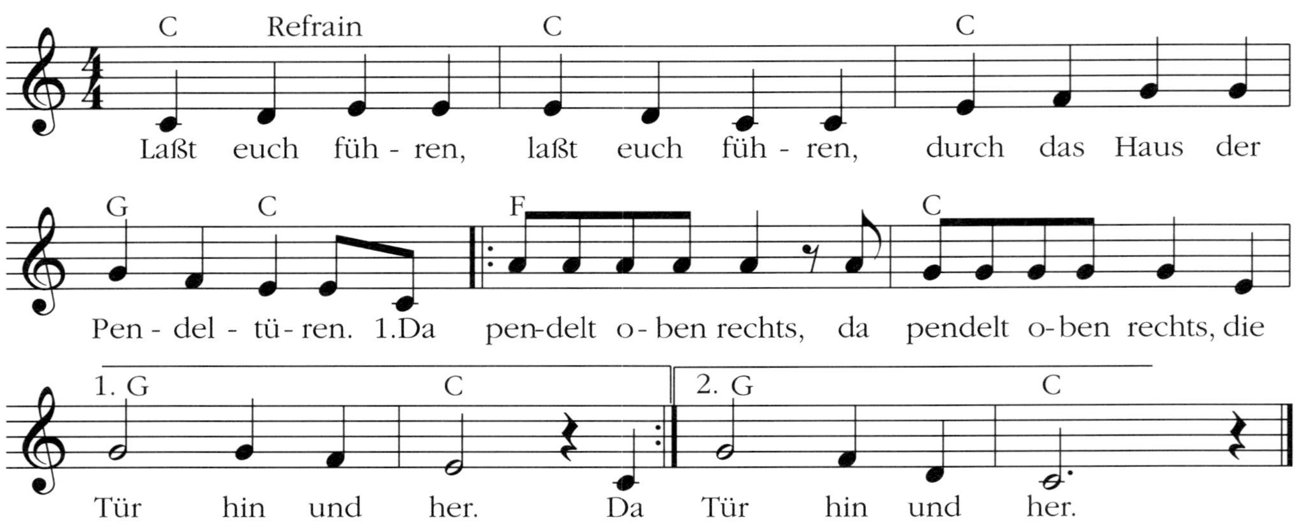

Refrain:
Laßt euch führen, laßt euch führen
durch das Haus der Pendeltüren:

2. Da pendelt oben links,
da pendelt oben links
die Tür hin und her.
Da pendelt oben links,
da pendelt oben links
die Tür hin und her.

3. Da pendelt unten rechts,
da pendelt unten rechts
die Tür hin und her.
Da pendelt unten rechts,
da pendelt unten rechts
die Tür hin und her.

4. Da pendelt unten links,
da pendelt unten links
die Tür hin und her.
Da pendelt unten links,
da pendelt unten links
die Tür hin und her.

Spielanregung:
Alle Teilnehmer führen stehend Folgendes zum Gesungenen aus:

Den rechten Arm zeigen und hin und her pendeln lassen.
Den linken Arm zeigen und hin und her pendeln lassen.
Das rechte Bein zeigen und hin und her pendeln lassen.
Das linke Bein zeigen und hin und her pendeln lassen.

Wir schließen das Tor

Melodie und Text: Thilde Lorenz

aus:
A. Gaß-Tutt, TANZKARUSSELL Band 1
Fidula-Verlag, Boppard/Rhein und Salzburg 1972

Spielanregung:
Die Kinder bilden eine acht kleine Schritte breite Gasse. Sie fassen einander nach links und rechts an.

Teil A Takt 1-2: Die beiden Reihen gehen mit vier Schritten aufeinander zu, die Kinder lassen sich gegenseitig los und heben die Arme mit ihrem Gegenüber zum Tor.
Takt 3-4: Sie fassen sich nach links und rechts an und gehen vier Schritte rückwärts.
Takt 5-8: Die Erzieherin ruft zwei sich gegenüberstehende Kinder auf, die sich mit gefaßten Händen an den Anfang der Gasse stellen.

Teil B Takt 1-4: Beide tanzen im Galoppschritt (seitwärts, Zweihandfassung) durch die Gasse,
Takt 5-8: ebenso zurück, verabschieden sich, treten als erstes Paar zur Gasse zurück, die anderen rücken auf. Während Teil B klatschen alle Kinder.

Wo ist die Tür?

Material:
Augenbinde mit Papiertüchern

gGg

Spielanregung:
Die Kinder stehen im Kreis und fassen sich an. Die Erzieherin steht in der Kreismitte, winkt ein Kind zu sich und verbindet ihm – wenn es ihm recht ist – die Augen. Dann winkt sie ein zweites Kind zu sich; der Kreis bleibt an dieser Stelle offen – hat eine Tür. Das erste Kind tastet den Kreis ab und sucht die Tür. Hat es sie gefunden, nimmt es sich die Augenbinde ab und schließt den Kreis an dieser Stelle.
Die Erzieherin verbindet dem zweiten Kind die Augen. Sie winkt das dritte Kind zu sich, das zweite Kind sucht die neue Tür ...

Anleitung zum Bau einer Wand mit Spieltür

Material:

Kartonage (Pappverpackung von Möbeln), Größe etwa 1,60 m mal 2,00 m
Tür- und Fensterbeschläge in leichter Ausführung (Türklinke, Türschloß mit Schlüssel, Fenstergriff, Scharniere)
Türklingel mit Klingelknopf (batteriebetrieben) oder Türglocke
Flache Holzleisten zum Einfassen der Rahmen (Wand, Tür und Türrahmen, Fenster und Fensterrahmen) etwa 18 m
Folie und Gardinen für das Fenster

Bauanleitung:

- Entsprechend den Skizzenmaßen die Tür und das Fenster ausschneiden.
- Leisten zuschneiden, je 2 mal die Wandbreite und -höhe, die Türbreite und -höhe, die Türrahmenbreite und -höhe, die Fensterbreite und -höhe.
- Die Leisten mit Doppelklebeband an der Kartonage befestigen oder (und) mit Klammern antackern. (Anmerkungen: Wenn alle senkrecht laufenden Leisten an einer Seite und alle waagerecht laufenden Leisten an der anderen Seite der Kartonage befestigt werden, liegen die Leisten an den Ecken gegeneinander und können genagelt oder mit Holzschrauben verbunden werden. Die Tür und das Fenster sollten durch eine versetzte Leiste einen Anschlag bekommen.)
- Die Tür und das Fenster ausrüsten und einbauen.
- Türklingel oder Türglocke anbringen.
- Unten Querleisten und Verstrebungen anbringen, wenn die Türwand als freistellbare Kulisse eingesetzt werden soll. (Ansonsten genügt es, die Türwand an ihrer Fensterseite zwischen zwei Tische zu stellen.)

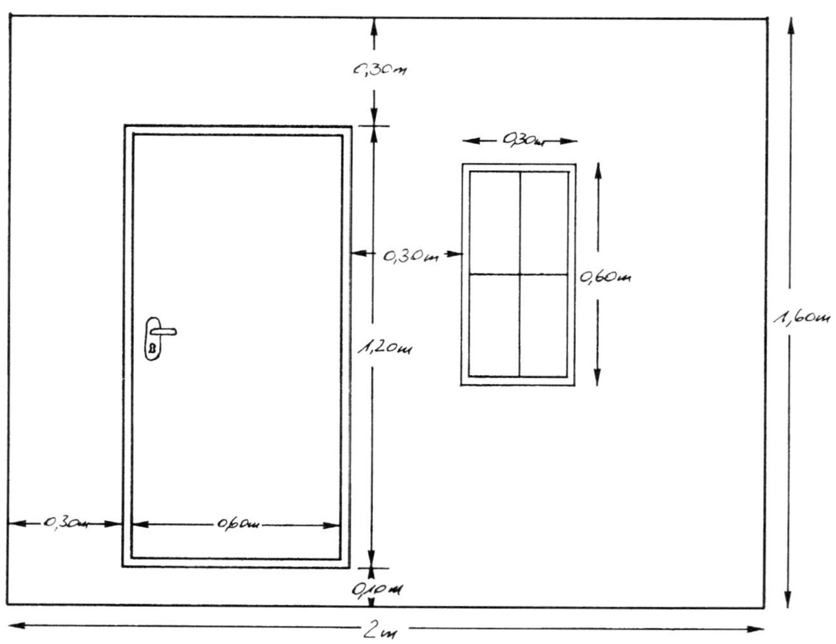

Rollenspiele von Türen und Fenstern

Die Türwand als Raumteiler aufstellen, sie teilt das Drinnen vom Draußen. Die Kinder, die beim Rollenspiel zuschauen, sind immer ein Stückchen „schlauer" als die Spieler, – sie schauen gleichzeitig „vor" und „hinter" die Tür.
Die Kinder überlegen sich kleine Szenen, verteilen untereinander die Rollen, tragen notwendige Requisiten zusammen und spielen. Beispiele:

- Eine Familie erwartet Besuch – endlich kommt der Besuch
- Ein Kind kommt nach Hause, doch niemand öffnet ihm die Tür – endlich kommt Vater oder Mutter von einer Besorgung zurück
- Ein Kind ist zu Hause – ein anderes Kind kommt und möchte es zum Spielen abholen

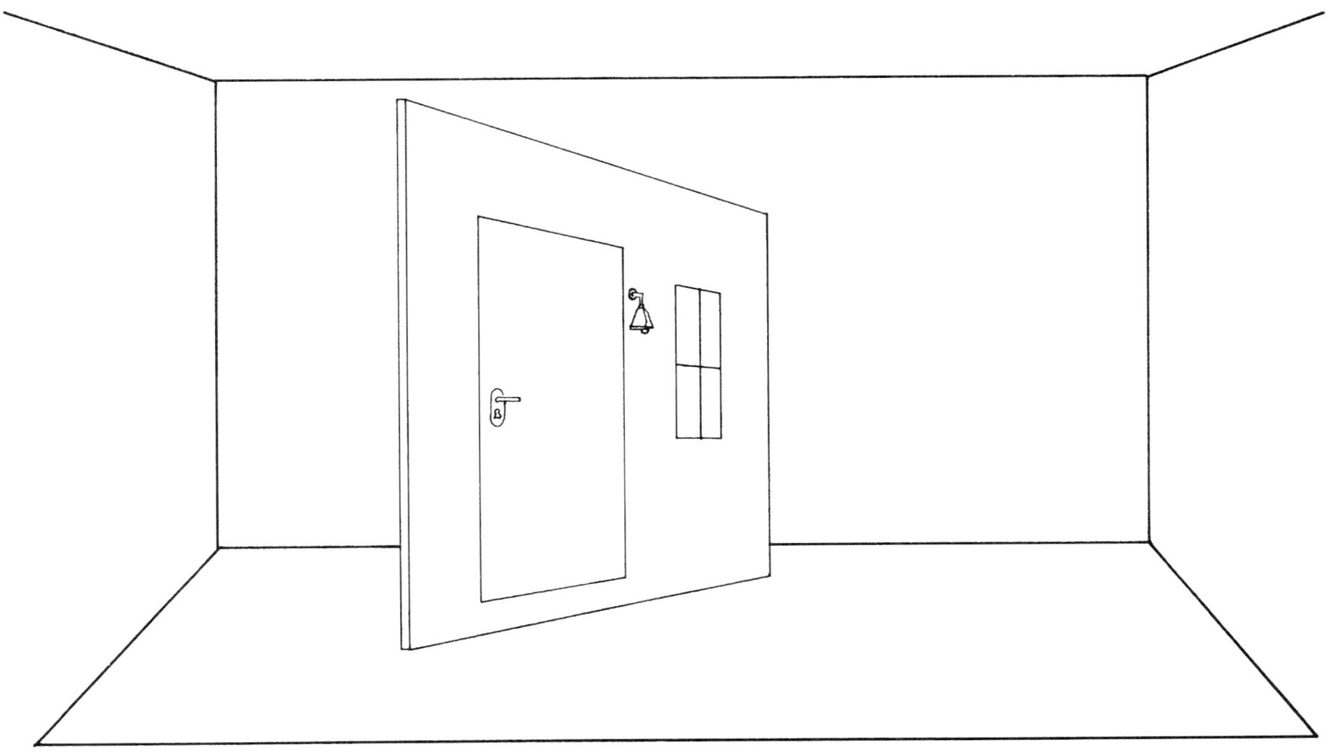

Anmerkungen: Die Wand mit der Spieltür und dem Fenster kann bei den nachfolgenden „Bausteinen" vielfältig eingesetzt werden. Sie sollte den Kindern auch für das tägliche Freispiel in der Puppenecke zur Verfügung stehen.

Schau genau!

Vorbereitung:
(Ausgediente) Schlüssel aller Art sammeln. Die Schlüssel einzeln auf einen großen Bogen Zeichenkarton legen und mit einem spitzen Stift umfahren. Den Schlüssel-Bogen mit Klarsichtfolie überziehen. Die Schlüssel in einer Schale oder in einem Kästchen bereitstellen.

EP

Spielanregung:
Die Schlüssel den Abbildungen zuordnen.

Finde Paare

Vorbereitung:
Schlüsselpaare sammeln und in einer Schale oder in einem Kästchen bereitstellen.

EP

Spielanregung:
Die Schlüssel paarweise zuordnen.

Briefträgerspiel

Material:
Zettel mit der eigenen Hausnummer, Briefumschläge

gGg

Spielanregung:
Die Kinder bekommen die Aufgabe, zu Hause die eigene Hausnummer groß auf ein Blatt Papier zu malen. Die Erzieherin bereitet für jedes Kind einen Briefumschlag mit dessen Hausnummer vor.
Die Kinder sitzen im Kreis und halten das Blatt mit ihrer Hausnummer vor sich. Auf einem Tisch steht ein Kästchen, das die Briefumschläge mit den Hausnummern enthält. Ein Kind beginnt, es zieht einen Briefumschlag, schaut sich die Nummer an und sucht nun durch Vergleichen den Adressaten; der darf dann den Briefträger spielen.

Hausspruch

In meinem Haus,
da wohne ich,
da schlafe ich,
da esse ich.

Und wenn du willst,
dann öffne ich die Tür
und laß dich ein.

In meinem Haus,
da lache ich,
da weine ich,
da träume ich.

Und wenn ich will,
dann schließe ich die Tür
und bin allein.

Gina Ruck-Pauquèt
(Rechte bei der Autorin)

Die Kinder werden „ihr Wohnhaus" jetzt sicher mit „ihrer" Hausnummer versehen.

Hallo, du im Nachbarhaus

Text: Marina Palmen Melodie: Ludger Edelkötter

Refrain: Hallo, du im Nachbarhaus,
öffne deine Türe.
Hallo, du im Nachbarhaus,
komm zu mir heraus.
1. Wir springen jetzt so, so
und werden dabei froh.

Refrain: 2. Wir klatschen jetzt so, so
und werden dabei froh.

Refrain: 3. Wir wandern jetzt so, so
und werden dabei froh.

Refrain: 4. Wir stampfen jetzt so, so
und werden dabei froh.

Refrain: 5. Wir federn jetzt so, so
und werden dabei froh.

Refrain: 6. Wir kitzeln uns so, so
und werden dabei froh.

Refrain: 7. Wir streicheln uns so, so
und werden dabei froh.

Refrain: 8. Wir mögen uns so, so
und werden dabei froh.

Refrain: Ende

Spielanregung:
Zu Beginn wählt jeder einen Partner, dem er gegenübersitzen möchte. Eine Strophe wird gesungen und gespielt. Jeder sucht einen neuen Sitzplatz und sitzt somit einem anderen Partner gegenüber. In der letzten Strophe fassen sich alle Spieler an den Händen und bilden abschließend einen Kreis.

aus:
M. Palmen/L. Edelkötter, Hallo, du im Nachbarhaus
Bergmoser + Höller Verlag, Aachen 1983
3. Auflage 1991
MC zum Buch: IMPULSE-Musikverlag, Drensteinfurt

Vorlesebuch: Julias Haus

In dem Buch „Julias Haus" von Hanna Hanisch wird eine schöne Idee als Spiel verwirklicht: Leute besuchen. Eine Woche lang macht Julia in ihrem neuen Haus Besuche bei ihren Mitbewohnern. So steht sie täglich vor einer anderen Tür. Sie ist gespannt: Wer wird mir öffnen? Werde ich eingelassen? Wie wird es sein? Sie klingelt, stellt sich – immer mit den gleichen Worten – vor und hält dabei Gänseblümchen in den Händen; das wird zum vertrauten Element im Buch. Es öffnen sich ihr Türen, und Julia fühlt sich in der neuen Umgebung nicht mehr fremd. So werden die Mauern und Türen für Julia durchsichtig. Das Buch macht deutlich, daß Nähe und Vertrautheit geschenkt wird, wo Türen sich öffnen.

Anmerkung: Das Buch „Julias Haus" aus dem Verlag Herder ist im Handel nicht mehr erhältlich, in vielen Kindergärten aber sicherlich noch vorhanden.

Erzählung: Solche Häuser und andere Häuser

Der folgende kurze Text erzählt von drei Kindern, die in ihrer Nachbarschaft umhergehen und so ihre Erfahrungen machen, wenn sie bei Nachbarn klingeln: Oft werden sie „abgewimmelt", manchmal sind sie herzlich willkommen.

Solche Häuser und andere Häuser

Eva, Usch und Daniel gehen die Straße entlang und klingeln an den Häusern.
„Guten Tag", sagen sie zu Herrn Max. „Dürfen wir reinkommen?"
„Was? Ihr? Jetzt?" ruft Herr Max und schlägt die Tür zu. „Unverschämtheit! In meinem Haus will ich meine Ruhe haben!"
Eva, Usch und Daniel klingeln bei Frau Else.
„Dürfen wir reinkommen?" fragen sie.
„Ihr? Jetzt?" sagt Frau Else. „Das paßt mir gar nicht. Gerade eben habe ich frisch geputzt und aufgeräumt. Ihr würdet nur wieder Schmutz und Unordnung machen!"
Eva, Usch und Daniel klingeln bei Herrn Walter:
„Dürfen wir reinkommen?"
Herr Walter steht auf der Leiter und streicht die Wand.
„Jetzt? Tut mir leid!" sagt er. „Ihr seht ja, daß ich arbeite. An einem Haus gibt es immer Arbeit. Ich habe keine Zeit, mit euch zu spielen."
Eva, Usch und Daniel klingeln bei Frau Rosa. Frau Rosa breitet die Arme aus und ruft:
„Ihr kommt gerade im richtigen Augenblick. Ich habe einen Kuchen gebacken. Es ist ein bißchen Durcheinander in der Küche, aber wir werden's uns schon gemütlich machen."
Sie öffnet die Tür weit, ganz weit, und sagt: „Herzlich willkommen!"

Renate Schupp
aus:
E. Domay (Hrsg.), Vorlesebuch Symbole
Verlag E.Kaufmann, Lahr und Patmos-Verlag, Düsseldorf 1989

Bilderbuch:
Niki und Rosina

Dieses Bilderbuch von Gabrielle Vincent, das 1982 in der französischen Originalausgabe und 1983 im Verlag Sauerländer erschien, liegt seit 1988 in einer preiswerten, gehefteten Ausgabe in der Reihe „Kleine Ravensburger" vor.

Rosina, eine von der Last der Jahre gebeugte Frau, folgt Spuren im Schnee und findet im winterlichen Wald zum Haus des kleinen Niki. Niki öffnet ihr die Tür, lädt sie freundlich in sein warmes Haus und teilt mit ihr sein Essen. Beim Abschied vergißt Rosina ihre Handschuhe. Niki folgt ihren Spuren im Schnee, findet ihr Haus und schaut durch das Fenster. Rosina nimmt ihn mit offenen Armen auf, sie hören einander zu, und weil es darüber Nacht geworden ist, darf Niki in ihrem Haus schlafen. Am nächsten Morgen stehen beide in der Tür und verabschieden sich mit Herzlichkeit voneinander.
Diese Geschichte wird – ohne Worte – in Bildern erzählt, deren zarte, aber ausdrucksvolle Ausführung den Eindruck des Liebenswerten unterstützt. Die Zeichenhaftigkeit und Schlichtheit der Aussagen dringen unmittelbar in das kindliche Bewußtsein ein. Die Kinder werden beim Betrachten der Bildergeschichte eingefangen von der absichtslosen Herzlichkeit und Sorge im Umgang miteinander. Die Bilder sind so aussagestark, daß die Kinder immer wieder nach dem Bilderbuch greifen werden und sich zum verweilenden Betrachten einladen lassen.
Die Tür- und Fensterszenen der Bildergeschichte erzählen Wesentliches zu unserem Thema „Von Türen und Fenstern".

- Dieses kleine Bilderbuch bedarf sicherlich keiner besonderen Einführung. Es kann den Kindern unmittelbar angeboten werden, und sie werden dann aus sich heraus dazu sprechen wollen.
- Wird das Büchlein doppelt angeschafft, könnten die 20 Bilder auch einzeln aufgeklebt und zu einem Wandfries aneinandergereiht werden.
- Mit den Kindern ein Gespräch führen über Erfahrungen mit ihren Nachbarn: Ob sie bestimmte Nachbarn besonders mögen, sie manchmal besuchen, ihnen etwas erzählen, etwas zeigen …
- Durch die Geschichte „Julias Haus" oder die Erzählung „Solche Häuser und andere Häuser" angeregt, über ähnliche Erfahrungen miteinander sprechen und sie vielleicht im Rollenspiel aufarbeiten.

Herein

Hat es geklopft? Nein, es hat
nicht geklopft. Das war eine
Täuschung. Kommt jemand? Nein,
heute kommt niemand. Macht nichts.
Wäre aber ganz schön, wenn jemand
käme. Sonst muß es auch so gehen.
Ist da jemand? Es kam mir nur so
vor, als wäre da jemand. Merkwürdig.
Nun, sage ich, jetzt bist du allein.
Auch gut, es muß ja nicht immer jemand
dabeisein – oder?

Jürgen Spohn
aus:
DRAUF & DRAN
Ganzkurzgeschichten und Wünschelbilder
Carlsen Verlag, Reinbek 1988

Bildszene:
Krank im Bett

Die schmerzliche Erfahrung, krank im Bett zu liegen, nicht nach draußen zu dürfen, während die anderen draußen – vielleicht im Schnee – spielen, soll durch die kleine Bildszene angesprochen, eigene Erinnerungen geweckt und im Einander-Erzählen ausgesprochen werden:
Es ist schön, wenn sich die Tür öffnet, wenn Mutter oder Vater ans Bett kommen und Zeit haben, wenn die Freundin, der Freund oder ein anderer zu Besuch kommt.
Gleichzeitig wird die Bereitschaft geweckt, anderen eine Freude zu machen und sie zu besuchen, wenn sie krank sind.

Das Bild ist als Sprechvorlage gedacht für die Arbeit in Zweier- oder Dreiergruppen. (Siehe Kopiervorlage im Anhang.) Was in den Kindern beim Anschauen des Bildes ausgelöst wird, könnte im Gruppengespräch aufgefangen werden.

Mal war ich krank.
Das war sehr langweilig.
Ich dachte:
Jetzt müßte mich jemand besuchen.

Kindermund

Anregungen für ein Gespräch

Was auf dem Bild gut zu sehen ist:

das Kind im Bett
der Teddybär in seinem Arm
der leere Stuhl vor dem Bett
die Medizinflasche, der Löffel und die Tasse auf dem Tisch
die angelehnte Tür
– durch das Fenster – spielende Kinder

Was wohl das Kind denkt und hofft:

ich bin krank – ich möchte wieder gesund sein
ich bin allein – hoffentlich kommt jemand zu mir
die Mutter, der Vater, der Freund oder die Freundin,
die Oma, der Opa ...
sie setzen sich zu mir
erzählen und spielen mit mir
vielleicht bringen sie mir etwas Schönes mit
vielleicht kommt der Arzt

Was das Kind wohl hört:

Kinder, die draußen spielen, rufen, schreien, lachen
wie die Mutter oder der Vater im Hause arbeiten
wie der Haustürschlüssel herumgedreht wird
Mutter oder Vater kommen von einer Besorgung zurück

Anregungen zum Gestalten: Märchen- oder Traumhäuser

Mit den Kindern überlegen, welche Häuser ihnen besonders gut gefallen, wie sie gerne wohnen möchten, welche Häuser aus Geschichten oder Märchen sie gerne malen möchten, bei denen Türen und Fenster eine besondere Rolle spielen.

Beispiele:

Das Rathaus von Schilda
Das Haus von den sieben Geißlein
Das Häuschen von Schneewittchen und den sieben Zwergen
Das Dornröschenschloß
Das Knusperhäuschen
Die Villa Kunterbunt

Ein Himmelsschloß
Eine Sternenvilla
Ein Regenbogenhaus
Ein Stelzenhaus
Ein Baumhaus
Ein Inselhaus
Ein Turmhaus

Zeichenpapiere und Bastelpapiere verschiedener Größe, Art und Farbe bereitlegen. Die Kinder lassen sich durch die phantasieanregenden Themen und die bereitgestellten Materialien anregen, ein Märchen- oder Traumhaus zu malen oder zu gestalten.

Ich male mir ein Haus
mit Fenstern
und einer Tür ...

Kindermund

Anregungen zum Gestalten: Überraschungstüren

Die Seite mit der Labyrinth-Tür kopieren. Die Tür zum Öffnen oben, rechts und unten aus dem „Rahmen" schneiden. Das Blatt auf ein Zeichenblatt legen und den Türrahmen festkleben. Die Tür zum Öffnen mit einer kleinen Lasche versehen. Eine Überraschung malen und hinter der Tür verbergen. Die Kinder mit dieser Idee überraschen.

Bestimmt werden die Kinder dann begeistert eigene Überraschungstüren gestalten: Sie entwickeln auch andere Türformen, wählen unterschiedliche Materialien und verstecken Lustiges und Furchterregendes hinter ihren Türen.

Zur Labyrinth-Tür: Wer den Schlüssel aus dem Labyrinth holt, darf aufschließen.

Das Lebkuchenhaus

Ich bau mir ein lebkuchenes Lebkuchenhaus
mit lauter lebkuchenen Wänden,
mit einem lebkuchenen Lebkuchendach,
auf dem lauter Lebkuchen ständen.
Darum wär ein lebkuchener Lebkuchenzaun
mit Fenstern aus Kandis, hindurchzuschaun.
Und dann ...

Ja, und dann -
was glaubst du wohl, was dann passiert?

Dann mach ich die lebkuchene Lebkuchentür auf
und esse die lebkuchenen Lebkuchen auf!
Happ. Happ. Happ.
Hmm. Das schmeckt!!!

Ilona Bodden
aus:
Hi Ha Hexenschuß
F. Schneider Verlag, München 1983
(Rechte bei der Autorin)

Süße Lebkuchenhäuser bauen

Materialien bereitstellen

Backwaren: Eckige und herzförmige Lebkuchen, Printen und Spekulatius
Zutaten für die Verzierungen: Mandelhälften, Walnußkerne, Rosinen, Kandis, Liebesperlen
Unterböden: unbehandelte, geschmirgelte Massivholzbrettchen (aus der Schreinerei)
Zutaten für die Eiweißglasur: 125 g Puderzucker, 1 Eiweiß, einige Tropfen Zitronensaft
Pinsel zum Verstreichen der Glasur
Zahnstocher zum Fixieren

Die Eiweißglasur anrühren

Den gesiebten Puderzucker mit dem Eiweiß verrühren, nach und nach einige Tropfen Zitronensaft zugeben, bis eine dicke streichfähige Glasur erreicht wird.

Die Lebkuchenhäuser bauen

Für die Wände bzw. das Dach passende Lebkuchen und Printen aussuchen, sie auf dem Unterboden mit der Eiweißglasur zu einem Häuschen zusammenfügen und -kleben und mit Zahnstochern fixieren (bis die Glasur fest ist). Eine halboffene Spekulatiustür, einen Schornstein und Kandisfenster einplanen und einbauen. Zum Schluß das Häuschen süß verzieren.

„Bitte, mach die Tür nicht auf, wenn es läutet!" sagen Eltern zu ihren Kindern, wenn die Kinder einmal allein in der Wohnung oder im Haus zurückbleiben. An der Tür klingeln willkommene, manchmal aber auch unwillkommene Besucher. Darüber kann auch mit kleineren Kinder schon gesprochen werden.

Tür zu! Tür auf!

Text und Melodie: Hans Baumann

2. Wer klopft an, wer will herein? Das kann doch nur ein Vogel sein! Tür auf! Tür auf! Ja, der darf herein, ja, der darf herein!
3. Wer klopft an, wer will herein? Das kann doch nur ein Lümmel sein! Tür zu! Tür zu! nein, der darf nicht rein, nein, der darf nicht rein!
4. Wer klopft an, wer will herein? Das kann doch nur die Lise sein! Tür auf! Tür auf! Ja, die darf herein, ja, die darf herein!
5. Wer kloft an, wer will herein? Das kann doch nur ein Räuber sein! Tür zu! Tür zu! Nein, der darf nicht rein, nein, der darf nicht rein!
6. Wer klopft an, wer will herein? Das kann doch nur der Kasperl sein! Tür auf! Tür auf! Ja, der darf herein, ja, der darf herein.

aus:
H. Baumann, Der Zauberball
Verlag Möseler, Wolfenbüttel 1983

Spielanregung:
Sechs Kinder übernehmen die Spielrollen des Spielliedes, gehen vor die Tür und klopfen nacheinander in unterschiedlicher Reihenfolge an. Die anderen Kinder rufen: „Herein! Tür auf!" oder „Nein, du darfst nicht rein! Tür zu!" Und so klopfen sie:
Der Bär klopft dumpf (ein Tuch um die Hand wickeln).
Der Vogel „pickt" mit dem Schnabel" (mit einem Stift).
Der Lümmel trommelt und pocht.
Die Lise (der Hans) klopft artig.
Der Räuber poltert an der Tür.
Der Kasperl klopft wiederholt leicht.

Das Märchen vom Wolf und den sieben Geißlein hat schon immer auf Kinder eine starke Wirkung ausgeübt. Die Kinder identifizieren sich mit den Geißlein, sie wollen auf das Wort der Mutter hören, und sie werden den Wolf schon erkennen. In ihrer Neugierde und Sorglosigkeit fallen sie auf das Äußere des Wolfes herein, der ja sein Wesen nicht verändert hat. Nun müssen sie durch Dunkel und Gefahr hindurch – ausgenommen das noch zu junge Geißlein –, um dann am Ende erlöst zu werden und um triumphierend singen zu können: Der Wolf ist tot.

Erzählen und Darstellen

Dieses Märchen lädt die Kinder zum Spielen ein. Im freien Spiel können sie sich selbst einbringen und das Ganze ausgestalten.
Durch die Wand mit Tür und Fenster (vgl. S.202f) kann gerade bei diesem Märchen das Geborgenheit bietende Innen vom bedrohlichen Außen getrennt werden.
Der Wolf kann die sechs Geißlein unter eine weite Decke nehmen; am Ende kommen sie dann wieder darunter hervor. Alle zuschauenden Kinder könnten hinzukommen und beim Schlußliedtanz mitmachen.

Der Wolf und die sieben jungen Geißlein

Es einmal eine alte Geiß, die hatte sieben junge Geißlein und hatte sie lieb, wie eine Mutter ihre Kinder lieb hat. Eines Tages wollte sie in den Wald gehen und Futter holen; da rief sie alle sieben herbei und sprach: „Liebe Kinder, ich will hinaus in den Wald, seid auf eurer Hut vor dem Wolf; wenn er hereinkommt, so frißt er euch alle mit Haut und Haar. Der Bösewicht verstellt sich oft, aber an seiner rauhen Stimme und an seinen schwarzen Füßen werdet ihr ihn gleich erkennen.“ Die Geißlein sagten: „Liebe Mutter, wir wollen uns schon in acht nehmen, Ihr könnt ohne Sorge fortgehen.“ Da meckerte die Alte und machte sich getrost auf den Weg.
Es dauerte nicht lange, so klopfte jemand an die Haustür und rief: „Macht auf, ihr lieben Kinder, eure Mutter ist da und hat jedem von euch etwas mitgebracht.“ Aber die Geißerchen hörten an der rauhen Stimme, daß es der Wolf war. „Wir machen nicht auf“, riefen sie, „du bist unsere Mutter nicht, die hat eine feine liebliche Stimme, aber deine Stimme ist rauh; du bist der Wolf.“ Da ging der Wolf fort zu einem Krämer und kaufte sich ein großes Stück Kreide, die aß er und machte damit seine Stimme fein. Dann kam er zurück, klopfte an die Haustür und rief: „Macht auf, ihr lieben Kinder, eure Mutter ist da und hat jedem von euch etwas mitgebracht.“ Aber der Wolf hatte seine schwarze Pfote in das Fenster gelegt, das sahen die Kinder und riefen: „Wir machen nicht auf, unsere Mutter hat keinen schwarzen Fuß wie du; du bist der Wolf.“ Da lief der Wolf zu einem Bäcker und sprach: „Ich habe mich an den Fuß gestoßen; streich mir Teig darüber.“ Und als

ihm der Bäcker die Pfote bestrichen hatte, so lief er zum Müller und sprach: „Streu mir weißes Mehl auf meine Pfote.“ Der Müller dachte: „Der Wolf will einen betrügen“, und weigerte sich; aber der Wolf sprach: „Wenn du es nicht tust, so fresse ich dich.“ Da fürchtete sich der Müller und machte ihm die Pfote weiß. Ja so sind die Menschen. Nun ging der Bösewicht zum drittenmal zu der Haustüre, klopfte an und sprach: „Macht mir auf, Kinder, euer liebes Mütterchen ist heimgekommen und hat jedem von euch etwas aus dem Walde mitgebracht.“ Die Geißerchen riefen: „Zeig uns erst deine Pfote, damit wir wissen, daß du unser liebes Mütterchen bist.“ Da legte er die Pfote ins Fenster, und als sie sahen, daß sie weiß war, so glaubten sie, es wäre alles wahr, was er sagte, und machten die Türe auf. Wer aber hereinkam, das war der Wolf. Sie erschraken und wollten sich verstecken. Das eine sprang unter den Tisch, das zweite ins Bett, das dritte in den Ofen, das vierte in die Küche, das fünfte in den Schrank, das sechste unter die Waschschüssel, das siebente in den Kasten der Wanduhr. Aber der Wolf fand sie alle und machte nicht langes Federlesen: eins nach dem anderen schluckte er in seinen Rachen; nur das jüngste in dem Uhrkasten, das fand er nicht. Als der Wolf alle gefressen hatte, trollte er sich fort, legte sich draußen auf der grünen Wiese unter einen Baum und fing an zu schlafen.

Nicht lange danach kam die alte Geiß aus dem Walde wieder heim. Ach, was mußte sie da erblicken! Die Haustüre stand sperrweit auf: Tisch, Stühle und Bänke waren umgeworfen, die Waschschüssel lag in Scherben, Decke und Kissen waren aus dem Bett gezogen. Sie suchte ihre Kinder, aber nirgends waren sie zu finden. Sie rief sie nacheinander beim Namen, aber niemand antwortete. Endlich, als sie an das jüngste kam, da rief eine feine Stimme: „Liebe Mutter, ich stecke im Uhrkasten.“ Sie holte es heraus, und es erzählte ihr, daß der Wolf gekommen wäre und die andern alle gefressen hätte. Da könnt ihr denken, wie sie über ihre armen Kinder geweint hat.

Endlich ging sie in ihrem Jammer hinaus, und das jüngste Geißlein lief mit. Als sie auf die Wiese kam, so lag da der Wolf an dem Baum und schnarchte, daß die Äste zitterten. Sie betrachtete ihn von allen Seiten und sah, daß in seinem angefüllten Bauch sich etwas regte und zappelte. „Ach Gott“, dachte sie, „sollten meine armen Kinder, die er zum Abendbrot hinuntergewürgt hat, noch am Leben sein?“ Da mußte das Geißlein nach Haus laufen und Schere, Nadel und Zwirn holen. Dann schnitt sie dem Ungetüm den Wanst auf, und kaum hatte sie einen Schnitt getan so streckte schon ein Geißlein den Kopf heraus, und als sie weiter schnitt, so sprangen nacheinander alle sechse heraus und waren noch alle am Leben und hatten nicht einmal Schaden gelitten, denn das Ungetüm hatte sie in der Gier ganz hinuntergeschluckt. Das war eine Freude! Da herzten sie ihre liebe Mutter und hüpften wie ein Schneider, der Hochzeit hält. Die Alte aber sagte: „Jetzt geht und sucht Wackersteine, damit wollen wir dem gottlosen Tier den Bauch füllen, solange es noch im Schlafe liegt.“ Da schleppten die sieben Geißerchen in aller Eile Steine herbei und steckten sie ihm in den Bauch, soviel sie hineinbringen konnten. Dann nähte ihn die Alte in aller Geschwindigkeit wieder zu, daß er nichts merkte und sich nicht einmal regte.

Als der Wolf endlich ausgeschlafen hatte, machte er sich auf die Beine, und weil ihm die Steine im Magen so großen Durst erregten, so wollte er zu einem Brunnen gehen und trinken. Als er aber anfing zu gehen und sich hin und her zu bewegen, so stießen die Steine in seinem Bauch aneinander und rappelten. Da rief er:

„Was rumpelt und pumpelt
in meinem Bauch herum?
Ich meinte, es wären sechs Geißlein,
so sind's lauter Wackerstein.“

Und als er an den Brunnen kam und sich über das Wasser bückte und trinken wollte, da zogen ihn die schweren Steine hinein und er mußte jämmerlich ersaufen. Als die sieben Geißlein das sahen, da kamen sie herbeigelaufen, riefen laut: „Der Wolf ist tot! Der Wolf ist tot!“ und tanzten mit ihrer Mutter vor Freude um den Brunnen herum.

Grimm Nr.5

Märchenrätsel mit Tür- und Fenstermotiven

In welchem Märchen klopft jemand an die Tür und ruft: „Königstochter, jüngste, mach mir auf!"? Sie sieht nach, wer draußen ist, wirft die Tür hastig zu und setzt sich wieder an den Tisch, und ihr ist ganz angst. *(Der Froschkönig, Grimm Nr. 1)*

In welchem Märchen klopft jemand an die Haustür und ruft: „Macht auf, ihr lieben Kinder, eure Mutter ist da und hat jedem von euch etwas mitgebracht!"? *(Der Wolf und die sieben jungen Geißlein, Grimm Nr.5)*

In welchem Märchen heißt es: „Komm mir ja abends wieder, vor den wilden Jägern schließ ich mein Türlein; und damit ich dich kenne, so klopf und sprich: mein Schwesterlein, laß mich herein; und wenn du nicht so sprichst, so schließ ich mein Türlein nicht auf."? *(Brüderchen und Schwesterchen, Grimm Nr. 11)*

In welchem Märchen wird ein Mädchen von einer Zauberin in einen Turm eingeschlossen? Der Turm liegt in einem Wald, hat weder Treppe noch Tür, nur ganz oben ist ein kleines Fensterchen. *(Rapunzel, Grimm Nr. 12)*

In welchem Märchen macht ein Mädchen rasch eine eiserne Tür zu und schiebt den Riegel vor? Dann läuft sie zum Ställchen und sperrt auf. Ein Junge springt heraus, wie ein Vogel aus dem Käfig, wenn ihm die Tür aufgemacht wird. *(Hänsel und Gretel, Grimm Nr. 15)*

In welchem Märchen geht ein Mädchen durch die Hintertür in den Garten und ruft die Täubchen zu Hilfe? Da kommen zwei weiße Täubchen zum Küchenfenster herein, und danach die Turteltäubchen und endlich alle Vöglein unter dem Himmel. *(Aschenputtel, Grimm Nr.21)*

In welchem Märchen wird ein Mädchen vor ein großes Tor geführt? Das Tor wird aufgetan, und wie das Mädchen gerade darunter steht, fällt ein gewaltiger Goldregen, und alles Gold bleibt an ihm hängen. Bei ihrer Schwester aber wird statt des Goldes ein großer Kessel voll Pech ausgeschüttet. Und das Tor wird hinter ihr zugeschlossen. *(Frau Holle, Grimm Nr.24)*

In welchem Märchen steht ein Mädchen hinter der Tür und lauscht? Es hört die Worte: „Gott gebe, unser Schwesterlein wäre da, so wären wir erlöst." Da tritt es hervor. *(Die sieben Raben, Grimm Nr.25)*

In welchem Märchen geht der Wolf zum Haus der Großmutter und klopft an die Tür? Er drückt auf die Klinke, und die Tür springt auf. *(Rotkäppchen, Grimm Nr.26)*

In welchem Märchen kommt ein Mädchen zum Haus der Großmutter im Wald und wundert sich, daß die Tür aufsteht? Wie es in die Stube tritt, kommt es ihm so seltsam darin vor. *(Rotkäppchen)*

In welchem Märchen finden vier Tiere nachts zu einem Haus, stellen sich vor einem Fenster auf und machen ihre Musik? Dann stürzen sie durch das Fenster in die Stube hinein, daß die Scheiben klirren. *(Die Bremer Stadtmusikanten, Grimm Nr.27)*

In welchem Märchen fängt das Türchen an zu knarren? Ein Besenchen in der Ecke fragt: „Was knarrst du, Türchen?" *(Läuschen und Flöhchen, Grimm Nr.30)*

In welchem Märchen findet ein Königssohn zu einem Schloß, in dem alles so still ist, daß einer seinen Atem hören kann? Er kommt zu dem Turm und öffnet die Tür zu der kleinen Stube, in der ein Mädchen schläft. *(Dornröschen, Grimm Nr.50)*

In welchem Märchen findet ein Königssohn zu einem Schloß, in dem alles so still ist, daß einer seinen Atem hören kann? Er kommt zu dem Turm und öffnet die Tür zu der kleinen Stube, in der ein Mädchen schläft. *(Dornröschen, Grimm Nr.50)*

In welchem Märchen wird eine stolze Königstochter mit einem armen Spielmann verheiratet? Als sie an ein ganz kleines Häuschen kommen, sagt sie: „Ach, Gott, was ist das Haus so klein! Wem mag das elende winzige Häuschen sein?" Sie muß sich bücken, damit sie zu der niedrigen Tür hineinkommt. *(König Drosselbart, Grimm Nr.52)*

In welchem Märchen sitzt eine Königin an einem Fenster, das einen Rahmen von schwarzem Ebenholz hat, und näht? Und wie sie so näht und nach dem Schnee aufblickt, sticht sie sich mit der Nadel in den Finger. *(Schneewittchen, Grimm Nr.53)*

In welchem Märchen soll ein Mädchen niemanden ins Haus lassen? Mehrmals aber, als jemand an die Tür klopft, schaut das Mädchen zum Fenster hinaus, sieht eine Frau, ahnt nichts Böses und riegelt ihr die Tür auf. *(Schneewittchen)*

In welchem Märchen wird eine Müllerstochter in eine Schloßkammer eingeschlossen und soll Stroh zu Gold spinnen? Sie weiß sich keinen Rat und weint in ihrer Angst. Da geht auf einmal die Tür auf, und ein kleines Männchen tritt herein. *(Rumpelstilzchen, Grimm Nr.55)*

In welchem Märchen gelangt der jüngste Königssohn in ein Schloß, findet den Käfig, den er sucht, und denkt: Es wäre lächerlich, wenn er den schönen Vogel in dem gemeinen und häßlichen Käfig lassen wollte. Er öffnet die Tür, packt ihn und setzt ihn in den goldenen. *(Der goldene Vogel, Grimm Nr.57)*

In welchem Märchen kommen drei Brüder in ein Schloß und gehen durch alle Säle? Sie stehen schließlich vor einer Tür mit drei Schlössern, und mitten in der Tür ist ein Lädlein, durch das sie ein graues Männchen sehen. *(Die Bienenkönigin, Grimm Nr.62)*

In welchem Märchen setzt sich der Dummling traurig nieder? Da bemerkt er eine Falltür (Erdtür). Er steigt hinab, findet eine andere Tür, klopft an und ihm wird aufgetan. *(Die drei Federn, Grimm Nr.63)*

In welchem Märchen heißt es: „Wie er auf hundert Schritt nahe bis zum Schloß kam, da ward er nicht fest, sondern ging fort bis ans Tor. Er freute sich hoch, berührte die Pforte mit der Blume, und sie sprang auf. Er ging hinein ..." *(Jorinde und Joringel, Grimm Nr.69)*

In welchem Märchen führt ein König seine „Gäste" in eine Stube, die einen Boden von Eisen hat, deren Türen auch von Eisen sind und deren Fenster mit eisernen Stäben vergittert sind? Der Tisch in der Stube ist mit köstlichen Speisen gedeckt. Als die „Gäste" drinnen sind, läßt der König die Tür verschließen und verriegeln. *(Sechs kommen durch die Welt, Grimm Nr. 71)*

In welchem Märchen möchte ein Junge seinen goldenen Ball wiederhaben und schließt darum – trotz strengen Verbotes – einem wilden Mann den eisernen Käfig auf? Die Tür geht schwer, und der Junge klemmt sich den Finger ein. *(Der Eisenhans, Grimm Nr.136)*

In welchem Märchen klopft jemand an die Tür, als wollte er eingelassen sein? Als der Riegel weggeschoben und ihm die Tür geöffnet wird, ist es nicht ein armer Mann, es ist ein Bär, der seinen dicken schwarzen Kopf zur Tür hereinsteckt. *(Schneeweißchen und Rosenrot, Grimm Nr.161)*

In welchem Märchen sagt ein armer Junge zu sich: „Wenn der Schlüssel nur paßt! Es sind gewiß kostbare Sachen in dem Kästchen."? *(Der goldene Schlüssel, Grimm Nr.200)*

In welchem musikalischen Märchen heißt es: „Der Großvater kam heraus. Er ärgerte sich über Peter, der auf die Wiese gegangen war und die Gartenpforte offengelassen hatte. 'Das ist gefährlich', sagte er. 'Wenn nun der Wolf aus dem Walde kommt, was dann?' Peter achtete nicht auf des Großvaters Worte. Jungen wie er haben doch keine Angst vor dem Wolf! Aber der Großvater nahm Peter bei der Hand, machte die Gartenpforte fest zu und ging mit ihm ins Haus." *(Peter und der Wolf, S.Prokofjew)*

Vielleicht einzelne Märchenrätsel szenisch im Rollenspiel – unter Einsatz der Tür – Fensterwand – darstellen und raten lassen.

Verklanglichung des Märchens: Der kleine Häwelmann

Das Märchen eignet sich sehr gut als Hörspiel. Drei Sprecherrollen können hier besetzt werden. Die Rolle des Sprechers sollte die Erzieherin übernehmen, während die Texte vom Mond und dem kleinen Häwelmann auch von Kindern gesprochen werden können, da die Sätze nicht so lang sind, und der Sprecher sie durch die verbindenden Worte gut führen kann.
Die Geschichte besteht aus zwei musikalisch sehr unterschiedlichen Teilen:
Im 1.Teil spielt sich das Geschehen auf der dunklen Erde ab. Die Nacht, die leere schlafende Stadt und der finstere Wald mit seinen Geräuschen müssen hier herausgearbeitet werden (vorwiegend dunkle Klänge).
Im 2.Teil müssen der Aufstieg zum Sternenhimmel, das Gefunkel der Sterne und schließlich die rasende Fahrt auf die Erde dargestellt werden (Mond und Sterne durch helle Klänge illustriert). Hierbei brauchen die Schwebeklänge auf den Glockenspielen und Metallophonen nicht genau den vorgegebenen Notationen zu entsprechen. Sie können vielmehr frei gestaltet werden. Doch muß die Tendenz „herauf" oder „herunter" beachtet werden.

Der kleine Häwelmann nach Theodor Storm

Es ist Nacht.

Der kleine Häwelmann liegt in seinem Rollenbett und kann nicht schlafen.

Er hat sich von seinem Hemdchen ein Segel gemacht, bläst kräftig hinein und fährt langsam im Bettchen hin und her.

Da schaut der Mond ins Fenster. Er fragt: „Junge, kannst du nicht schlafen?"

„Nein, guter alter Mond, mach mir die Tür auf! Ich will durch die Stadt fahren! Alle Menschen sollen mich sehen!"

Da aber der Mond die Tür nicht öffnen kann, läßt er einen langen Strahl durchs Schlüsselloch fallen.

Auf diesem Strahl fährt der kleine Häwelmann zum Hause hinaus.

Auf der Straße ist es ganz still. Die Menschen sind nirgends zu sehen. Nur das Bettchen mit dem kleinen Häwelmann rasselt laut über das holprige Straßenpflaster.

„Wo sind denn die Menschen?"

„Die schlafen schon, hörst du sie nicht?"

„Rolle weiter, lieber Mond, rolle mich weiter in den Wald hinein!"

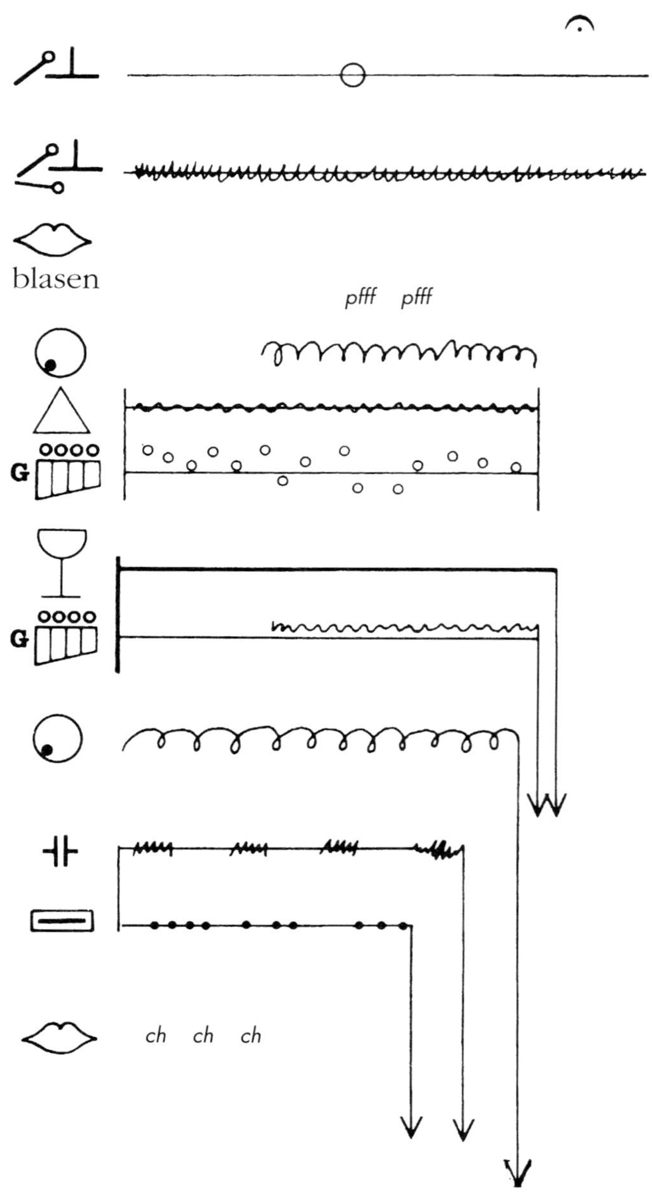

Doch auch im Wald ist es still. Nur der Wind säuselt in den Blättern,

Windgeräusch + Papierknistern

und das Käuzchen schreit.

Uhuuu, uhuuu

„Wo sind denn die anderen Tiere?"
„Die schlafen auch, hörst du sie nicht?"

ch ch ch

schnarchen

„Rolle weiter, lieber alter Mond, rolle, rolle!"
Da rollt der Mond das Bettchen weiter, über die Heide, bis an das Ende der Welt.
„Hast du denn noch nicht genug, Junge?"
„Nein, rolle weiter, weiter!"

Da läßt der Mond das Bettchen auf seinem Mondenstrahl weiterfahren.

Es steigt auf,

fährt durch die Wolken

bis zu den Sternen.

„Wie schön die Sterne funkeln!"

„Weiter, lieber Mond, rolle mich immer weiter!" Und ehe sich der Mond versieht, fährt ihm der kleine Häwelmann über die Nase.

„Au, meine Nase!" schreit der Mond.
Er wird so zornig, daß er das Bettchen nicht mehr weiterrollt. Da fällt das Bettchen

immer tiefer, immer tiefer.

Dann gibt es einen lauten Knall.

Häwelmann ist aus dem Bett gefallen.

Durch das Fenster schaut die Sonne und lacht.

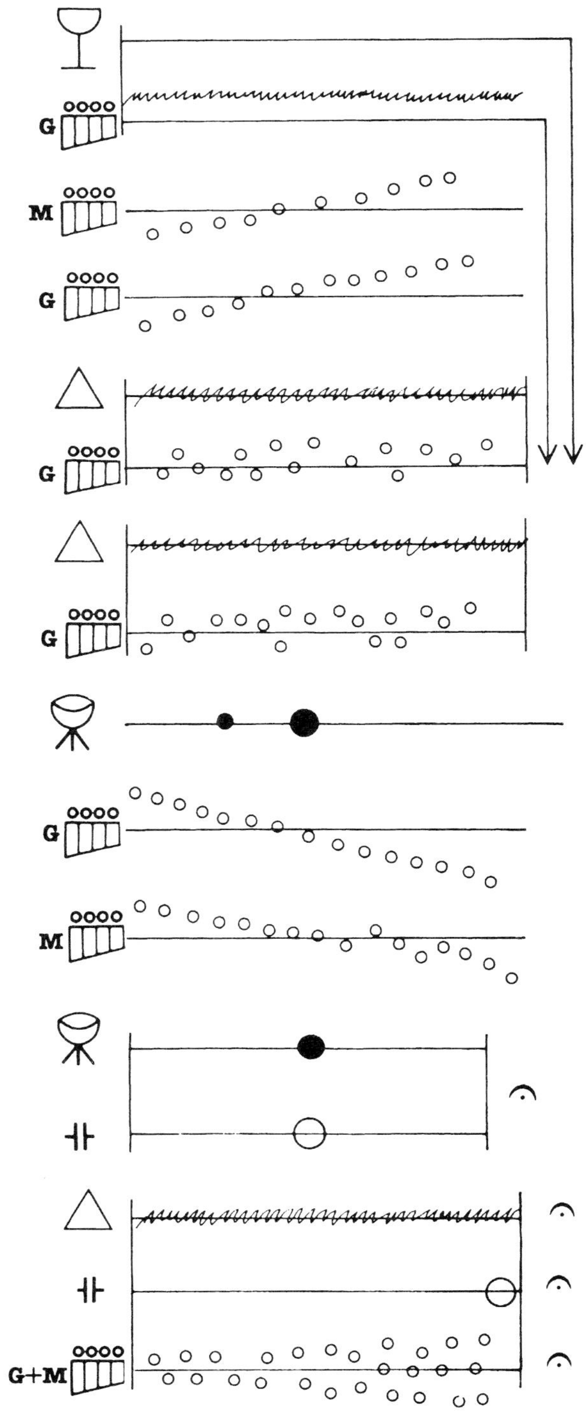

Jenny Neubäuser

Zweige in den Fenstern

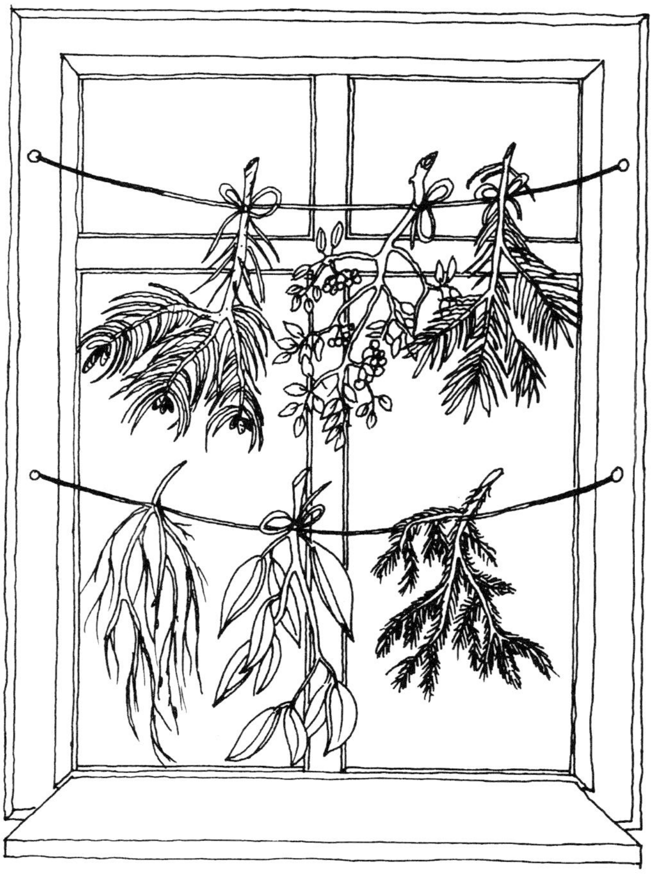

Immergrüne Zweige
Kirschlorbeer
Liguster
Taxus
Tanne
Ilex
Cotoneaster
Buchsbaum
Mistel

Barbarazweige
Am 4. Dezember Barbarazweige schneiden. Die Zweige in einer Vase ans Fenster stellen. Licht und Wärme beschleunigen das Austreiben. Die Kinder versorgen die Zweige mit frischem Wasser und beobachten das Wachstum. Zu Weihnachten nehmen die Kinder ihren Zweig, gegen Kälte eingeschlagen, mit nach Hause: Einen blühenden Zweig für die Krippe.

Geeignete Gehölze:
Apfel
Kirsche
Pflaume
Schlehdorn
Forsythie

Zweige in einem „Haus" für die Fensterbank

Material:
Metalldosen (Teedosen o.a.) ohne Deckel
Keramische Modelliermasse, z.B. Keramiplast
Walze, Messer, Schabmesser
Lackfarbe

Gestaltungsanregung:
Ein Stück Keramiplast ca. 0,5 cm dünn ausrollen. Die ausgerollte Masse über die Dose legen und mit Walze und Fingern fest aufdrücken; die noch freien Stellen mit kleineren Stücken ausfüllen und alles mit feuchten Fingern glatt streichen. Für Türen und Fenster ebenfalls etwas Modelliermasse dünn ausrollen; Türen und Fenster ausschneiden, auflegen und andrücken. In Türen und Fenster mit dem Schabmesser Linien eindrücken. Etwa 24 Stunden trocknen lassen. Sollten sich Risse zeigen, lassen sie sich problemlos beseitigen: Die Rißstelle anfeuchten, etwas Masse auftragen und mit wenig Wasser glätten.
Nach dem Durchtrocknen die Oberfläche vielleicht noch leicht schmirgeln. Das fertige „Haus" mit weißer Lackfarbe wasserfest anstreichen.

Zum Verschenken kleine Tannenzweige hineinstellen.

Ein leuchtendes Haus für die Fensterbank

Material:
Zeichenkarton, Transparentpapier
Bleistift, Schere, Klebstoff
Teelicht

Gestaltungsanregung:
Mit Bleistift auf Zeichenkarton ein Haus (die Vorderfront und die beiden Seitenfronten) mit einer Tür und mit vielen Fenstern aufzeichnen. Das Haus ausschneiden und auch seine Tür und die Fenster. Die Öffnungen mit farbigem Transparentpapier hinterkleben. Die beiden Fronten abknicken.

Das Haus auf die Fensterbank stellen und mit einem Teelicht erleuchten.

Adventskalender in den Fenstern

Ein großes Fenster mit Papierstreifen (weiße Tapete, Tapetenkleister) in 24 Fenster aufteilen. (Die Papierstreifen lassen sich später mit Wasser leicht wieder ablösen.) Jeden Tag einen Stern in ein Feld kleben. Die Sterne vorher von den Kindern aus Goldpapier oder Stroh basteln lassen.

Mit Fingerfarben auf ein großes Fenster einen Tannenbaum aufmalen. Jeden Tag eine Kerze in den Baum kleben. Die Kerzen vorher von den Kindern aus Ton- und Transparentpapier gestalten lassen.

Da sieht jeder gleich,
daß wir uns
auf Weihnachten freuen.

Kindermund

Adventskalender für die Gruppentür

Jeden Tag öffnen die Kinder eine weitere Tür und lassen sich überraschen, welche Aktivität sie erwartet. Vorher aber gestalten sie selbst ihren Kalender mit:
Sie schneiden kleinere und größere Häuser aus, darunter Wohnhäuser, den Kindergarten, die Schule, die Kirche, das Rathaus, das Altenheim, die Post, ein Lebensmittelgeschäft ... Die Türen werden besonders groß vorgesehen und zum Öffnen eingeschnitten.
Die Erzieherin trägt auf die Türen die Daten aller Kindergartentage bis Weihnachten ein. Sie ordnet den Tagen eine passende Aktivität zu, schreibt alle auf kleine Zettel, die sie hinter die entsprechenden Türen klebt. Auf einem großen Bogen Packpapier wird die Lage der Häuser festgelegt, vielleicht ein wenig der Ortslage nachempfunden. Die Häuser werden aufgeklebt.
Nach ihrem Plan kann die Erzieherin, wo es notwendig ist, die Aktivitäten vorbereiten.

Beispiele für Aktivitäten:

- Heute schmücken wir unseren Gruppenraum für die Adventszeit.
- Heute zünden wir die erste (zweite, dritte, vierte) Kerze am Adventskranz an und singen Lieder.
- Heute holen wir Barbarazweige ins Haus und stellen sie in einer Vase ans Fenster, damit sie Weihnachten blühen.
- Wer möchte, malt heute ein Nikolausbild und schenkt es seinen Eltern.
- Heute feiern wir zusammen Nikolaus.
- Heute wollen wir besonders an NN denken, der (die) zu Hause krank zu Bett liegt und vielleicht für NN malen oder basteln.
- Heute beginnen wir Knusperhäuschen mit Lebkuchen und Zuckerguß zu bauen und sie mit süßen Sachen zu verzieren.
- Heute wollen wir ein neues Lied lernen.
- Heute gehen wir zur Kirche, schauen uns das Kirchenportal an und singen unser neues Lied in der Kirche.
- Heute können wir aus goldenem Papier Sterne falten.
- Am Nachmittag wollen wir in das Haus zu den alt gewordenen Frauen und Männern gehen und dort Lieder singen.
- Heute basteln wir eine Gewürzkugel (Apfelsine mit Gewürznelken gespickt) und tragen den „Duft" nach Hause.
- Heute wollen wir mit dem Kerzenziehen beginnen.
- Heute wollen wir im Rollenspiel die Herbergssuche darstellen.
- Mit Weihnachtspapier und einem Bändchen packen wir das Geschenk für unsere Eltern ein.
- Heute wollen wir unseren Gruppenraum besonders gut aufräumen.
- Heute hören wir die Weihnachtsgeschichte.

Spiellied:
Den Nikolaus hab' ich gesehn

Text: Rolf Krenzer Melodie: Paul G. Walter

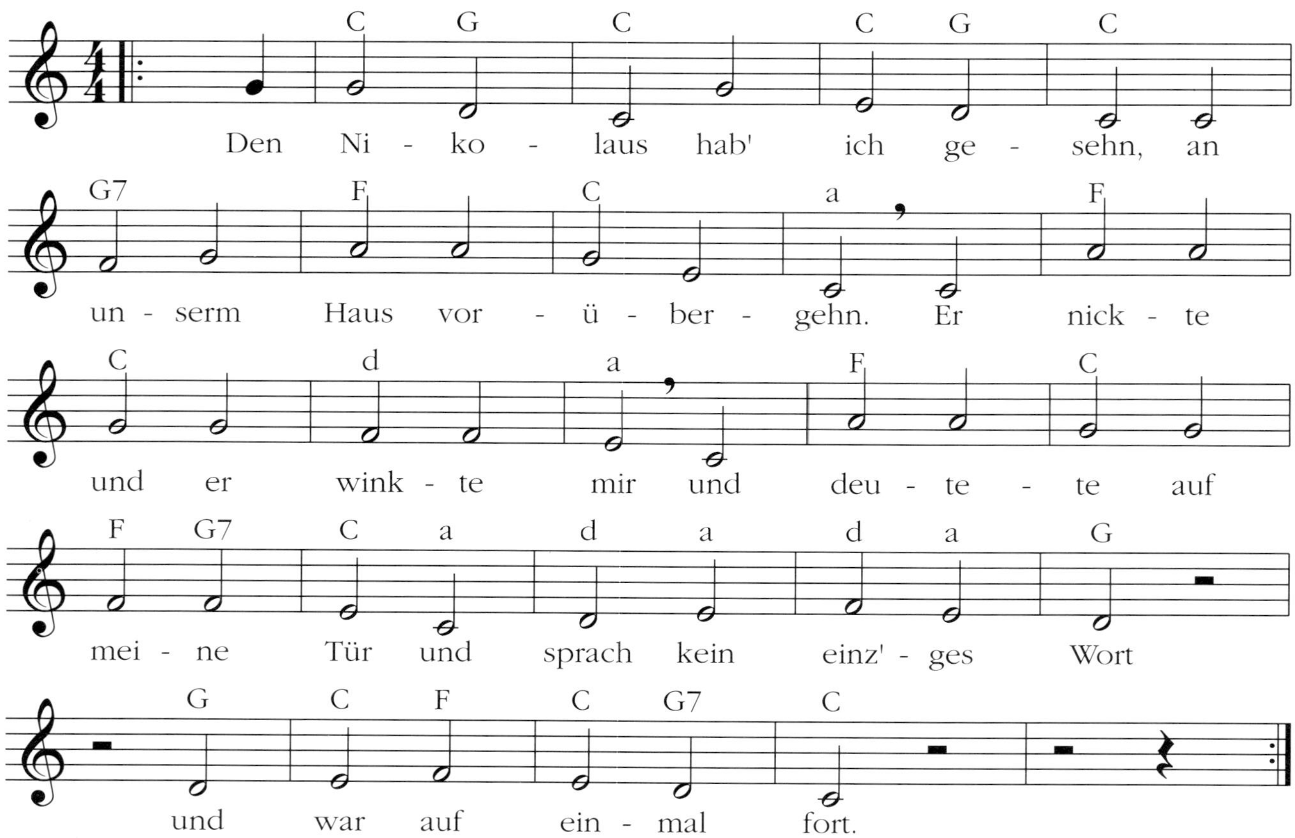

Spielanregung:

Nach und nach werden die einzelnen zusammenhängenden Wörter durch Gesten ersetzt.

Den Nikolaus (Sack auf dem Rücken andeuten)
hab'ich gesehn (Hand über den Augen)
an unserm Haus (mit beiden Händen über dem Kopf Dach zeigen)
vorübergehen (mit den Händen laufen andeuten).
Er nickte (nicken), und er winkte mir (winken)
und deutete (mit dem Finger deuten) auf meine Tür (auf mich zeigen)
und sprach kein einz'ges Wort (Finger auf den Mund)
und war auf einmal fort (Hände ganz schnell hinter den Rücken).

aus:
Liedheft und MC: Dann fängt Weihnachten an
Musikbär-Verlag, Schriesheim 1988

Klopf, klopf, klopf, wer klopft an unsrer Türe an?
Klopf, klopf, klopf, es ist der heilige Mann!
Was stehst du draußen vor der Tür? Komm doch zu uns herein.
Es sind ja brave Kinder hier, die sich schon lange freu'n.
Komm herein, sei unser Gast, bring uns alles, was du hast.

volkstümlich

Erfahrungsbericht aus einem Kindergarten: Gemeinsam gezeichnet, gemalt, bedruckt

Im Herbst erleben auch die Kinder, die schon ein oder zwei Jahre den Kindergarten besuchen, eine neue Gruppenstruktur. Seit vielen Jahren beobachte ich, daß während der ersten Monate mit großflächigen Gemeinschaftsarbeiten ein wesentlicher Beitrag zum sozialen Zusammenwachsen der Gruppe geleistet werden kann.
Der Vorteil solcher Arbeiten: Es können viele verschiedene Kinder abwechselnd tätig sein und ihr Können einsetzen; die Arbeit kann beliebig unterbrochen und wieder aufgenommen werden und stellt somit keine Überforderung dar.
Bei der Gestaltung des Nikolausbildes wurden bereits die Jüngsten miteinbezogen – sie stempelten den Sternenhimmel. Bei der Handhabung der Stempel oder der Verteilung der Sterne standen die älteren Kinder mit Rat und Tat geduldig und verläßlich zur Seite.
Durch das gemeinsam geschaffene Werk entstand bei den Kindern echte Vorfreude. Das Beschenktwerden am Nikolaustag sahen die Kinder als verdiente Belohnung für ihr Bemühen an.

Hermine Jahn
aus:
UNSERE KINDER, Fachzeitschrift für Kindergarten – und Kleinkindpädagogik, Heft 6/90
Redaktion „Unsere Kinder", Kapuzinerstr. 84, A-4020 Linz

Nikolaus lebte in einer Zeit, in der das römische Imperium seine Herrschaft nach außen und nach innen mit Gewalt durchzusetzen versuchte. Die Menschen hatten unter Rechtlosigkeit, sozialen Spannungen und Hungerkatastrophen zu leiden. In einem solchen Umfeld muß die dienende Kraft eines Nikolaus, der die Botschaft Jesu in sich trug, beeindruckend gewesen sein.
Als Sohn reicher Eltern führte er in Myra ein stilles und bescheidenes Leben, bemüht um die kleinen und großen Sorgen seiner Mitmenschen. „Schon früh im Einklang mit sich selbst, seinen Vorstellungen und Wünschen, vermochte er anderen Verständnis entgegenzubringen, sie zu überzeugen, ihnen ein Gefühl von Geborgenheit zu vermitteln. Seine Güte verwunderte und überwältigte, seine praktische Hilfe würdigte Hilfesuchende nicht zu Bettlern herab. Er gab mit der größten Selbstverständlichkeit, und wo er nichts anderes mehr zu geben hatte, gab er ein Lächeln. Schon früh stand er im Ruf, ein Heiliger zu sein. Und die liebevolle Aufmerksamkeit, die er den Menschen schenkte, die mit ihm zusammenkamen, verdichtete sich in ihnen zu Geschichten, Liedern und Legenden." 1)

Historische Daten von Nikolaus sind uns kaum überliefert. Als Bischof von Myra in Kleinasien nahm er am Konzil von Nicäa (325) teil. Seine Verehrung fand über die Jahrhunderte hin bei vielen Völkern des Ostens und Westens immer größere Verbreitung.
Unter den Nikolaus-Geschichten ist auch jene von den drei armen Mädchen, denen er heimlich in der Nacht drei Beutel Gold durchs Fenster wirft, damit sie eine Aussteuer erhalten und so jemanden finden, der sie heiratet:

Der Jüngling Nikolaus wirft Goldbeutel in das Zimmer der drei armen Mädchen

Als Vater und Mutter des Nikolaus gestorben waren, begann er zu überlegen, wie er den großen Reichtum verbrauchen könne zum Lobe Gottes und nicht zur Ehre der Menschen. Da lebte ein Nachbar, edel von Geburt aber arm an Gut, der wollte in seiner Not seine drei Töchter in die Sünde der Welt stoßen, damit er von dem Erlös ihrer Schande leben könne. Als das Sankt Nikolaus hörte, ging er hin, band einen Klumpen Gold in ein Tuch und warf ihn heimlich des Nachts dem Armen durch ein Fenster in sein Haus. Am Morgen fand der Mann das Gold, dankte Gott und richtete davon der ältesten Tochter die Hochzeit aus. Kurz danach warf Sankt Nikolaus ein zweites Mal heimlich Gold in das Haus des Armen, der daraufhin beschloß, künftig wach zu bleiben, damit er den Diener Gottes fände, der ihm in seiner Not so zu Hilfe gekommen war. Als nun Sankt Nikolaus zum dritten Male heimlich Gold, und zwar zweimal soviel, in das Haus warf, erwachte der arme Mann von dem Fall des Goldklumpens. Er eilte dem Heiligen nach und rief: „Steh still und laß mich dein Antlitz schauen!" Er holte ihn ein und erkannte, daß es Sankt Nikolaus war, fiel vor ihm nieder und wollte seine Füße küssen. Das aber verbot ihm Sankt Nikolaus, und er befahl ihm, diese Tat nicht bekannt zu machen, so lange er lebte.
(Legenda aurea)

Es gibt die Redewendung „Geld zum Fenster hinauswerfen", was vielleicht heißt, mit Geld nicht gut umgehen, Geld für Unnützes ausgeben. In dieser Legende wirft Nikolaus Geld zum Fenster hinein und hilft so Menschen in Not.
Die Bibel erzählt von einem reichen jungen Mann, der zu Jesus kommt und fragt: Was soll ich tun, um unendliches Leben zu erben? Alle Gebote hat er seit seiner Jugend geachtet. Jesus antwortet ihm: Geh, verkaufe, was du hast, und gib den Armen! Dann auf, folge mir! Der junge Mann aber geht betrübt weg, denn er hat viele Güter.
Nikolaus hat die Botschaft Jesu verstanden, daß wir durch Hergeben des Reichtums uns lösen, uns öffnen, weit werden hin auf den anderen, der uns in Not begegnet, der unsere Güte braucht. Und auch das kann uns seine Art zu schenken vermitteln: Wir sollen unser Geschenk – im Bild gesprochen – nachts zum Fenster hineinwerfen, d.h. heimlich und still. Weil Nikolaus so handelte, werden den Kindern noch heute heimlich kleine Gaben vor die Tür gelegt. Die Auswahl der Geschichte von Nikolaus und den drei armen Mädchen steht so in einem schönen inneren Zusammenhang mit unserem Rahmenthema „Von Türen und Fenstern".

1) Rüdiger Müller: Nikolaus bin ich genannt, ein Diener Gottes, in : Müller/Loose, Sankt Nikolaus – Der Heilige der Ost- und Westkirche, S.94, Verlag Herder, Freiburg 1982

G

- Ein Nikolausbild einige Tage vor dem Nikolaustag in der Gruppe aufhängen. Die Kinder schauen sich das Bild an und entdecken Einzelheiten. Sie stellen Fragen und freuen sich auf den Nikolaustag.

gGg

- Am Vortag zum Nikolausfest mit den Kindern das Bild anschauen und sich gemeinsam Gedanken machen über seine Bedeutung.
- Den Kindern mit freien Worten erzählen, wie Nikolaus den drei armen Mädchen geholfen hat. (Oder auf einen literarischen Text zurückgreifen.)
- Über die Geschichte nachdenken und miteinander sprechen:
  - Der Vater kann vor Sorgen nicht schlafen, es fällt ihm so schwer, seine drei Töchter aus dem Haus zu schicken, damit sie sich Geld verdienen. (Es war nicht üblich, daß Mädchen vor ihrer Hochzeit das elterliche Haus verließen.)
  - Nikolaus hört von der Not dieser Familie und hilft auf seine Weise.
  - Es fällt uns nicht leicht, anderen „heimlich" zu helfen, etwas zu schenken oder unauffällig nett zu sein.
  - Auf vielen Nikolausbildern sehen wir drei (goldene) Kugeln, die uns an die Geschichte von den drei armen Mädchen erinnern, und eine Bibel, nach deren Botschaft Nikolaus lebte und handelte.
  - Wenn wir zum Nikolausfest einen Teller vor die Tür stellen und heimlich beschenkt werden, verdanken wir diesen Brauch dem guten lieben Nikolaus.
- Die Geschichte von Nikolaus und den drei armen Mädchen im Rollenspiel darstellen.
- Mit den Kindern Gedichte sprechen und Nikolauslieder singen, Plätzchen essen und Kakao trinken.
- Jedem Kind drei goldene Schokoladenkugeln, verpackt in einem Cellophanbeutel, schenken, damit sie sich zu Hause an die Nikolaus-Geschichte erinnern und sie erzählen.

Dich rufen wir, Sankt Nikolaus!

Dich rufen wir, Sankt Nikolaus!
Auf Erden geht die Not nicht aus.
Du weißt es wie kein andrer.
Geh um,
du gütiger Wandrer.

Geh um, hab auf die Menschen acht.
Geh um. In dunkler, kalter Nacht
sitzt mancher in seinem Jammer.
Hilf du,
wirf Gold in die Kammer.

Du Mann aus Myra, deine Zeit
ist nie vorbei, ist jetzt, ist heut.
Geh um in viel Gestalten.
Hilf mir,
dein Amt zu verwalten.

Josef Guggenmos

Die Herbergssuche

Erzähler
Fünf Türen waren in der Nacht in Bethlehem fest zugemacht. Maria und Josef stapfen heran und klopfen an der ersten an.

Josef
Ihr lieben Leute, laßt uns ein!

1.Wirt
Nein, nein, ich laß euch nicht herein! Bei uns ist kein Bett frei mehr heut, drum geht nur fort, ihr Wandersleut.

Erzähler
Der Josef nun, der arme Mann, klopft an der zweiten Türe an.

2.Wirt
Hier schläft schon alles Mensch und Tier, nein, nein, ich öffne nicht die Tür.

Erzähler
Der Josef nun, der arme Mann, klopft an der dritten Türe an.

3.Wirt
Nein, nein, ihr tut uns wirklich leid, mein Haus ist voll, es geht nicht heut.

Erzähler
Der Josef nun, der arme Mann, klopft an der vierten Türe an.

4.Wirtin
Wer kommt so spät noch an mein Haus? Sind's Diebe, werf ich sie hinaus.

4.Wirt
Ihr habt kein Geld, o, wär't ihr reich, dann hätt' ich einen Platz für euch. Nein, nein, das könnt ihr mir nicht verdenken, ich kann doch nicht alles den Armen schenken!

Erzähler
Der Josef nun, der arme Mann, klopft an der letzten Türe an.

5.Wirt
Guten Abend, wo kommt ihr her so spät? So kalt der scharfe Wüstenwind weht.

Josef
O macht uns bitte auf das Tor, wir Armen stehn so müd davor.

Maria
Der Weg war weit, der Weg war schwer, die Füße tragen mich nicht mehr.

Josef
Wir kommen her aus fremdem Land, wir zogen durch den Wüstensand. Wir brauchen Schutz vor Nacht und Wind, seht – für die Frau und für das Kind.

5. Wirtin
Ach, leider ist übervoll mein Haus, ich zeig' euch den Weg zum Stall hinaus. Dort seid ihr geschützt vor Regen und Wind, dort haben es warm die Frau und das Kind.
Der Ochse und Esel stehn auch dabei, es gibt genug Stroh und weiches Heu. Ich geb euch noch Decken und Felle mit, nun folgt mir mit eiligem Schritt.

Dieses Spiel ist ein kleines Theaterstück mit verteilten Rollen. Als Kulisse kann man eine breite Wand aus Pappkartons aufstellen und mit dicken Pinselstrichen eine Häuserreihe aufmalen.
Maria und Josef gehen vor dieser Straßenkulisse auf und ab, die Wirtsleute treten einzeln hinter der Wand hervor. Der Erzähler steht etwas abseits.
Wer gerne Kulissen baut und Zeit dafür hat, der kann einzelne kleine Häuser aus Brettern, Tüchern oder Kartons aufbauen, mit Türen, die sich richtig öffnen lassen.

Schluß
Die Wirtin zeigt Maria und Josef die Krippe, die beiden stellen sich neben der Krippe auf.
Ein Kind kommt zur Krippe, es ist mit einem hellen Umhang bekleidet und trägt an einem Stab einen Stern. Es stellt sich hinter der Krippe auf und symbolisiert mit seinem Stern die Geburt des Jesuskindes. Zum Abschluß singen die Zuschauer und Spieler gemeinsam ein Weihnachtslied.

Verkleiden
Maria ist mit einem weiten blauen oder dunkelroten Umhang bekleidet und hat ein Tuch um den Kopf gebunden. Josef trägt einen Poncho oder ein Hirtenfell und einen dunklen Hut oder eine Fellmütze. Er geht mit einem langen Holzstab und hat ein Bündel in der Hand.
Die Wirtsleute haben einfache Kleider an, zum Beispiel Kittel, Schürzen, Stiefel und breite Gürtel.

Barbara Cratzius
aus:
B. Cratzius/G. Könemund, Theaterstücke zur Weihnachtszeit
Ravensburger Buchverlag O. Maier 1990

Genau wie damals (Auch ein Weihnachtslied)

Nein, das sind ja Ausländer
und noch drei dazu.
Schwarz ist dieser eine,
Zimmer sind hier keine!
Mach die Türe zu,
ich brauch' meine Ruh!

Nein, die ist ja schwanger
und so jung dazu.
Das gibt Scherereien,
und das Kind wird schreien.
Mach die Türe zu,
ich brauch' meine Ruh!

Nein, das sind so Typen
und noch zwölf dazu!
Die soll'n weiterfahren
mit den langen Haaren.
Mach die Türe zu,
die stör'n meine Ruh!

Alles so geblieben,
keiner lernt was zu,
Damals so wie heute
sind's die gleichen Leute.
Und auch ich und du?
Bleiben Türen zu??

Barbara Cratzius
a.a.O.

Türen öffnen sich

In Mexiko gibt es einen jahrhundertealten Brauch. Vielerorts beginnen neun Tage vor Weihnachten die Posadas. Das Wort Posada bedeutet ursprünglich Herberge an der Straße, Notunterkunft, vorübergehende Bleibe.
In den ärmeren Straßen sammeln sich die Menschen und gehen hinter Sternlaternen her. An der Spitze zwei Jugendliche, die die Figuren Maria und Josef tragen. Sie klopfen an Türen und bitten um Unterkunft. Wenn schließlich ein „Herbergsvater" oder eine „Herbergsmutter" öffnet, drängt die ganze Gruppe ins Haus. In kleinen Gruppen lesen sie in der Bibel, diskutieren und singen zusammen. Dünner Kaffee und kleine Portionen gemahlenen oder gekochten Mais mit Gewürzen werden gereicht.
Die Kinder warten ungeduldig auf das Schlagen der Pinata, eines mit weihnachtlichen Köstlichkeiten gefüllten Tonkruges: Mit verbundenen Augen versucht immer ein Kind mit einem langen Stab die aufgehängte Pinata zu treffen, angefeuert vom lautstarken Rufen der anderen. Zerbricht der Tonkrug, stürzen sich alle Kinder mit großem Jubel auf die Köstlichkeiten.
Bis Weihnachten wird so täglich in einer anderen „Herberge" gefeiert. Die Posada ist ein Fest, in dem Nachbarn, Freunde und Gemeindemitglieder Kontakt zueinander suchen im Geiste der Gastfreundschaft. Viele Arme Mexikos spielen die Suche nach einer Unterkunft nicht nur, sie erleiden sie mit.

Nach einem Bericht von Annette Stein: Ein Stern geht auf über Mexiko, in: Kirchenzeitung für das Bistum Aachen, Dezember 1990

Der Bericht von den mexikanischen Posadas kann uns anregen, in der Vorweihnachtszeit in unsere Situation hinein, eigene Initiativen zu entwickeln: Bei anderen anzuklopfen ... Einander Türen zu öffnen ...

- Die Figuren Maria und Josef (als Krippenfiguren in stehender oder sitzender Haltung) für den Kindergarten anschaffen oder sie sich von der Pfarrgemeinde zur Verfügung stellen lassen.
- Den Kindern erzählen, wie Josef und Maria sich aufmachten nach Bethlehem, um sich nach der Verfügung des Kaisers Augustus aufschreiben zu lassen, aber in den Herbergen keinen Platz fanden, und daß Maria in dieser Zeit die Geburt ihres Kindes erwartete.
- Die Herbergssuche im Rollenspiel darstellen, mit freien Worten oder nach einer Textvorlage, z.B. auf der Seite 231. Auch bei diesem Spiel kann die Wand mit der Spieltür einsetzt werden.
- Mit den Kindern überlegen, in welcher Form sie die Figuren Maria und Josef untereinander von Haus zu Haus weitertragen können ... In welchem Raum die Krippenfiguren zu Hause für eine Nacht einen guten Platz finden ... Daß sie dann am Abend vielleicht eine Kerze anzünden und ein Adventslied singen ...
- Mit den Eltern an einem Elternabend dieses Vorhaben ansprechen oder die Eltern in einem Elternbrief darüber informieren.
- Die Figuren von der letzten „Herbergsfamilie" in die Kirche zur Krippenfeier am Heiligen Abend mitbringen und von den Kindern zum „Stall" tragen lassen.
- Die Krippenfiguren nach Weihnachten im Kindergarten aufstellen bis nach Dreikönige.

Hirten und Könige öffnen uns die Tür vom Stall in Bethlehem

Der Kindergarten kann sich bei unterschiedlichen Anlässen für Elternhaus, Schule und Gemeinde öffnen. Eltern und Kinder können zu einem Adventssingen eingeladen werden. Die schöne Form des Zusammenseins im großen Kreis wirkt bei den Eltern und Kindern noch lange nach:

Adventssingen

Das Singen von Liedern

- Lieder, die von allen gesungen werden
- ein Lied, das als Kanon gesungen wird
- Lieder, die von den Kindern allein gesungen werden
- Lieder, die auch gespielt werden, z.B. in Rede und Gegenrede: Die Herbergssuche
- Lieder, die mit Klatschen oder von Instrumenten begleitet werden
- eine Melodie, die nur gesummt wird

Das Vortragen von Gedichten

Das Vortragen einer Geschichte

- von einer Erzieherin gelesen
- von Kindern gespielt
- von Eltern und Kindern gespielt

Das Instrumentieren kleiner Stücke

- von Erziehern und Eltern

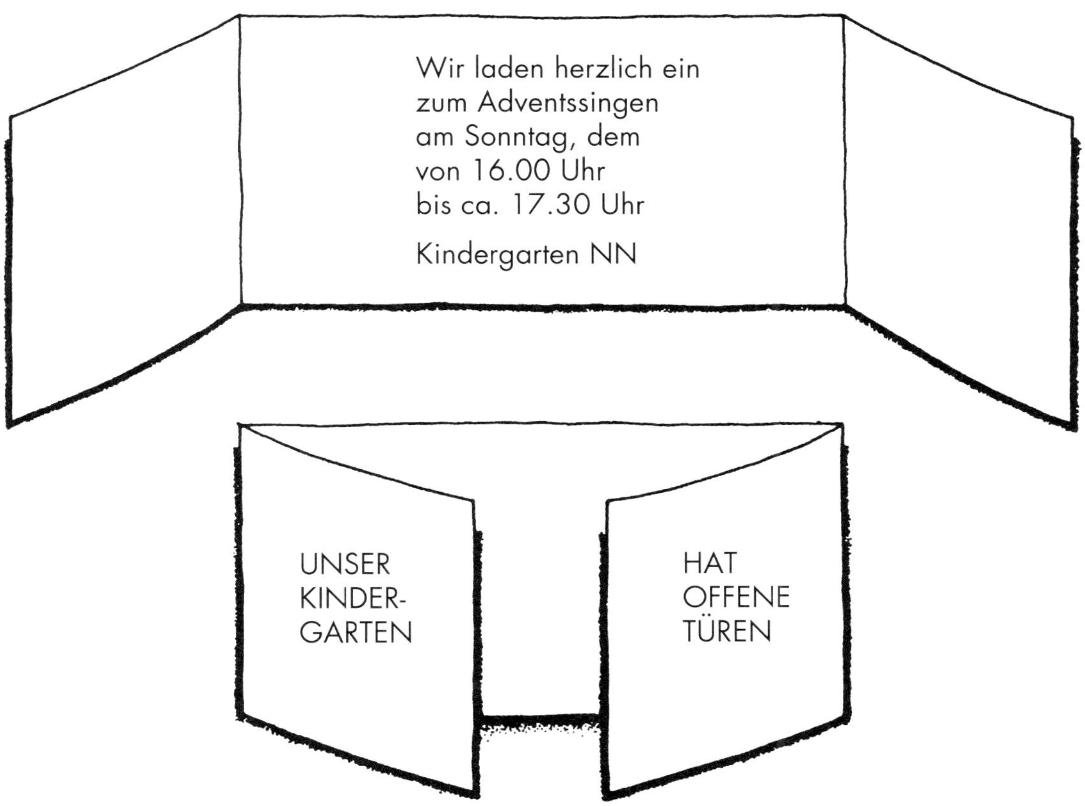

Ein Rausguckplatz

The Tjong Khing

Soviel Fenster leuchten hell
soviel Autos fahren schnell
soviel Leute woll'n nach Haus
soviel Hunde dürfen raus.
Straßenbahnen mit Gebimmel
Fahrradfahrer im Gewimmel

Deinen Namen – weißt du was?
Schreiben wir aufs Fensterglas!

Miep Diekmann
aus:
Rolle Rolle Rad, Parabel Verlag 1982

Die verschiedenen Fenster im Kindergarten gewähren unterschiedliche Ausblicke. Während sich die Kinder in der warmen Jahreszeit mehr draußen aufhalten und vieles unmittelbar erleben, sind sie in der kalten Jahreszeit viel mehr drinnen. Manche stehen hin und wieder am Fenster und schauen hinaus, beobachten und machen sich ihre Gedanken über das, was sich da ereignet: Ein Nachbar beschneidet seine Obstbäume ... Amseln hüpfen auf dem Rasen umher ... Arbeiter reißen eine Bürgersteigseite auf ... Ein Mann und eine Frau gehen Arm in Arm den Weg entlang ... Der Sturm schüttelt die Bäume ... Die ersten Schneeflocken fallen ...

Wir können die Kinder in ihrer natürlichen Beobachtungsfähigkeit und -freude unterstützen und sie durch gezielte Beobachtungsaufgaben darin bestärken. So kann für viele Kinder aus dem flüchtigen Hinsehen ein verweilendes Beobachten, ein bewußtes Wahrnehmen und ein In-sich-Aufnehmen werden; Gemütsempfindungen werden geweckt, Überlegungen ausgelöst und Gedanken geäußert.

Ratespiel

Eine kleinere Kindergartengruppe sitzt im Halbkreis vor dem Fenster. Die Erzieherin schaut zum Fenster hinaus und sagt: Ratet, was ich sehe! Es ist rot, dick, schaukelt ... Wer richtig rät, darf weitermachen.

Fensterbilder

Einen Beobachtungstisch ans Fenster rücken. Einzelne Kinder anregen, durchs Fenster hinauszuschauen und dann Geschautes in ihrer Weise zu malen. Vielleicht den Kindern „gefensterte" Zeichenblätter geben, und die Kinder füllen dann mit der Zeit die einzelne Felder aus. Es ist ganz unwichtig, wie „naturgetreu" die Zeichnungen der Kinder ausfallen. Vielmehr sollten sich die Kinder ermutigt fühlen, „ihre" Bilder zu „äußern".

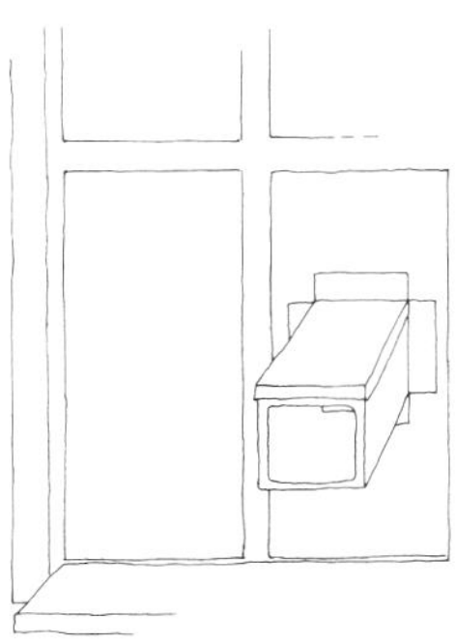

Fenstergucckasten

Bei einem Schuhkarton den Deckel auflegen und fest verkleben. Eine der Frontseiten ganz herausschneiden und die Ecken etwa 5 cm tief einschneiden. Die vier eingeschnittenen Teile knicken und mit Doppelklebestreifen versehen. Die andere kleine Frontseite fast ganz herausschneiden. Den Guckkasten an günstiger Stelle, die einen guten Sichtausschnitt gewährt, in kindgerechter Höhe ans Fenster kleben. So können die Kinder immer wieder einmal einen Blick durch den Guckkasten werfen und von Zeit zu Zeit eine neue Aussicht wählen.

Beobachtungsaufgabe

Die Kinder anregen, zu Hause aus den Fenstern zu schauen und sich zu entscheiden, an welchem Fenster sie am liebsten stehen. Die Kinder im Kindergarten ihre Beobachtungen aus „ihrer" Sicht erzählen lassen.

Guck in die Welt über dem Fensterbrett

Die Regentropfen rinnen die Scheibe hinab

Wie der Regen in dicken Tropfen herunterfällt oder in dünnen Tröpfchen / Wie es draußen immer mehr naß wird und sich Pfützen bilden / Wie es in die Pfützen tropft / Wie der Regen an den Scheiben herunterläuft / Wie die Scheiben von innen beschlagen / Wie man den Regen hören kann: Wenn es klatscht, peitscht, trommelt, prasselt, klopft und in der Regenrinne rauscht / Wie die Scheiben trocken werden / Wie noch überall Tropfen hängen und es in der Sonne an den Zweigen glitzert

In einer Mondnacht kam leise der Schnee
Der Schnee deckt zu und die Vögel machen Spuren

Schneeflocken fallen und tanzen sehen / Wie sie sich aufeinanderhocken und langsam alles zudecken / Wie es hell leuchtet / Wie sich Zweige krumm biegen / Wie der Wind den Schnee verweht / Wie die Vögel herumhüpfen und picken und im Schnee Spuren hinterlassen / Wie sie sich an der Futterstelle streiten / Wie sie einzeln oder in Gruppen auf den Bäumen hocken / Wie der Schnee in der Sonne glitzert / Wie der Schneemann sich jeden Tag verändert / Wie der Schnee nach einer Zeit schmutzig aussieht / Wie der Schnee vom Dach herunterrutscht

Weißglitzernde Blumen auf der Fensterscheibe

Eisblumen und schöne Muster erkennen / Die Scheibe anfühlen / Von der Scheibe etwas „Schnee" wegkratzen / Gegen die Scheibe hauchen

Wenn die Sonne scheint,
kommt sie auch durchs Fenster

In der Nacht
leuchten Mond und Sterne durchs Fenster

Im Sommer
blühen bunte Blumen vor dem Fenster

Wenn es nebelig ist,
kann man auch durchs Fenster nichts sehen

Wenn es regnet,
klatschen Regentropfen gegen das Fenster

Und wenn es schneit,
hocken Schneeflocken auf der Fensterbank

Wenn es kalt ist,
beschlagen die Fensterscheiben:
Dann lassen sich mit den Fingern
Gesichter und Herzen malen

Im sehr kalten Winter
kann es Eisblumen am Fenster geben

Foto: Lars Jacobsen, aus: Malkolm erlebt den Winter, Carlsen Verlag, Reinbek 1981

aufmachen
und zumachen
gehören zum Leben

es gibt
zeiten der offenheit
da müssen wir
dinge an uns heranlassen

und es gibt
zeiten der verschlossenheit
da müssen wir
aufarbeiten
was uns erreicht hat

Peter Klever
aus:
Zur Entfaltung kommen
Verlag E. Kaufmann, Lahr 1991

Eine Auswahl zu den Themen
Bücher wachsen nicht auf Bäumen
Überall sind Farben
Ich mag Kartoffeln, ich mag Reis
Von Türen und Fenstern
(Stand Juli 1991)

Bücher wachsen nicht auf Bäumen

m1 ***Es gibt viele Bücher***
A. Browne, Ich liebe Bücher, Lappan

m2 ***Wie ein Buch entsteht***
K. Franz, Lesen macht stark, dtv junior
D. Inkiow/R. Rettich, Das Buch erobert die Welt, Orell Füssli

m3 ***Bücher sind aus Papier***
P. Bourgeois, Papier wächst nicht auf Bäumen, Arena
A. Dixon, Papier, Reihe: Der rote Faden, Peters
O. Limousin, Die Geschichte vom Papier, Reihe: Die Welt entdecken, Ravensburger TB A. Mitgutsch, Vom Holz zum Papier, Sellier

m4 ***Dichter und Maler berichten***
I. Lucht, Wie kommt der Wald ins Buch? Ellermann A. Mitgutsch, Vom Maler zum Bilderbuch, Sellier

m5 ***Der eigenen Phantasie Flügel geben***
J. Guggenmos/B. Oberdieck, Es las ein Bär ein Buch im Bett, G. Bitter
J. Guggenmos/G. Karl, Es gingen drei Kinder durch den Wald, Beltz & Gelberg
J. Guggenmos/J. Wilkon, Was bin ich? bohem press
P. u. J. Wilkon, Katzenausflug, Nord-Süd

m6 ***Kinder lesen in Büchern***
K. Allen Jensen/D. Woodbury Haller, Was ist da? – Tastbilderbuch, Sauerländer
P. Petersen, Susanne kann nicht sehen, Finken-Impulse

Überall sind Farben

m1 ***Farben entdecken***
P. Alen/M. Deru, Die kleine Biene Belinda – Im Reich der Farben, Delphin
M. Rogers/B. Watts, Grün ist schön, Titania
T. Ross, Der kleine Hugo und der Farbendieb, Peters

m2 ***Farben haben Namen***
L. de Brunhoff, Babars Buch der Farben, Diogenes
N. Landa/H. Türk, Huhn und Häschen und die Farben, O. Maier
F. Vahle/H. Heine, Die Farben, Middelhauve
Zu meiner Welt gehören FARBEN, Herold

m3 ***Farben locken uns***
E. Hasler/S. Zavrel, Die Blumenstadt, bohem press
J. Krüss/V. Escriva, Kirschen schmecken jedem gut, Neuer Finken
L. Leonni, Frederick, Middelhauve
T. Michels/T. Müller, Was für ein schöner Tag! Ellermann
Krenzer/Pokrandt/Rogge (Hrsg.), Kurze Geschichten, Kaufmann
darin: H-R. Lückert, Hundert bunte Tulpen, S. 199

m4 ***Farben verbergen sich***
L. Lionni, Stück für Stück, Middelhauve
L. Lionni, Seine eigene Farbe, Middelhauve

m5 ***Farben leuchten auf***
M. Bolliger/H. Aichinger, Der Regenbogen, Artemis
E. Schmid, Allein in der Höhle, Nord-Süd
V. Zacharias, Wenn es regnet lacht mein Schirm (Ringelfant), O. Maier

m6 ***Farben wecken Gefühle***
M. Mai/S. Öwerdieck, Lila kitzelt in der Nase, Herder

m7 *Farben mischen*
m8 *Mit Farben gestalten*
S. Lohf, Lila, Rot und Himmelblau – Das Farbenbuch für Kinder, O. Maier
C. Panowsky, Mal mir einen Apfelbaum – Das Bilderbuch von den Farben, A. Betz

m9 *Mit Farben Geschichten erzählen*
S. Heuck, Der Regenbogenvogel, Thienemann
E. Koch-Wagner, Farbenwettstreit I, Das Seelenpflege-bedürftige Kind
E. Koch-Wagner, Das starke und das schöne Rot II, Das Seelenpflege-bedürftige Kind
M. Lobe/A. Kaufmann, Das fliegt und flattert – das knistert und knattert! Jungbrunnen
L. Lionni, Das kleine Blau und das kleine Gelb, Oetinger und Middelhauve
D. Dc Mee, Elmar, Hoch
C. Nöstlinger/B. Waldschütz/R. Bausinger, Klicketick, Dachs
G. Ruck-Pauquet, Im Viertelland, Schwann im Patmos

Ich mag Kartoffeln, ich mag Reis

m1 *Die Erde schenkt uns viele Früchte*
E. Carle, Das Pfannkuchenbuch, Gerstenberg
I. Voelter/F. Kohlsaat, Gummibärchen und Pommes Frites, Ellermann
U. Scheffler/J. Eberhard, Auf dem Markt, O. Maier
Die Erde ernährt uns, Reihe: Farbiges Wissen, O. Maier

m2 *Wir pflanzen Kartoffeln*
m3 *Wir ernten Kartoffeln*
R. Brice/C. u. D. Millet, Kartoffeln wachsen nicht im Keller,
Reihe: Die Welt entdecken, O. Maier TB
U. Jacobs, Die Erd-Uhr, Ellermann
darin: Die Erde gibt uns Nahrung, S. 28f
G. K. Näslund/C. Klinting, Anton im Garten, dtv junior
C. Spangenberg, ABC für kleine Gärtner, Ellermann

m4 *Spaßige Knollen*
T. Berger, Die Maus und die Kartoffel, Urachhaus
F. Vahle/U. Krause, Fischbrötchen beim Friseur, Middelhauve
E. A. Ekker/G. Hofer (Hrsg.), Ich bau' mir ein Nest, Neuer Breitschopf
darin: E. A. Ekker, Das größte Theater der Welt, S. 48ff

m5 *Wir bereiten Kartoffel- und Reisgerichte zu*
C. Bjork/L. Anderson, Linus läßt nichts anbrennen, dtv junior

m6 *Reis aus fernen Ländern*
R. Brice/A. Riquier, Reis – Ein kleines Korn ernährt die Welt, Reihe:
Die Welt entdecken, O. Maier TB
R. Thomson, Reis, Reihe: Der rote Faden, Peters

m8 *Von Hunger und Überfluß*
B. Bartos-Höppner/D. Kallay, Zaubertopf und Zauberkugel, O. Maier
Grimm/Bernadette, Der süße Brei, Nord-Süd
Grimm/U. Verburg, Der süße Brei, O. Maier
B. Iguchi, Und alle wurden satt, Kaufmann
A. Lobel, Kartoffeln hier, Kartoffeln da, Sauerländer
K. Recheis u. F. Hofbauer, 99 Minutenmärchen, Herder
darin: Die Steinkartoffeln, S. 106
L. Tetzner (Hrsg.), Das Töpflein mit dem Hulle-Bulle-Bäuchlein, Sauerländer
darin: Das Töpflein mit dem Hulle-Bulle-Bäuchlein, S. 10ff

Von Türen und Fenstern

m1 *Türen und Fenster als Erlebnis*
K. H. Appelmann, Über Pfützen spring ich gern, Boje
A. Fuchshuber, Das Schildbürger-Buch, Sellier
A. Fuchshuber, Tinka vor der Tür, Ellermann
R. Hoban/G. Williams, Fränzi geht schlafen, Sauerländer
W. Opgenoorth/M. Lobe, Hokuspokus in der Nacht (Ringelfant), O. Maier
O. Preußler, Bei uns in Schilda, dtv junior
darin: Große Pläne/Ein Abenteuer am Rande/Das Bauholz/Wie die gelernten Maurer/
Die Ägyptische Finsternis/Sonnenlicht/Unerwartete Hilfe/Des Rätsels Lösung, S. 28-53

m2 *Türen und Fenster öffnen sich*
G. Regler Rummel, Wohnt da jemand? O. Maier
L. Fromm/M. Rettich, Geschichten aus dem kleinen Haus, Arena
T. Michels/R. Michl, Es klopft bei Wanja in der Nacht, Ellermann u. dtv junior
M. Sendak, Das Schild an Rosis Tür, Diogenes
E. Scherbarth, Komm heraus und spiel mit uns, O. Maier
R. Siekkinen/H. Taina, Der Herr König, bohem press
L. Tolstoi/Bernadette, Schuster Martin, Nord-Süd
G. Vincent, Niki und Rosina (Kleine Ravensburger Nr. 29), O. Maier
R. u. J. Wild, 1,2,3 – Bären sind im Haus (Ringelfant), O. Maier

m3 *Ich male mir ein Haus*
C. Brückner/O. -H. Kühner/H. Lang, Mal mir ein Haus, Peters
H. Hillmann, Ein Häuschen im Grünen, O. Maier
G. Lorenzer, Das Efeuhaus, O. Maier
R. Mühlbauer/H. Rink, Himmelszelt und Schneckenhaus, Sauerländer

m4 *Überraschungstüren gehen auf*
N. Messenger, Annabellas Haus – Ein nostalgisches Spielbilderbuch mit vielen Türen zum Öffnen, Lentz
M. Reidel, Sieben Geißlein-Poster, vierfarbig, 67x 98 cm, Sellier
T. Storm/E. Wenz-Vietor, Der kleine Häwelmann, Lappan

m6 *Sankt-Nikolaus kommt heimlich*
B. Cratzius/U. Verburg, Nikolaus kommt in unser Haus, Butzon & Bercker
R. Schindler/C. Schaade, Sankt Nikolaus, Reihe: Religion für kleine Leute, Kaufmann

m7 *Eine Tür führt zur Krippe*
M. Bolliger/B. Schären, Eine Wintergeschichte, Artemis
W. Fährmann/A. Fuchshuber, Es stand ein Stern in Bethlehem, Thienemann
E. Schmid, Die Weihnachtsgeschichte, Nord-Süd
M. Spiegel/E. Maier-F., Jesus ist geboren, Deutsche Bibelgesellschaft
K. de Kort, Jesus ist geboren, Reihe: Was uns die Bibel erzählt, Deutsche Bibelgesellschaft

m9 *Beobachtungen durch ein Fenster*
W. Schlote, Die Geschichte vom offenen Fenster, Insel
W. Schlote, Fenstergeschichten, Insel

Bezugsquellen
(Stand Juli 1991)

Abenteuer Lesen im Kindergarten STIFTUNG LESEN
Broschüren, Handzettel, Elternbriefe, Buchempfehlungslisten und
kostenlose Werbemittel wie Plakate, Buttons, Aufkleber, Lesezeichen, Luftballons
zu beziehen bei: STIFTUNG LESEN, Fischtorplatz 23, 6500 Mainz, Telefon 06131/230888

Tips zur Durchführung von Veranstaltungen zum Thema „Buch"
Gisela Herr/Gabriele Remmelmann, Handreichung: „Das Lesen fördern" Tips und Informationen zur Planung, Organisation, Durchführung von Veranstaltungen, DM 10,–
zu beziehen beim: Erzbistum Köln – Fachstelle für Büchereien, Marcellenstraße 32, 5000 Köln 1, Telefon 0221/16420

Wanderausstellung „Kunterbuntes Kinderbuch"
„Kunterbuntes Kinderbuch" ist eine Wanderausstellung des Börsenvereins des Deutschen Buchhandels e.V., Katalog DM 1,20. Die Ausstellung wurde speziell für Kindergärten und -horte konzipiert und stellt Bilder- und Kinderbücher sowie didaktische Hilfsmittel für die Erzieher vor.
zu beziehen beim: Börsenverein des Deutschen Buchhandels e.V. – Wanderausstellungen, Großer Hirschgraben 17-21, 6000 Frankfurt a.M. 1, Telefon 069/1306-255

Klebeband zum Reparieren von Büchern
Filmoplast ist ein selbstklebendes, hauchdünnes, transparentes Spezialpapier, das zum unauffälligen Ausbessern von eingerissenen Buchseiten oder Bildern verwendet wird. Auf einer Rolle sind 50 m, 2 cm breit, DM 16,–
zu beziehen in Fachgeschäften für Schreibwaren

Pflanzenfarben zum Malen
Broschüre „Malen und Formen" Broschüre „Pflanzenfarben zum Malen"
zu beziehen bei: Hans Stockmar GmbH & Co. KG Postfach 1451, 2358 Kaltenkirchen
(Lieferung der Produkte nur durch den Handel)

Märchen

Geschichten

Bücher wachsen nicht auf Bäumen:

Überall sind Farben:

Ich mag Kartoffeln, ich mag Reis:

Von Türen und Fenstern:

Verse

Bücher wachsen nicht auf Bäumen:

Überall sind Farben:

Ich mag Kartoffeln, ich mag Reis:

Von Türen und Fenstern:

Lieder

Bücher wachsen nicht auf Bäumen:

Überall sind Farben:

Ich mag Kartoffeln, ich mag Reis:

Von Türen und Fenstern:

Ganzseitige Bilder

Bücher wachsen nicht auf Bäumen:

Überall sind Farben:

Ich mag Kartoffeln, ich mag Reis:

Rhythmik und Bewegung

Tisch- und Kreisspiele

Elternarbeit

Originalbeiträge von Jakob Adams, Hans Baumann, Hedwig Lenarduzzi, Catharina Kirsch-Nickolay, Natascha Mönch, Jenny Neuhäuser, Marina Palmen, Hubertus Vorholt, Maria Elena Walsch / Übersetzung: Anneliese Elsässer-Specht.

Alle Texte ohne Verfasserangabe sind von Christine Vorholt unter Mitarbeit von Hubertus Vorholt.

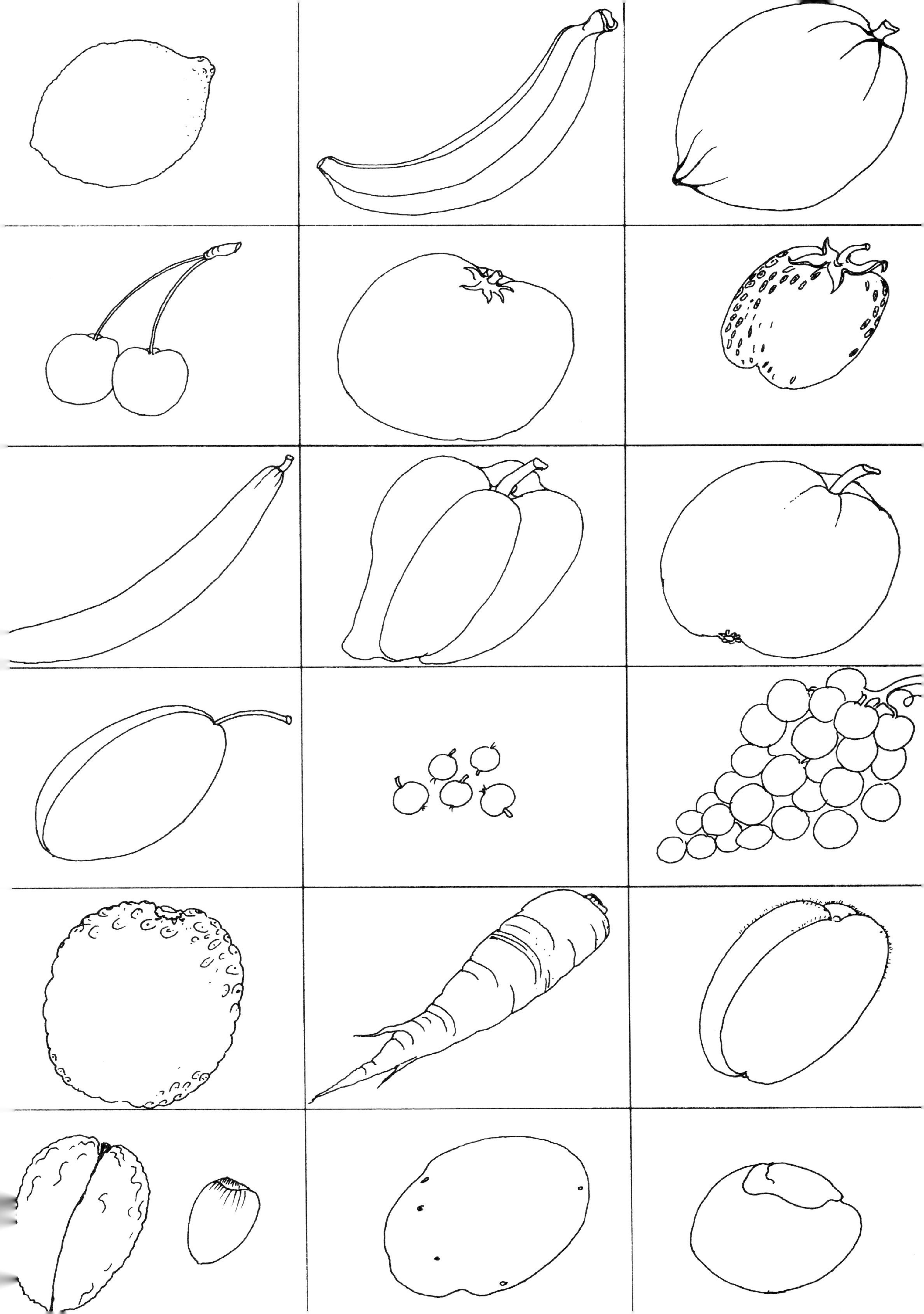

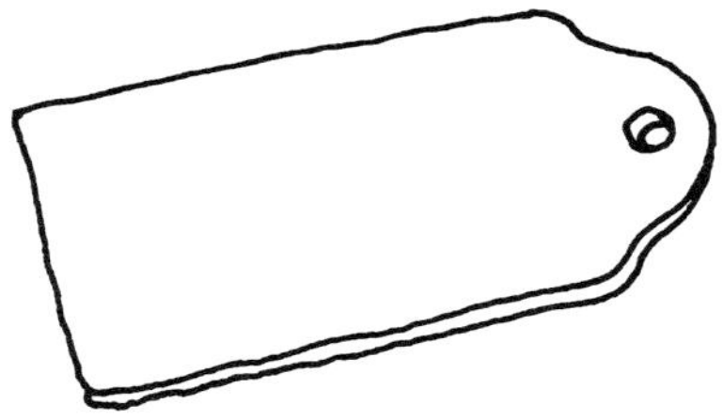

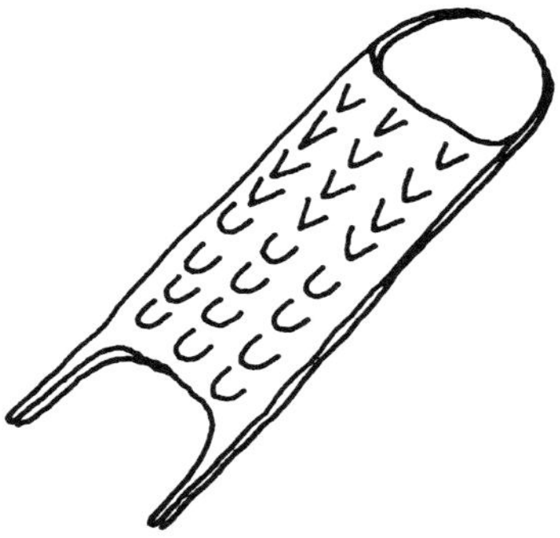

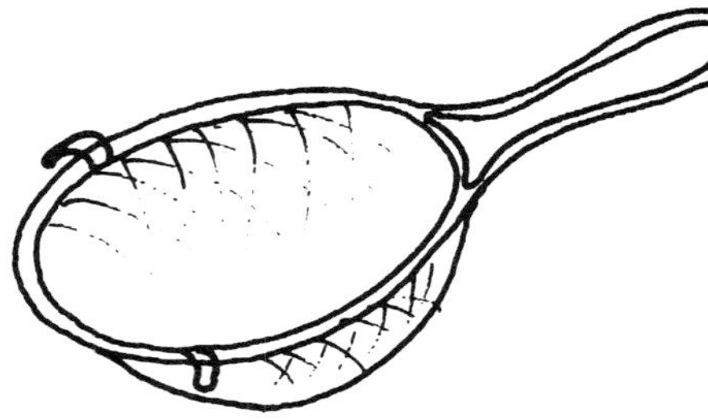
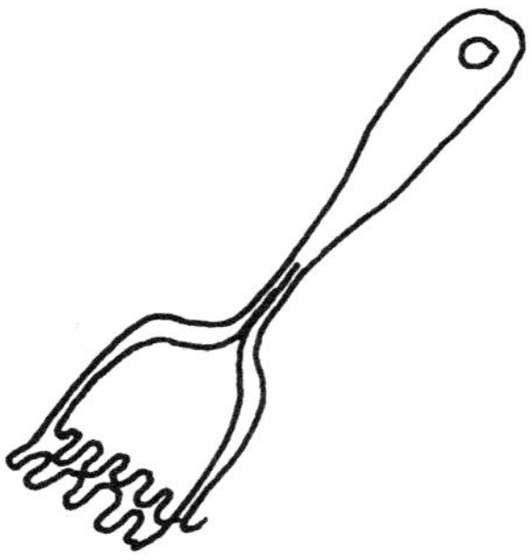

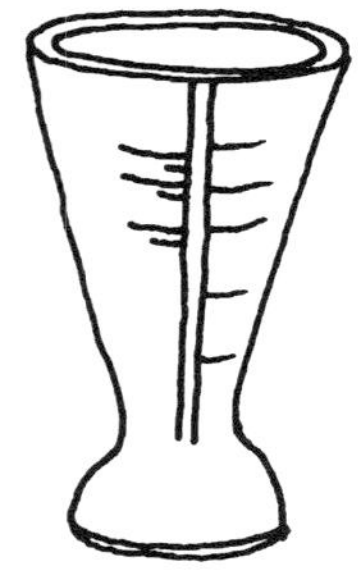

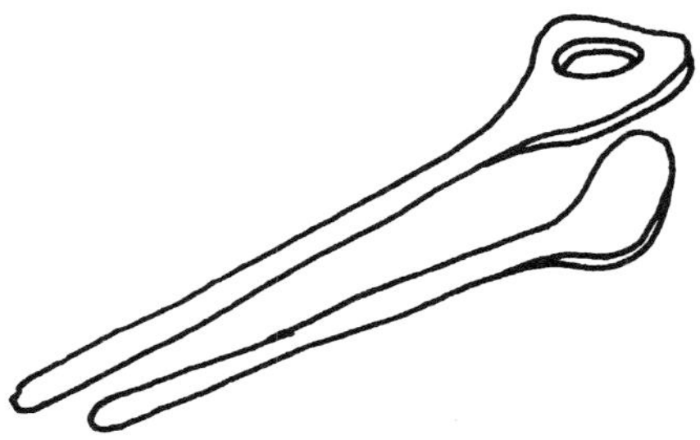

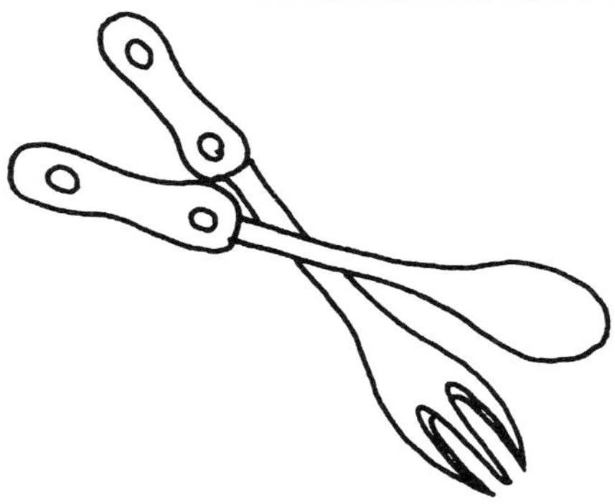

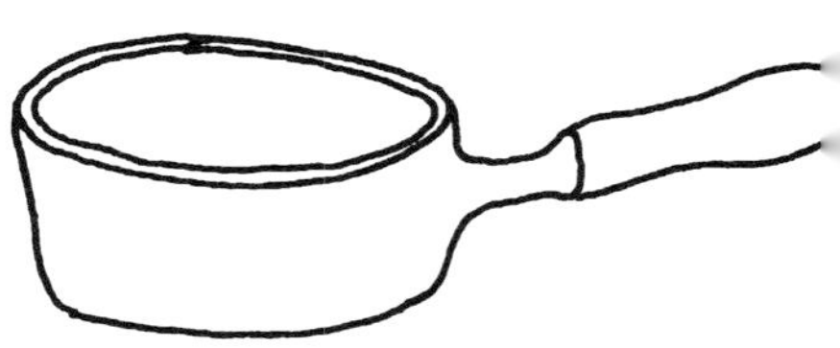

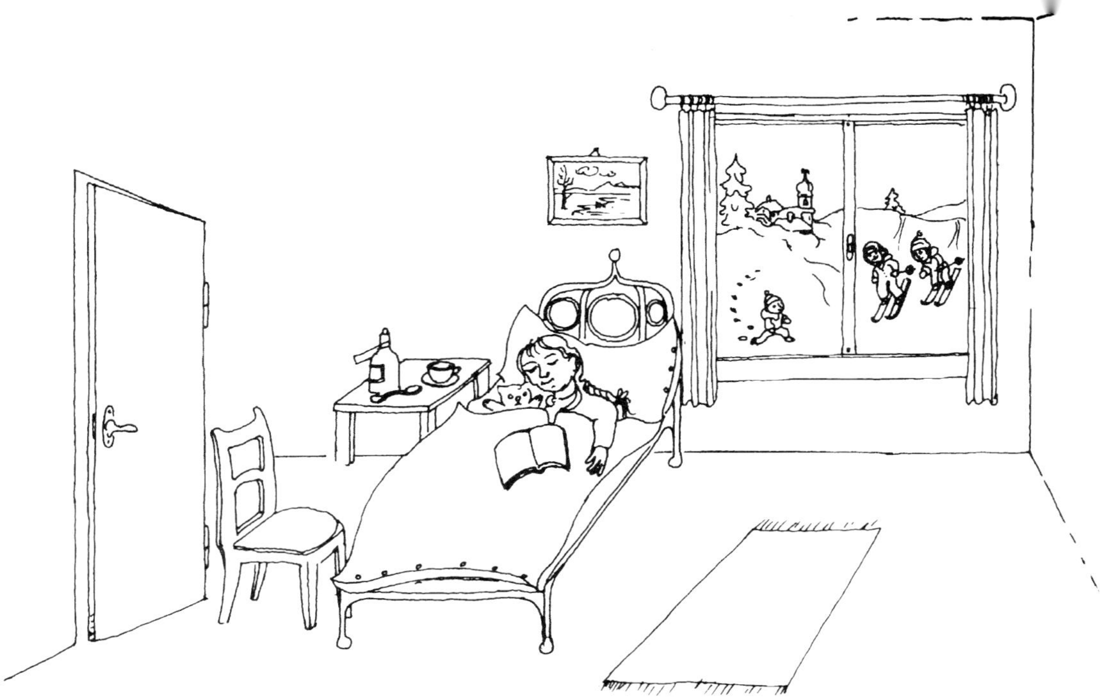

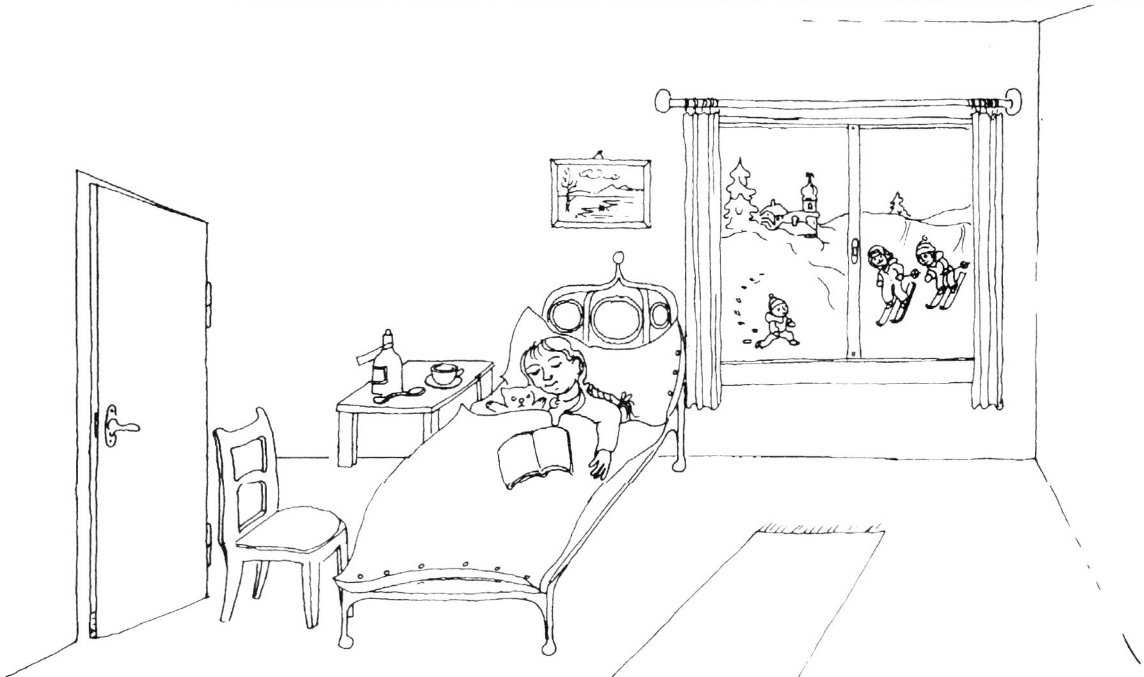

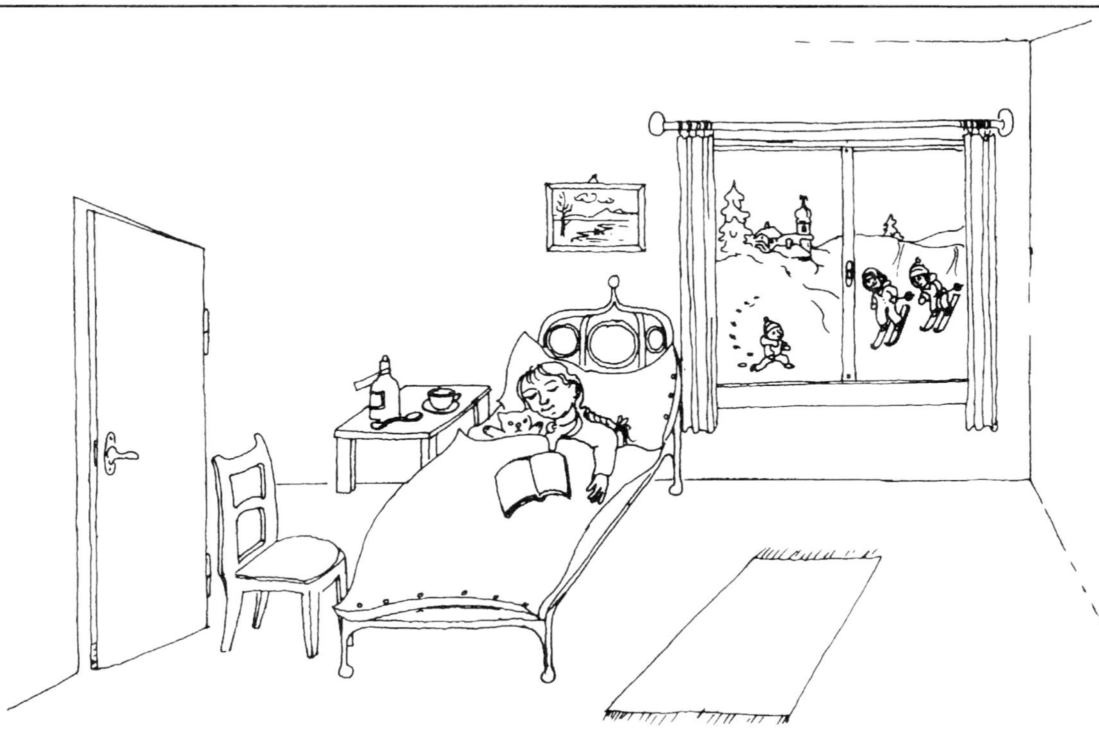